上海航道局局史

（第三部 2001—2010）

本书编委会　编著

同济大学出版社
TONGJI UNIVERSITY PRESS
·上海·

图书在版编目（CIP）数据

上海航道局局史. 第三部，2001—2010 / 本书编委会编著. -- 上海：同济大学出版社，2024.4
ISBN 978-7-5765-1091-1

Ⅰ.①上… Ⅱ.①本… Ⅲ.①航道疏浚—施工单位—交通运输史—上海—2001-2010 Ⅳ.① F552.9

中国国家版本馆 CIP 数据核字（2024）第 053654 号

上海航道局局史（第三部 2001—2010）

本书编委会　编著

出　品　人：金英伟
责任编辑：熊磊丽
责任校对：徐春莲
封面设计：张　微

出版发行：同济大学出版社 www.tongjipress.com.cn
　　　　　（地址：上海市四平路 1239 号　邮编：200092　电话：021‑65985622）
经　　销：全国各地新华书店
印　　刷：上海安枫印务有限公司
开　　本：710mm×1000mm　1/16
印　　张：19
字　　数：273 000
版　　次：2024 年 4 月第 1 版
印　　次：2024 年 4 月第 1 次印刷
书　　号：ISBN 978-7-5765-1091-1
定　　价：118.00 元

本书若有印装质量问题，请向本社发行部调换　　版权所有　侵权必究

上海航道局局史
（第三部 2001—2010）

编 委 会

主　任：王柏欢
副主任：王珉球
委　员：方君华　夏　勇　刘华锋　程玉来
　　　　顾　勇　丁　健　彭志刚

编写组：

汪　正　罗　俊　范中发　陆敏锋　田琳莉
李凌燕　陈鑫盛　方梓纯　邹冀京　丛　怡
叶　晴　吴湘仪　王炘楠　沙易雯　唐莞然

薪火相传　再谱新篇

以史为鉴，可以知兴替；学史明理，可以知使命。2022年7月，上航局正式启动《上海航道局局史（第三部2001—2010）》的编纂工作。历时一年多，在各方的鼎力支持与积极参与下，这部记叙上航局在21世纪最初十年发展历程的史稿终于付梓成册，顺利出版发行。

上航局是拥有百年历史的民族疏浚企业。这支兴起于黄浦江畔的疏浚之师，是开辟中国近现代疏浚领域的产业先锋，是推动新中国建设发展的中坚力量，亦是积极拥抱改革开放新时期的标杆企业。21世纪以来，面对国家发展及世界格局变迁的机遇与挑战，上航人牢记国资央企的责任担当与历史使命，以振兴民族疏浚产业为己任，深入推进国企改革创新，确立现代企业制度；积极服务国家战略，奋力开辟市场版图，在工程、装备、科技、人才、党建等各方面取得了引人瞩目的成就，树立了民族疏浚的丰碑。本书即是对这一段砥砺征途的历史记载。

历史是最好的教科书。书写历史，是为了更好地映照现实、远观未来。编纂这部局史，是希望通过对21世纪之初上航局十年奋进历程的描摹，归纳总结对当前企业具有参考价值的发展规律。回望来时路，给我们带来很多了解昨天、把握今天、开创明天的启示：这十年，是紧跟时代形势、牢记政治使命的十年，上航局通过融入党和国家重要战略、服务港口航道建设，打开了企业发展的广阔天地；这十年，也是尊重市场规律、重视经营导向的十年，上航局依托市场化、国际化的经营管理思维，主动延伸业务领域，不断扩展市场版图，持续树立自身品牌，开辟出企业发展的全新战场；这十年，亦是专注精益求精、追求高质量发展的十年，在党的建设、工程装备、人才技术与企业文化等各方面，上航局都展现出务实笃行、砥砺求进的精神气质，汇聚成企业发展的核心力量。这是一代代上航人筚路蓝缕、不懈奋斗所探索出来的发展经验，是上航精神的具体展现，更是当代上航人应当赓续传承的宝贵精神财富。

放眼全球，我们正面临百年未有之大变局，全面建设社会主义现代化国家、全面推进中华民族伟大复兴成为时代主题。面对新时代的机遇与挑战，上航人将不忘初心、牢记使命，秉持一代代前辈薪火传承、共同维系的精神品质，踔厉奋发、勇毅前行，牢牢把握新时代新征程国资央企工作的总目标、总原则、总要求，坚定面向中央最关切、国家发展最需要、人民最期盼的方向，以"一高地三聚力"为总要求和以"两争一升"为战略目标，奋力书写百年上航赓续发展、基业长青的崭新篇章，在全面推进高质量发展和世界一流企业建设新征程上再创辉煌！

是为序。

本书编委会
2024 年 3 月

目录

薪火相传　再谱新篇

上篇　重企强国
——责任与使命的交汇

第一章　世纪疏浚　使命传承（1905—2000） ·················· 3
　一、东方初晓：黄浦江畔的疏浚之师 ························· 4
　二、涅槃新生：民族疏浚的红色力量 ························· 9
　三、勇立潮头：迎接改革开放新机遇 ························ 11

第二章　砥砺奋进，持续深耕（2001—2005） ················ 14
　第一节　乘势而上，锐意改革 ····························· 15
　　一、世纪曙光：时不我待，唯有奋发 ··················· 15
　　二、困中思变：挑战重重，唯有改革 ··················· 16
　第二节　大刀阔斧，战略先行 ····························· 19
　　一、前瞻愿景：以振兴民族疏浚产业为己任 ············· 19
　　二、战略引领：明确发展与改革路径 ··················· 20
　　三、激发潜能：深化制度改革 ························· 22
　第三节　破釜沉舟，艰难探索 ····························· 24
　　一、逆境奋起：东方公司改革先行 ····················· 24
　　二、凝聚优势：中港疏浚公司尝试上市 ················· 27
　　三、开辟新路：上海交建公司转型发展 ················· 31

  四、主动求变：上航二公司再次创业 35
  五、舞起龙头：设研院构筑科创高地 39
  六、断臂求生：航道一处实现平稳过渡 43
  七、优化重组：主业支持体系的建立 44
 第四节 市场拓展，鼎立三方 50
  一、深耕本土：扎根长三角 51
  二、敢闯敢试：果断挺进北方 53
  三、扬帆远航：扩展海外市场 54
 第五节 大国重器，奋力赶超 56
  一、装备升级：挖泥船的更新改造 57
  二、引领时代：民族疏浚装备新篇章 61
  三、砥志研思：吹响"国轮国造"号角 65
  四、持续更新：装备能力跨入前列 67
 第六节 技术创新，积累优势 67
  一、疏浚"革命"：长江口深水航道治理工程成套技术逐步成型 68
  二、进军市政：沉管隧道管段锁定创新技术 69
  三、迭代升级：计算机辅助疏浚决策系统 70
 第七节 党建引领，筑强堡垒 73
  一、强根固本：切实加强党组织建设 73
  二、思想定向：为改革发展保驾护航 77
  三、文化培育：增强企业凝聚力 80

第三章 乘风破浪 高质发展（2006—2010） 83
 第一节 前瞻远见：新开局、高起点 84
  一、形势研判：机遇与挑战并存 84
  二、崭新格局：中交集团重组上市 85

第二节 持续改革,稳步前进 88
 一、聚焦主业:培育国内龙头企业 89
 二、完善支持:提升服务主业功能 92
 三、内生活力:深化三项制度改革 96

第三节 高掌远跖,重塑格局 102
 一、凸显优势:巩固长三角 102
 二、持续攻坚:扩大北方市场 105
 三、延伸突破:拓展浙南与海西 106
 四、主动出击:跨国经营持续探索 107

第四节 集成创新,国轮国造 110
 一、腾跃奋起:耙吸船的国产化创新 110
 二、砥砺求进:绞吸船的批量建造 116
 三、打造"舰队":配套完善船舶装备体系 119

第五节 科技创新,锻铸利器 122
 一、不懈求索:长江口深水航道治理工程成套技术持续升级
  122
 二、从"浆"到"干":无砂真空预压地基处理技术 124
 三、吹填"接力":超长排距的技术创新 125
 四、技术自主:软件系统智能化升级 127

第六节 凝心铸魂,引领发展 130
 一、增强核心:加强领导班子建设 130
 二、夯实基础:创新党建机制模式 132
 三、廉洁从业:注重监督融入管理 135
 四、春风化雨:文化沁润塑造品牌 136

中篇 重大工程
——质量与品牌的交融

第四章 励精图治 依浚兴国……141
  第一节 世纪梦想 十年功成——长江口深水航道治理工程……142
    一、世界难题：承担"打开长江口"重任……142
    二、锲而不舍：为长江口航道治理"练兵"……144
    三、"水上长城"：长江口北导堤的建成……145
    四、三步跨越：12.5米深水航道的全线贯通……147
    五、"黄金水道"：长江经济带腾飞的"引擎"……151
  第二节 海上通途 西煤东运——河北黄骅港工程……153
    一、挥师北上：在新市场上崭露头角……153
    二、攻坚克难：推动黄骅港航道升级……154
    三、凤愿得偿："建港禁区"终成世界煤港……156
  第三节 耀世关口 海州新貌——连云港港航道系列工程……157
    一、航道扩建：开启老市场的新局面……157
    二、泊位升级：筑造庙岭集装箱港区……159
    三、海上高速：航道等级的不断跃升……160
    四、旧埠焕新：打造东方深水大港……161
  第四节 "海丝"枢纽 再展雄姿——宁波舟山港系列工程……162
    一、甬港新象：从镇海港到北仑港……162
    二、打通门户：虾峙门口外30万吨级航道贯通……165
    三、荒岛蝶变：梅山保税港区建设……167
    四、"海丝"枢纽：为"世界大港"打下根基……168
  第五节 渤海明珠 熠熠生辉——河北唐山曹妃甸系列工程……169
    一、甘载筹划：开发"钻石"码头曹妃甸……169
    二、开辟通途：袋装砂技术修筑通岛路基……170

三、围海造地：吹填纪录的刷新 ⋯⋯⋯⋯⋯⋯⋯⋯⋯⋯⋯⋯⋯⋯⋯171

四、超长排距：填补远距离吹填技术空白 ⋯⋯⋯⋯⋯⋯⋯⋯173

五、海油陆采：筑造人工岛 ⋯⋯⋯⋯⋯⋯⋯⋯⋯⋯⋯⋯⋯⋯⋯174

六、"渤海明珠"：无名小岛的蜕变之路 ⋯⋯⋯⋯⋯⋯⋯⋯⋯⋯176

第六节 滨海新城 航运重镇
——天津临港工业区围海造地二期工程 ⋯⋯⋯⋯⋯⋯177

一、逐鹿津门：最大规模围海造地综合工程 ⋯⋯⋯⋯⋯⋯⋯177

二、筑堤新解：软泥滩涂上首试"袋装砂" ⋯⋯⋯⋯⋯⋯⋯⋯178

三、精卫填海：百船协同实现超大面积作业 ⋯⋯⋯⋯⋯⋯⋯180

四、变废为宝：大规模"软着陆"的施行与推广 ⋯⋯⋯⋯⋯182

五、津门基石：从盐碱滩涂到国际航运核心区 ⋯⋯⋯⋯⋯⋯183

第五章 擘画蓝图 建基沪港 ⋯⋯⋯⋯⋯⋯⋯⋯⋯⋯⋯⋯⋯⋯⋯⋯185

第一节 航运中心 世界港口——洋山深水港系列工程 ⋯⋯⋯⋯186

一、时代使命：从浦江到深海 ⋯⋯⋯⋯⋯⋯⋯⋯⋯⋯⋯⋯⋯186

二、首道屏障：北围堤的筑造 ⋯⋯⋯⋯⋯⋯⋯⋯⋯⋯⋯⋯⋯187

三、倍道而进：深水吹填工艺创新 ⋯⋯⋯⋯⋯⋯⋯⋯⋯⋯⋯192

四、巧解砂荒：取长江而填洋山 ⋯⋯⋯⋯⋯⋯⋯⋯⋯⋯⋯⋯194

五、造梦深海：全球航运的东方枢纽 ⋯⋯⋯⋯⋯⋯⋯⋯⋯⋯196

第二节 源头活水 申城问渠——青草沙水库工程 ⋯⋯⋯⋯⋯⋯197

一、取江入沪：破解上海城市供水难题 ⋯⋯⋯⋯⋯⋯⋯⋯⋯197

二、步步为营：潮汐河口实现深水筑堤 ⋯⋯⋯⋯⋯⋯⋯⋯⋯199

三、"华山独道"：800米大型龙口合龙 ⋯⋯⋯⋯⋯⋯⋯⋯⋯200

四、惠泽申城：建成最大的河口江心水库 ⋯⋯⋯⋯⋯⋯⋯⋯204

第三节 沪畔沃壤 得之荒涂——横沙东滩滩涂整治系列工程
⋯⋯⋯⋯⋯⋯⋯⋯⋯⋯⋯⋯⋯⋯⋯⋯⋯⋯⋯⋯⋯⋯⋯⋯⋯⋯⋯205

一、促淤圈围：推动横沙滩涂资源开发 ⋯⋯⋯⋯⋯⋯⋯⋯⋯205

二、创新方案：利用疏浚土　围造新横沙 ························· 206
　　三、提升格局：四联体螺母块铺设南大堤 ······················· 207
　　四、建言献策：促成横沙发展战略构想 ························· 210
　　五、沧海桑田：国际都市的农业生态岛 ························· 212

第六章　走出国门　扬帆海外 ··· 213
第一节　战略合作　驰援南亚——巴基斯坦瓜达尔深水港工程
　　 ··· 214
　　一、奋楫启航：承建"风之门"海上枢纽 ························ 214
　　二、自力更生：用智慧和汗水"智"造港口 ···················· 215
　　三、工艺创新：岸坡开挖首次采用绞吸船 ······················ 217
　　四、临危不惧：周全措施应对危机事件 ························ 218
　　五、海上堡垒：构筑中巴海运重要枢纽 ························ 219
第二节　拉美港区　合作共赢——巴西亚苏港、桑托斯港系列工程
　　 ··· 221
　　一、壮大规模：远赴巴西吹响"集结号" ······················· 221
　　二、乘风破浪：先进大耙会战亚苏港 ·························· 223
　　三、联营合作：协同建设桑托斯港 ····························· 225
　　四、久久为功：属地深耕实现合作共赢 ························ 226
第三节　非洲港口　互利合作——安哥拉罗安达吹填造地工程
　　 ··· 227
　　一、挺进非洲：紧跟国家战略开辟新局 ························ 227
　　二、出海精锐：安哥拉港口迎来东方浚师 ····················· 228
　　三、助造"广厦"：非洲大陆立起华夏疏浚口碑 ·············· 230

下篇　发展之思
——回望与感悟的交集

第七章　继往开来　筑梦新航 ……………………………… 235
　第一节　不忘初心，产业报国 ………………………………… 236
　　一、责任担当：深度服务国家战略 …………………………… 236
　　二、民族自信：振兴民族疏浚产业 …………………………… 240
　　三、央企使命：树立良好海外形象 …………………………… 241
　第二节　团结协作，党建为魂 ………………………………… 242
　第三节　奋发有为，自我革新 ………………………………… 244
　　一、与时俱进：坚定改革发展之路 …………………………… 245
　　二、居安思危：保持前瞻战略思维 …………………………… 247
　　三、市场导向：创新灵活经营路径 …………………………… 248
　第四节　学习创新，增强要素 ………………………………… 250
　　一、人才优先：队伍培育不拘一格 …………………………… 250
　　二、兴局方略：科技是第一生产力 …………………………… 252

附录一：上航局大事年表（2001—2010） …………………… 256
附录二：上航局改制企业名称表 ……………………………… 273
附录三：上航局领导任职情况一览表（2001—2010） ……… 274
附录四：上航局主要新建/购船舶列表（2001—2010） …… 278
附录五：上航局参建/承建工程主要荣誉列表（2001—2010）
　　　　　………………………………………………………… 282
附录六：上航局所获荣誉一览表（2001—2010） …………… 286
后　记 ……………………………………………………………… 289

上篇　重企强国
——责任与使命的交汇

第一章　世纪疏浚　使命传承
（1905—2000）

　　守得世纪精诚，方可拨云见日。漫长的20世纪，见证了上海航道局与中华民族同呼吸、共命运的历史征程。从1905年浚浦工程总局成立开始，这支东方疏浚之师，以现代疏浚先驱的姿态在晚清上海的黄浦江畔启程，又伴随中华人民共和国的成立，成为由人民当家作主、致力航运繁荣与国家强盛的红色力量，乘改革开放的东风，率先拥抱现代化与专业化浪潮，大步迈向海内外前景广阔的巨大市场。

　　借助时间脉络，我们才能清晰地认识自身所处的方位。在缓缓展开的新世纪画卷之前，重温上航局诞生与发展、坚守与焕新、开拓与探索的重要时刻极具意义。因为，正是一代代上航人前仆后继、不懈求索的步伐，为理解后文所记叙21世纪以来的上航局的精彩篇章提供了最佳注脚。

一、东方初晓：黄浦江畔的疏浚之师

"番舶云屯黄浦前，帆樯分别号旗悬。望台忽报轮船到，遥见青天十里烟。"①19世纪末，上海洋场所传唱的竹枝词这样咏叹上海港口的繁华景象。中英《南京条约》签订，1843年上海作为最早的五个华洋贸易口岸开埠通商。在被接入全球贸易体系之后，这个江南市镇的航运规模急剧扩张，在不到十年的时间一跃成为中国最大的港口，并在19世纪末逐渐发展成远东最繁盛的港口都市之一。千帆竞渡的浦江码头，嘈杂热闹、货物往来的港口，以及江畔逐渐林立的高楼大厦，成为近代上海最为闻名的城市名片。

近代上海因港口而兴盛，港口航道是维系上海都市运转的命脉。随着航运贸易规模的扩大，吨位大、吃水深的大型轮船逐渐取代帆船成为港口贸易的中坚力量。然而，上海港所在的黄浦江由于水文条件复杂，长期处于自然状态，因此在吴淞内、外沙等区域航道淤积明显，航道水深逐渐与轮船吃水深度不相适应，对轮船贸易的发展制约明显。港口航道的整治，成为当时华洋各方所关注的焦点。

19世纪后半叶，推进黄浦江航道浚治的工作经历了漫长而曲折的政治博弈过程。在20世纪初订立《辛丑条约》的背景下，黄浦江的航道疏浚权被列为其中一项谈判条款，落入欧美列强手中。出于保护主权的考量，清政府通过签订《改订修浚黄浦河道条款》的方式"独认全费"，自办浚浦机构。

1905年，遵奉光绪皇帝御批，浚浦工程总局（以下简称浚浦局）

1905年12月26日，光绪皇帝在《改订修浚黄浦河道条款》奏折上御批"知道了"，批准成立浚浦工程总局

---

① 顾炳权.上海洋场竹枝词[M].上海：上海书店出版社，2018:24.

浚浦局机构所在地（现上海海关大楼）

在上海设立,承载着上海乃至中国经济贸易发展命脉的黄浦江终于迎来司职维护治理的专业化力量。最初,浚浦局局址定于上海九江路1号,上海道台袁树勋亲自挂帅兼任总办,并且与江海关税务司、英国人好博逊协同统筹管理。民国政府掌权之后,继续维持浚浦局的机构运转。1912年4月,民国政府通过签订《办理浚浦章程》,将浚浦局改建为开浚黄浦河道局(以下同简称浚浦局),局址改设在九江路6号。浚浦局先是直属外交部管辖,后由外交、财政两部统管。1928年,浚浦局迁至与江海关合建的上海海关大楼办公。

早期的浚浦局虽然由政府督办,但制度设计上采取总工程师负责制,掌握实权的总工程师职务长期由外籍人士担任。诚然,外籍人士长期把持局务的历史事实,是近代中国国力赢弱、缺乏疏浚专业人才所造成的。但是,浚浦局科学化的制度设计以及国际化的人才队伍,客观上也奠定了其高起点发展的主要基调:当时世界先进的疏浚技术及施工力量,以浚浦局为渠道,流入上海乃至近代中国,成为现代疏浚行业的肇始。

这样一种疏浚业的新气象,显著地体现在浚浦局的疏浚设备上。在浚浦局成立之前,清政府为处理吴淞内沙航道问题,曾向列强购买设备参与施工,例如从英国格拉斯哥购买一艘双擎自航链斗挖泥船"安定"号等。但因设备动力不足、容易损耗等原因,施工成效远未达到预期。浚浦局成立之后,基于先进的技术思维和设备意识,不断扩大船舶疏浚设备建设:先后建造500立方米/时链斗挖泥船"海龙一号"、1200立方米/时吹泥船"海鲸"号、1100立方米/时吹泥船"海象"号、500立方米/时链斗挖泥船"海虎"号、500立方米/时蒸汽挖泥船"海龙"号等。1935年,浚浦局从德国购置舱容量3250方的自航耙吸挖泥船"建设"号,后者因此成为远东当时最先进的疏浚船。到1937年,浚浦局共计建造73艘大、中、小型功能不同的船舶,形成一支以"龙、虎、鲸、象"为主体的疏浚力量。

这支技术设备上引领全国的疏浚船队,在清末民初的数十年间,为黄浦江治理打开了全新的格局。浚浦局成立后,即对黄浦江采取整治与疏浚相结合的治理手段,对吴淞内外沙航道进行增深整治,使得

1935年，浚浦局从德国购置3250方自航耙吸挖泥船"建设"号，为远东当时最先进的疏浚船

20世纪30年代，浚浦局打造以"海龙""海虎""海鲸""海象"为主体的挖泥船队

新航道水深由原来的 0.6~0.9 米增深至 5.8 米，为黄浦江系统治理打下了先期基础。民国时期，浚浦局历时 30 年，分三个阶段治理黄浦江航道，使得上海港口条件显著改善。1936 年，航道最低潮位水深由 1912 年的 5.8 米增深到近 8 米。全面抗日战争爆发前夕，上海港航道水深已符合当时世界大港的要求，能够接纳世界最大吨位的船舶候潮进港：1936 年，总吨位达 42 348 吨的"不列颠皇后"号开进上海港，一时传为胜景。

在浚治黄浦江航道过程中，浚浦局利用疏浚土在吴淞炮台、高桥沙、虬江口、周家嘴等处吹填成陆，为上海后续的经贸、工业、金融业的发展提供了大量的土地资源。其中，周家嘴岛（今复兴岛）吹填是这一时期的重要里程碑。自 1925 年开始，浚浦局在虬江口至周家嘴间大片浅滩处围堤吹填。工程历时十年，吹填成陆面积 1.2 平方千米，吹填方量约为 803 万立方米，成为上海唯一的内陆岛，开启了中国吹填造陆的先河。

浚浦局治理黄浦江时期建设的吴淞导堤

民国时期,浚浦局利用疏浚土吹填周家嘴岛(现复兴岛),开辟中国吹填造陆先河

二、涅槃新生:民族疏浚的红色力量

随着新中国的成立,浚浦局成为由人民当家作主、致力民族繁荣发展的红色疏浚力量。早在新中国成立之前,浚浦局作为民族疏浚产业的重要力量,就展现出强烈的爱国之心。

1937年,日本发动全面侵华战争,上海沦陷,浚浦局船舶设备遭到日军掠夺破坏,疏浚工程全面停顿。浚浦局的许多员工弃业从戎,奔赴抗日战争前线，抛头颅、洒热血，为抗日战争贡献来自浚浦之师的力量。上海解放前夕，浚浦局局长丁贵堂与共产党人李正文、夏衍、潘汉年等通力协作，按周恩来同志的指示，拒不执行国民党政府南下命令，全力支持上海航道工人的保船护产爱国抗争，誓死保卫远东最先进的挖泥船"建设"号，为百废待兴的新中国保留住宝贵的生产资料，守护在国家危难之中艰难成长的民族疏浚力量。

1950年，南京浦口江岸出现严重险情，沿线码头大量坍塌、十万火急，港口设备及城市居民的安全悬于一线。浚浦局接到交通部指令后，立即派出46艘船舶，在敌机频繁空袭的环境下艰苦作业，不畏艰险，不怕牺牲，顺利完成任务，守护了南京城，完成的工程量是解放前上海港两年挖泥量的总和。1954年，长江发生超历史最高洪峰记录的洪水，直接威胁2000万人民生命财产安全。数百名航道职工昼夜不停连续奋战，为泄洪排险、减轻灾情作出贡献。

1949年10月，浚浦局在军管会的领导下重组机构，注入人民政权的新鲜血液，焕发出全新的精神气质。在新中国成立初期，浚浦局的归属几经转手，名称也随之不断变化，直到1964年8月，正式定名为上海航道局，成为新中国的事业单位。1978年5月，上海航道局升格为部直属一级事业单位（局级），名称为交通部上海航道局。

伴随着国家建设的开展，上航局开始在港航事业上持续发挥重要作用。20世纪70年代，在周恩来总理"三年改变港口面貌"的倡导下，全国范围内掀起"三年大建港"的热潮。上航局积极响应国家号召，集中力量投身上海港建设，积极参建宁波

1950年，上航局参与南京浦口抢险工作，圆满完成任务，守护住了新中国的南京城

港、连云港港等30多个港口航道设计与施工任务，用汗水与智慧推动新中国的港口建设与经济发展。

三、勇立潮头：迎接改革开放新机遇

1978年12月，十一届三中全会作出把党和国家工作重点转移到社会主义现代化建设上来的战略决策。1984年9月，作为交通部直属一级事业单位的上航局正式改制为企业单位，实行独立核算、自负盈亏，在企业制度建设的道路上不断前行。

1997年12月，中国港湾建设（集团）总公司组建成立，上海航道局与交通部脱钩，整建制划入中国港湾建设总公司，单位名称为上海航道局（以下简称上航局）。

在改革开放的大潮之中，上航局持续推进长江口等既有工程，同时扩展市场版图，积极开辟海外市场。20世纪80年代，上航局全面建立对外经营体制。1980年，对外经营的中国港湾工程公司、上海疏浚公司经交通部批准成立，同年2月13日，上航局设立对外业务处（对外称疏浚公司业务部），负责办理国外业务；1981年12月，"航绞1001轮"船组远航至中东巴林，承担阿拉伯钢铁公司巴林球铁厂工程，代表中国疏浚企业首次进军海外市场，并于1983年6月圆满完成任务。1982年，上航局在墨西哥墨城设立驻墨小组；1984年，在哥伦比亚波哥大设立疏浚经理部，使得美洲地区的经营进入体系化。派遣挖泥船先后赴墨西哥和哥伦比亚的十多个港口施工，至1988年，累计疏浚工程量达6700万立方米，创汇额达4332.2万美元。除美洲市场，上航局还积极拓展亚洲市场，先后在马来西亚，我国香港和台湾等地承包工程，率先奠定中国疏浚企业在海外、境外市场的行业口碑。

"事改企"的机构性质转变，带来上航局制度改革的科学化与现代化。1987年，上航局正式推行局长负责制，理顺党政工之间的关系，全局自上而下基本形成统一高效的生产指挥和经营管理体系；同时推行经济责任制，提出"五定一留成"的新制度，在对交通部承担经济责任的同时，在局内部倡导崭新的"包、保、奖"形式，实行经济合同制，以此激发职工工作积极性。20世纪90年代，上航局更是响应国

1989年"航浚6002"在墨西哥夸察夸尔科斯港维护疏浚

家战略，转换经营机制，将基层单位全面推向市场，成为独立经营、自负盈亏的经营实体。

20世纪90年代中期以后，国有企业普遍面临经营困难的问题，上航局同样面临竞争难、生存难、发展更难的境况。如何通过企业体制改革和发展方式转变实现自我革新，快速提升企业核心竞争力？1996年7月17日至19日，上航局召开领导干部会议，围绕企业改革发展在全局上下开展了一场影响深远的解放思想、转变观念的大讨论。此举对于在加强经营力量、转变经营观念、加快培养人才、调整产业结构等重要问题上凝聚共识具有重要意义，逐步坚定"唯有发展才是硬道理"的信念。1997年下半年起，上航局在处理好改革、发展与稳定三者关系的基础上，开始进行一系列新的改革尝试。同年12月，上航局通过《局今后几年改革与发展的指导意见》，明确提出"用三年左右的时间基本建立起现代企业制度，实现管理集约化、经营一体化、经济多元化，提高整体竞争能力，在本世纪末总体实力居国内同行领先地位"的发展目标和"做精主业、剥离辅业；扶优扶强、抓好延伸；

盘活存量、重组要素"的改革指导方针。

2000年4月,上航局原局长翁孟勇调任交通部副部长、党组成员,由党委书记胡永桢代理局长。其后,宗源远于同年9月调任上航局局长,上航局的跨世纪改革依然延续,积极谋求改革突围之路。

从黄浦江到五洲四海,从浚浦之师到民族疏浚引领者,上航局与民族命运共浮沉的历史转眼已走过一个世纪。伴随着千禧年钟声的敲响,上航局的世纪征程翻开了全新篇章。

第二章　砥砺奋进，持续深耕
（2001—2005）

21世纪之初，中国正式加入世界贸易组织（WTO），城市化成为社会发展的强力引擎。今天看来，这一历史性的时间节点对于中国疏浚行业与上航局而言，均具有非凡的意义。随着全球经济的一池春水被激活，中国开启深度变革新征程，中国基建迈入跨越式发展新时期。百舸争流、大浪淘沙，在国家这一飞速发展时期，拥有百年历史的上航局由此乘势而上，迎接全新的机遇！

本章着力展现"十五"期间，上航局以振兴民族疏浚产业为己任，在困境中奋起，深入推进国企体制改革、持续战略性改组与业务结构优化，逐步建立起现代企业制度，并在市场拓展、装备升级、科技创新、人才培育与党的建设等方面全面发力，不断激活内生动力的历程。改革从来不是繁花似锦，改革常常是荆棘密布。在这段没有样板可供借鉴的历程中，上航人勇立时代潮头、不畏风险、先行先试，用胆略和智慧实现了企业的涅槃新生。

第一节　乘势而上，锐意改革

一、世纪曙光：时不我待，唯有奋发

跨入新世纪，海内外疏浚行业掀起新一轮澎湃春潮：集装箱船舶的更新换代，大型散装船和大型油轮的普遍使用，港口、航道水深的增深，码头泊位的延长成为发展趋势。世界各国开始建设深水码头，实施大型深水航道疏浚和围海造地工程，以提高港口运输与通航能力。与此同时，伴随着世界工业化进程的加快，城市化也步入新阶段，沿海城市建设和农田水利的需求使疏浚业得到进一步拓展。世界各地疏浚市场呈现新的发展与竞争格局，美洲、亚洲、中东等市场也面临拓展机会，为中国疏浚企业走向世界提供新的市场。对于上航局而言，这意味着只有抓住机遇、应对变局，才有机会迎来在世界版图内重构自身发展的黄金时刻。

为应对入世后的发展新形势，国家一系列发展战略与政策规划纷纷落地。国家"十五"规划明确提出：进一步加强水利、交通等基础设施建设，加强沿海枢纽港口建设和内河航道治理，发展水路运输，建设国际航运中心。特别是大型枢纽港深水航道的建设和维护成为"十五"期间的主要工作。五年内全国计划新增沿海港口深水泊位140个，改造深水泊位45个，新增吞吐能力2.5亿吨。港口航道、填筑、水利、环保等疏浚相关市场中，重大工程也均在紧密布局。上海国际航运中心建设、长江口深水航道的治理、黄浦江两岸功能调整和内河航道改造建设等项目箭在弦上……中国疏浚业迎来了难得的发展机遇。

机遇面前总有挑战。经济全球化的本质是生产力与劳动力资源全球化配置和市场全球化拓展，任何国家和行业要想共享新层级的发展红利，都必须开启国门、扩大开放，在更大范围、更高水平上参与国际经济合作和竞争。上航局在新世纪面临来自国际顶尖疏浚公司和国内高水平同行的双向竞争。2002年，波斯卡利斯和巴拉斯特汉姆公司在上海设立办事处，范奥德公司的一艘大型绞吸挖泥船通过租赁形式进入国内市场，国内疏浚市场不再是铁板一块，竞争格局日新月异：除中港集团内部的疏浚企业外，发展势头最强劲的当数长江航道局和

一些民营疏浚企业。此外，依托水利部的"百船计划"，各省、市水利系统内具有一定规模的水上施工企业的发展驶入快车道，竞争力亦不可小觑。虽尚未对沿海疏浚和吹填工程形成大的冲击力，竞争一般囿于其水利系统内，但也为上航局进入水利市场带来相当大的挑战。

"机遇"之所以为"机遇"，即"百年不遇，稍纵即逝"。站在经济增长的新一轮上升周期与港口、航道建设的新一轮发展浪潮面前，上航局坚信这是中国民族疏浚产业难得的战略发展机遇。在全球化产业和市场新格局下，唯有拥有开阔视野和强大核心竞争力的疏浚企业，才能乘势而上，牢牢掌握主动权。

二、困中思变：挑战重重，唯有改革

（一）多重制约：适应市场化的挑战

"十五"初期，与这一时期国企改革要求建立现代企业制度的目标相对照，上航局在体制、机制上存在不少问题：企业体量大、机构臃肿。拥有65家大大小小的子公司、分公司，只有少数单位每年有利润盈余。计划经济下形成的"大而全"的体制，使得上航局负担着大量的社会职能；冗员过多，适应市场经济和现代企业制度要求的经营管理、专业技术的拔尖人才储备不足；企业创新能力较弱、习惯于墨守成规。自身内部的诸多体制机制性困局，都对上航局在更深层级继续深化改革、推进结构调整、提高企业发展与管理水平，更好适应新时期市场经济机制形成严重制约。

国际国内疏浚行业发展的良好机遇和绚丽前景与自身发展现实间的较大落差，为上航局冷静审视企业发展真实现状，思考自身核心竞争力提升路径，更有效推进企业改革进程吹响了集结号。"打铁还需自身硬"，只有快速加强自身建设，匹配市场在科技、人才、管理等方面的综合实力和竞争需求，方能占有蓬勃的国内市场，脚踏实地做到稳中求进，并真正参与海外市场竞争。

（二）固本之战：应对长江口骤淤凸显软肋

2000年7月20日，长江口深水航道治理一期工程通过交工验收，

8.5 米水深航道全线贯通，实现了"打通长江口深水航道"的第一步。然而随后不久连续 5 个台风袭来，长江口航道淤积，导致一艘国际海轮搁浅，一定程度上造成不良的国际影响。当时海轮搁浅处附近航道实测水深仅有 7.3 米，通航水深保障面临严峻考验。

作为交通部主抓的工程，搁浅事件发生后的三个多月里，时任交通部副部长胡希捷、副部长翁孟勇多次组织召开紧急会议，商讨长江口深水航道清淤问题，希望上航局能整合其他兄弟公司的力量，共同完成清淤任务。然而经过两个多月的实践，航道清淤工作起色不大，8.5 米水深仍未恢复。长江口深水航道回淤事件惊动了国务院。时任中共中央政治局常委、国务院总理朱镕基在国务院第五十五次常务会议上向交通部询问长江口深水航道治理工程的进展。2001 年 3 月 8 日，交通部召开专题会议，会议重点聚焦如何有效应对长江口深水航道淤堵问题。作为主要承建单位的上航局此时面临巨大考验：若不及时浚深航道，无疑会继续发生船舶搁浅事件，造成较大的国内国际影响，并对上海港的经济效益产生直接影响。同时，作为上航局具有"立局之本"意义的头号工程，长江口深水航道治理工程能否按时保质完成，已经成为上航局改革发展道路中的"生死攸关"之战。

航道淤堵治理缓慢的根本原因在于应对航道强骤淤的施工装备能力的不足。虽说 21 世纪之初上航局拥有的各类挖泥船和辅助船舶数量众多，年疏浚能力位列国内疏浚企业榜首，但设备技术水平总体落后、生产效率低，且饱受老旧船舶过多、折旧和养护费用过巨等多重问题困扰，处于勉强维持状态。全局的主要疏浚力量仍旧以 20 世纪 70 年代中期和 80 年代末添置的船舶为基础，主力疏浚船舶的平均船龄已超过 20 年，装备市场竞争能力下降，成为制约企业发展的一大瓶颈。特别是作为疏浚主体的九州公司，当时拥有 10 艘 4500 方以上舱容的耙吸挖泥船和 8 艘辅助船舶组成的疏浚船队，基本集中了全局适应疏浚市场需求的优良设备，其净资产占全局的比例高达 36%，可以说是上航局的"脊梁骨"。然而此时正处于中港集团整体改制的关键时期，九州公司的发展路径尚未明晰，这在很大程度上影响了上航局更新升级装备的决断力。

危急时刻，上航局提出完整有效的船舶装备应对举措。第一是果断投资建造大型耙吸挖泥船。与荷兰 IHC 公司签约建造了一艘舱容 12888 方的耙吸挖泥船。第二是下决心修船。施工船舶有序从现场撤出，集中检修船机设备，增强既有船机的战斗力。第三是改造船。原有的两艘 6500 方边抛耙吸挖泥船挖泥效率都不高，且船身总长 200 多米，掉头困难，因而决定将其改成 9000 方耙吸挖泥船。同时，应急购买货船用来改成耙吸挖泥船。最后是调船。彼时上航局旗下的船在海外新加坡、委内瑞拉、巴西等国施工，强行调回会面临赔付巨额违约金等问题。但上航局以大局为重，顶着压力迅速调回船舶，增加长江口疏浚能力。

2001 年 6 月，长江口深水航道恢复 8.5 米水深。上航局成功解决长江口深水航道骤淤问题，守住"立局之本"的宝贵阵地，同时以此为契机加快装备升级改革的步伐。九州公司单独建制计划暂时搁置，上航局的"精华"力量暂且保住，为企业在困境中寻得发展生机。

（三）痛定思痛：改革势在必行

处在承上启下的关键时期，上航局面对国际国内疏浚市场的良好机遇，如何依靠制度创新、建立现代企业制度来破除国企发展的体制性障碍从而摆脱困境；如何适应国企改革攻坚阶段对于上航局战略性结构调整的更高要求，推动企业改革与发展的进一步深化，稳中求进，走出一条科学发展的新路；如何通过改革提升企业的核心竞争力，更好地参与国际竞争，真正担负起民族疏浚业复兴的重任，成为摆在上航人面前的重大课题。

前路虽然压力重重，但上航局也面临难得的改革机遇：长江口深水航道治理工程进入实施阶段、中港集团的组建、全局上下改革愿望强烈、改革承受力有很大提高。同时，上航局自身仍拥有明显的竞争优势，如疏浚能力居国内同行之首、经济格局有所调整、资产经营取得初步进展、"上航局"的卓越品牌和百年航道精神的浸润亦是一笔可观的无形资产。在强大的竞争压力与艰巨的改革任务面前，上航局清晰认识到：靠简单的修补拆并不能解决发展既有矛盾和问题，唯有进行全面改革创新，切实建立起适应市场要求、符合国际规范的现代企业管理体制和制度，才能使企业真正走上良性发展轨道。在痛定思痛的自我审视中，上航局开始了新一轮的改革进程。

第二节　大刀阔斧，战略先行

一、前瞻愿景：以振兴民族疏浚产业为己任

中国加入 WTO 后，关税壁垒进一步消融，国际国内市场开放度骤增，外商开始享受国民待遇，国际资本的涌入对国内疏浚企业既有市场份额造成较大压力。在开放尚未成熟的国内市场经济大环境下，民族疏浚企业在资本运作、经营方式等方面仍难以彻底摆脱计划经济模式的影响，竞争力尚显薄弱。

作为技术密集型、知识密集型、资金密集型产业，疏浚产业的市场竞争在很大程度上依赖尖端疏浚装备的研发。长期以来，世界顶尖四大疏浚公司以及日本的五洋建设公司占据大型疏浚与填筑工程 60% 左右的市场份额。这一时期各大疏浚公司为进军东南亚吹填造地的巨大新兴疏浚市场，纷纷建造或扩建超大型耙吸挖泥船。纵观中国疏浚船舶装备，尽管 2000 年我国疏浚能力已居世界第五，但在管理水平、人才优势、技术开发方面，与国际先进公司的差距仍非常明显。长期以来，全球只有极少数西方国家能够制造先进的疏浚船舶，他们对建造技术采取严密封锁，这对中国民族疏浚产业的发展形成严重制约。如何在市场竞争中杀出血路、树立国际话语权，成为事关整个民族疏浚产业振兴的宏大命题。

上航局、天航局、广航局主力疏浚装备（截至 2004 年）

单位	耙吸挖泥船/艘	绞吸挖泥船/艘	最大耙吸挖泥船		最大绞吸挖泥船	
			船名	舱容/方	船名	总功率/kW
上航局	20*	6	新海龙	12 888	新海豹	12 000
天航局	6	14	通力	5400	津航浚 215	10 720
广航局	6	8	万顷沙	10 028	玉龙	6790

注：* 其中舱容在 10 000 方以上的 4 艘。

步入"十五"发展新阶段,面对我国疏浚研发起步晚、基础薄的现状,上航局对于发展的思考并未局限于自身,而是以宽阔视野和高远站位思考未来发展与深度改革的方向。在"改革有突破、管理上档次、发展跃台阶"的新目标下,上航局在新世纪加快全面推进改革与结构调整,对标世界一流疏浚公司,确立了"振兴民族疏浚产业"这一极具前瞻性与使命感的宏伟愿景目标,希望抓住外部大好机遇,从稳中求进步入稳中快进,做精做强做大主业,坚持主业延伸,奋力探索疏浚装备与技术自主创新,为民族疏浚产业贡献上航力量!

二、战略引领:明确发展与改革路径

战略管理是企业核心竞争力的重要体现。"十五"期初,面对日趋激烈和规范的市场竞争与改革发展的新形势,上航局紧跟国家宏观战略布局,提出"以发展为主题,以结构调整为主线,以建立现代企业制度为方向,以提高企业经济效益为根本目标"的发展总体要求。以"振兴民族疏浚产业"的愿景目标为指引,确立"疏浚主体股份化、主业经营一体化、管理模式集团化、增长方式集约化"的"四化"发展战略框架[①],在企业资产重组与结构调整、经营格局与业务发展、管

[①] "疏浚主体股份化":以组建疏浚股份公司为切入口,加大全局资产重组和结构调整力度。在上市公司运作过程中,通过定向增发法人股、配股、收购等市场机制和举措,逐步将企业内部主业优质资产向上市公司集中,最终实现全局疏浚主体股份化。并凭借上市公司规模优势、竞争实力和广阔的发展前景,通过市场法则,吸引、联合国内其他疏浚企业优质资产,打造中国疏浚行业的旗舰,树立起"国内一流、国际知名"的疏浚公司形象。

"主业经营一体化":充分发挥全局的整体优势和品牌效应,以聚焦主业发展来增强企业竞争力。在主业发展上,调整优化、做精做强,形成上航局的"拳头产品",增强市场竞争能力;在主业延伸上,选准方向、巩固拓展,形成以水利工程、环保工程为主的延伸产业,积极开拓内河、湖泊疏浚市场;在新兴领域上,重点扶持、伺机发展,依托技术进步,形成"专、精、特、新"的科技型特色行业。

"管理模式集团化":在局本部与九州分公司资产、人员重组后形成的核心企业框架基础上,实施与之匹配的、以母子公司体制为主体的集团化管理模式,坚持母子公司协同发展。一方面对核心部分资产直接进行生产经营管理;另一方面以资产为主要联结纽带,对控股、参股子公司行使出资人权利,享有资产收益、重大问题决策和经营者的选择权。

"增长方式集约化":即从传统的以规模扩张、生产能力提高为主要特征的外延扩张方式,转向以结构调整、技术创新和集约经营为主要特征的内涵发展与外延扩张相结合的方式,要更加注重提高企业整体的营运效率和效益。

理模式与增长方式等方面多管齐下，实施系统而全面的改革，推动经济增长方式从粗放型向集约型的内涵发展模式转变，提高企业资产经营、市场开拓和科学管理水平，增强整体核心竞争力。

在"四化"战略引领下，上航局以疏浚主业公司改革为契机，按照市场导向、效率优先和"有所为有所不为"的专业化管理原则，带动全局公司制改造进程，积极进行内部资产重组和结构调整：对主业单位实施全局性改组；对营利能力较好的单位继续给予相关政策支持，不断开拓市场，拓展创利空间，形成收益的重要组成部分；对有市场但负担过重、存在结构性问题的企业实施脱困工程；对没有市场或无市场优势、长期亏损、扭亏无望的企业实行关停，实施三产企业全面清理整顿，优化全局结构布局。同时，加大盘活存量资产力度，提升营业性资产比例，对改革、调整和企业关停过程中所产生的待处置设备、房屋、存货及部分对外投资股权等，按照程序，通过拍卖、出售、封存、转让、出租、承包经营等方式进行合法处置；对码头、岸线、土地和办公楼等进行统一规划和管理，采取多种方式盘活资产，取得增值收益。经过一轮大力清理整顿，全局初步完成资产重组和结构调整，所属三产企业得到大幅度削减，优化了全局资源配置、促进了局内资源的合理流动。

随着企业规模的不断扩张，局内一度出于分散经营风险或寻求新的业务增长点考虑，产生过多元化经营的想法。然而"十五"初期的上航局财力有限，虽然竞争力与影响力有了显著提高，但放在世界经济大环境中，与先进同行的差距仍十分明显，尚未达到多元化发展的阶段，必须集中财力物力做大、做强、做精主业。

沿着"主业经营一体化"战略，上航局明确了疏浚、填筑两翼齐飞的经营思路，在全局主业领域实施专业化分工，初步建立起"大耙疏浚""小耙疏浚""陆域吹填""筑堤和地基处理"四大清晰的专业板块；攥紧拳头、集中发力，以更好适应市场需要，不断夯实企业综合优势和品牌优势。上航局以市场为导向，积极转换企业经营策略，创新性提出"大经营"理念：将经营工作放置于对全局发展作用更为突显的龙头地位，充分发挥局与基层两级积极性和局本部各部门的大协作精神，上下联动、优势互补，对外集中经营、统一指挥，对内协调分工、专业管理。"全局一盘棋"，不断增强经营项目获利能力，实现企业利润最大化。

三、激发潜能：深化制度改革

深化劳动、人事、分配三项制度改革是推进国企改革的重要举措，对于建立现代企业制度，提升国企组织运营效率、激活深层活力具有重要作用。"十五"初期，在资产重组与结构调整同时，上航局持续深入推进劳动、人事、分配三项制度改革，并将其作为提高核心竞争力和增强核心功能的重点改革任务。2002年4月，上航局下发《关于推进上海航道局内部人事、劳动、用工分配制度改革的指导意见》，逐步建立起更适应市场化竞争的企业能进能退的优胜劣汰机制、员工能进能出的人才流动机制、收入分配能高能低的市场化机制。

首先是完善用工制度。不断调整好员工队伍结构，使之更趋合理、配置更加优化。形成企业用工新机制。员工身份从过去的国家人、企业人变成市场化的社会人，待遇向市场化、福利向货币化发展。加强调查研究，探索多种用工形式下的员工队伍管理模式，着力建设项目经理、技术人员和骨干船员三支队伍，发挥关键人才的带动作用，在科技和管理领域形成学科带头人。做好自然减员（合同到期）、特殊工种提前退休和协解工作。

其次是创新人事制度建设。上航局适时推出《上海航道局人力资源开发推进计划》及配套实施方案，建立起不同层面的专业人才队伍。建立人才选拔机制，完善领导干部选拔机制。这一时期，上航局按照党管干部、客观公正、尊重民意、注重业绩的要求，大胆引入竞争机制和竞聘上岗机制，按照公平、公开、公正和择优录用的原则选拔干部，大批青年优秀人才脱颖而出。同时上航局不断优化对各级各类人才的管理和考核力度，切实提高人员的综合素质。采取"外引内培"，连续每年大规模招收高校毕业生，为员工队伍注入新鲜血液，同时加大员工培训力度与加快专业人才培养进程，积极培育和储备与之相适应的人力资本。局教育中心紧紧抓住疏浚、填筑两条主线，积极开展职后培训，2003年6月，成立中国港湾工程学院上海疏浚分院。"十五"期末，全局在岗员工压缩至不到4000人，员工总量和各层次人员比例渐趋合理，人均劳动生产率较"十五"期初增长近6倍；疏浚、填筑、测量、设备等主要专业人才队伍，无论从数量上还是质量上都跃上了一个新台阶，为全局发展提供智力支持和人才保障。

再次是不断完善薪酬分配激励机制。突出效率、兼顾公平，确立薪酬分配的市场化导向，充分体现新增工资总额向关键性岗位和人员倾斜的原则，尤其是加强对经营、科技人员绩效的考核，加大奖励力度，充分调动全局经营、科技人员的积极性；同时统一工资标准，确立各单位薪资同一起跑线，允许各单位在实施过程中根据实际进行一定的灵活调配；将薪酬结构调整为岗位薪点工资、辅助工资和奖金（即效益工资）三部分，特别是允许局管项目按照工程规模大小灵活实行薪酬标准调整。

这一时期，上航局在财务管理、生产管理、基础管理、信息管理等方面实施科学化、专业化、系统化的企业管理改革，逐步建立起现代企业管理制度。突出财务管理在企业管理中的中心作用，建立全面预算控制制度，加强资金管理，建立动态的成本管理体系。完善安全管理体系，提高事故的预控防范能力；健全工程管理体系，优化施工资源配置，规范项目管理；制定和完善设备管用养修制度和办法；加强监督、审计、法务工作，保证经济活动的健康有序；完善规章制度，加强档案的管理和应用。此外，上航局还积极应用现代管理方法和手段，推进全局信息系统网络化、数字化建设，实施局信息化发展规划。

"振兴民族疏浚产业"的愿景目标与"四化"战略的提出，将上航局的发展与时代浪潮紧密相连，以战略性眼光和思路为企业在结构调整与制度建设方面持续改革指明了方向；将企业发展精力更集中调配至加快主业发展与发挥优质资产效应上。同时，上航局强调外延扩张与内涵挖潜并举，着力改善原有管理粗放状况、释放企业发展动能，为加快公司制改造步伐、增强核心竞争力提供路径保障。

第三节　破釜沉舟，艰难探索

"十五"期间，国有经济布局结构调整与优化不断提速。在国有企业三年脱困任务基本完成基础上，国企改革重点转向深化国有资产管理体制改革、持续推进现代企业制度建设。中港集团作为全国120家大型企业集团之一进入国企改革试点范围。这对上航局聚焦更深层改革矛盾，系统推进现代企业制度改革提出了更高的要求，也为上航局加快内部资产重组和企业经营结构调整，积极尝试国企股份制改造的运作及上市，实现"转机建制"改革目标，创造了有利时机与良好政策环境。

对于拥有庞大建制的上航局而言，破除企业原有模式，实施公司制改造，建立现代公司治理结构并非易事，需要有深层自我审视的智慧、壮士断腕的魄力与细致入微的果决行动力。为了更主动应对改革发展新形势，"十五"期间，上航局破釜沉舟、艰难探索，持续深化企业改革：对局本部机构、人员进行调整、精简和分流；积极推进企业资产重组与结构调整，以资产为纽带，对下属65家子公司进行整顿，并对其中部分公司进行"关停并转"；先后对上海东方疏浚工程公司、中港疏浚股份有限公司、上海交通建设总承包有限公司、上海航道局第二工程公司、上海航道勘察设计研究院有限公司、上海航道局第一航道工程处等所属企业开展深度提质改革。在"摸着石头过河"的艰难改革过程中，上航局经历了一次又一次的改革阵痛，逐步建立起现代企业制度与更为清晰的发展框架，焕发出新的生机活力。

一、逆境奋起：东方公司改革先行

上海东方疏浚工程公司（以下简称东方公司），前身由原上航局下属船队和接力泵站合并而成，1979年定名为上海航道局第四工程处，1985年又名上海东方海湾开发公司，1989年改称为上海东方疏浚工程公司。2002年，上航局对东方公司实施深化改革，将其改制为一个相对全能的分公司。东方公司主要从事港口、航道、码头、泊位的疏浚和陆域吹填等业务。作为上航局人员与船舶数量规模最大的基层单位，东方公司凭借较完备的船舶装备体系，领先的港口航道疏浚、吹填和业务承建能力，曾为上航局创造了良好效益。

在适应中国经济市场转型及疏浚市场激烈竞争过程中，东方公司作为老牌国有企业所存在的矛盾和困难日益凸显，步履维艰。由于生产任务不足，经济效益出现滑坡，公司亏损较为严重。设备综合利用率低、部分船舶长期处于闲置状态。船型结构不合理，链斗船型所占比例偏高，船舶设备老化严重。公司在册船舶累计96艘，平均船龄20年，设备的新度系数低，难以适应市场竞争需求。职工文化层次较低，主辅业人员分布失衡，专业管理和技术人员严重不足。职工年龄老化严重，平均年龄达44.8岁。东方公司的状况很典型地反映出当时国企的通病——资产质量不高、结构不合理、综合管理水平落后、机制不活，企业整体市场竞争力弱。

"十五"期间，上航局坚持"转换机制、效益优先、调整结构、主辅分离"的改革思路，从机构重组、设备与产业调整、人员分流三方面对东方公司实施深化改革。东方公司首先进行机关重组改革：管理机构从20个科室合并为5部3室。机关和拖运船队泥土处理工程部管理部门岗位干部人数从163人减至105人。调整后，机关干部具有中级以上职称53人，分别占机关干部和总人数的82%和67.9%，队伍结构提质明显。完成机关重组改革后，东方公司按照先陆上后水上的顺序，扎实推进内部改革，相继推出后勤单位减员分流、闲置资产集中清理等改革措施。

为压缩船舶人员总量，东方公司精简工程船舶定员标准，理顺船舶工作班次，果断处置43艘老旧船舶，2002年基本完成船舶清理工作，并投入资金购置大型绞吸斗轮两用挖泥船1艘、2800方自航耙吸挖泥船1艘，建造2000方开体自航泥驳2艘。基于设备改革成效，东方公司明确了以大绞、大驳及中小型耙吸挖泥船为主的市场定位方向，逐步形成了具有自身特点的设备体系。至2003年，东方公司配备有各种耙吸、绞吸、抓斗、链斗挖泥船、吹泥船、测量船和拖轮共147艘，其中工程船28艘、拖轮29艘、泥驳67艘；拥有国内疏浚行业中首创的排泥管线3条，共计67千米；在黄浦江有董家渡、延安东路外滩、居家桥、复兴岛、草镇、吴淞等6处泊位。截至"十五"期末，东方公司拥有的各类疏浚船舶数量是"九五"期末的78%，总功率达到"九五"期末的1.8倍，年疏浚能力是"九五"期末的5倍多，船舶装备实力得到明显提升。

按照上航局聚焦主业、剥离辅业的要求，2004年6月，东方公司正式出台三产单位的改革方案，下发《关于东方公司三产改革的若干意见》，实施三产企业清理整顿：对亏损严重的司属浦浚工贸公司、东浚机电公司、东浚装饰公司、振兴船舶物资利用部作停业处理；稳步推进东晓公司歇业清算工作、清理债权债务、清查设备物料。这为东方公司进一步理顺机构组织架构奠定基础。

东方公司改革中的另一个重点是通过多种途径进行人员分流。在船舶单位进行全员培训、全员业务技术考核，实行末位淘汰制，进一步提高员工整体素质，逐步完善岗位竞争机制。同时，明确分流的人员进入局再就业中心进行转岗、培训，并保证分流人员待遇与机关改革分流人员相同。在改革的关键时刻，东方公司党政深入调查研究，广泛听取职工群众的意见建议，妥善把握改革、发展、稳定的关系，细化完善人员分流的实施方案，深入细致地做好思想政治和宣传工作。党员、干部以身则，发挥榜样示范作用。一些干部、职工清楚地知晓，公司改革意味着自己的下岗分流，但他们仍毅然支持公司改革，牺牲小家顾全大局。在第一阶段的改革中，共1224名富余职工进入局再就业中心，下岗职工得到妥善安置。"十五"期间，东方公司以工程为支撑创造就业岗位，先后为中心人员提供173个主业和劳务岗位，让分流职工与公司共享改革发展的成果。此外，东方公司党委以开展党员先进性教育活动为契机，抓好党组织和党员队伍建设，扎实推进"凝聚力工程"，解决员工最关心、最现实的利益问题，"十五"期间慰问补助困难职工3330人次。

东方公司的锐意改革，是上航局企业改革的先行尝试。作为上航局的主业单位，东方公司抓住参与长江口深水航道治理、洋山深水港、曹妃甸等国家重大工程建设的发展机遇，顺利实现扭亏转盈。2005年，东方公司总产值为"九五"期末的4倍，劳动生产率是"九五"期末的 10 倍。随着企业经济效益的增长，员工收入同步提高，是"九五"期末的 2.8 倍。东方公司致力于新技术和新工艺的再开发，组织工艺攻关，编制《绞吸挖泥船施工技术培训教材》《绞吸挖泥船泥泵特性汇集》等 11 种具有自主知识产权的施工工艺培训教材；引进开发挖泥船计算机辅助疏浚决策系统，先后在"新海豹""新海鹰""航绞1008"上安装使用，将平均施工效率提高 10%～30%。东方公司在巩固原有市场的同时，积极开拓水利、环保、内河湖泊等工程市场，参与上海泰和路越江隧道工程、洋山深水港工程、外高桥集装箱码头工程、长江口深水航道治理工程、浦东国际机场工程、南汇东滩陆域形成工程、上海化学工业区西侧围垦工程、吕四大唐电厂工程、曹妃甸钢铁围海造地工程、连云港庙岭三期疏浚工程等重大工程项目建设。

经由改革，东方公司凤凰涅槃、浴火重生，成功改制为相对全能的分公司，摆脱了长期亏损局面，逐步建立起结构合理、资产优良、人员精干、适应市场的营利性经济实体。凭借"十五"期的改革实绩，东方公司确立了国内陆域形成专业的领先地位，顺利进入跨越式发展新时期。

二、凝聚优势：中港疏浚公司尝试上市

中港疏浚股份有限公司（以下简称中港疏浚公司），前身是成立于 1972 年的长江口航道整治工程处。当时，中国沿海港口建设迎来高潮，长江口航道整治被列为国家基本建设项目。在此背景下，由交通部、上海市批准成立长江口航道整治工程处，是治理长江口航道的专业性基建单位。1978 年 12 月，交通部批准同意长江口航道整治工程处改为上海航道局第六工程处。1984 年 9 月 4 日，上航局由事业单位整体改制为企业，成为独立经济核算单位。上海航道局第六工程处也于 1985 年 1 月正式更名为"九州疏浚公司"，实现由计划型向市场经营型转变，开启了企业走向市场新征程。1997 年 12 月，上航局在莘庄召开领导干部会议，通过《上海航道局今后几年改革与发展的指导意见》并明确实施《局机关与九州疏浚工程公司资产、人员优化重组》方案，"九州疏浚公司"由此改名为"上海航道局九州分公司"（以下简称

九州公司）。九州公司因长江口工程而生，以成立之初的上海市东大名路五间办公房起步，20多年与时俱进、奋发图强，经受了转型阵痛和市场竞争的考验，规模逐渐扩大，经济效益逐年提高。凭借长江口等国家大型工程业绩占据国内疏浚市场排头兵地位，跟随上航局的海外业务拓展率先进入国际疏浚市场，成为民族疏浚行业名副其实的骨干力量。

"十五"期间，为进一步调整国有经济布局和结构，落实国有企业独立地位，国家以国资委为统筹机构、打破原有部门和行业壁垒，大力推进国有企业战略性改组；分批核定中央企业主业，推进非主业剥离重组，将有限的资源集中投入核心领域和关键环节，努力培育具有国际竞争力的大公司和企业集团。在此背景下，国家经贸委批准实施《中港集团试点方案》，中港集团的改革工作进入历史性新阶段。进一步加大改革力度，通过优化产业结构、进行规范的公司制改造，建立现代企业制度，成为中港集团这一时期的改革目标。为提升集团企业对外来投资吸引力，尽快形成多元投资主体，中港集团要求上航局集中全局优质资产组建核心企业，从整体上着眼于调整结构、优化全局资源配置。

作为我国疏浚行业的核心企业和主力军，这一时期，上航局在集团改革部署和"疏浚主体股份化"的发展定位下，加大全局优质资产重组和结构调整力度。希望以上市公司的规模优势、竞争实力，通过市场法则，吸引、联合国内其他疏浚企业优质资产，打造中国疏浚行业旗舰，树立起上航局"国内一流、国际知名"的疏浚公司形象，完成上航局在股份制改造与现代企业制度建设上的重要使命，积极推动自身经济增长方式由粗放型向集约型转变。

2001年6月1日，上航局向中港集团提交《关于设立中港疏浚股份有限公司的申请报告》，力图按照国家有关部委对拟发行上市公司规范重组和"先改制运行，后发行上市"的要求，由上航局为主发起，以九州公司为主体，将其全部流动资金和大部分固定资产作为出资投入股份公司，联合上海港集装箱股份有限公司、秦皇岛港务集团有限公司、宁波港务集团有限公司、上海振华港口机械（集团）股份有限公司，共同成立"中港疏浚股份有限公司"。6月6日，中港集团同意设立"中港疏浚股份有限公司"及发行A股并上市。6月26日，国家经贸委正式下发《关于同意设立中港疏浚股份有限公司的批复》。6月27日，中港疏浚公司作为国内首家大型疏浚股份公司在上海正式挂牌成立。新公司拥有大型耙吸挖泥船10艘，占国内同类型船舶总数的62.5%。7月份，中港疏浚公司正式进入改制辅导上市阶段。至此，上市计划迈出实质性一步。中港疏浚公司的挂牌成立，是上航局实行投资主体多元化、建立现代企业制度、实现企业向生产经营和资本经营相结合的多元经营方式转变的一项重大战略决策，拉开了企业制度改革和产业重组的序幕。可以说这是上航局抓住有利机遇，实施资产重组，调整经营管理体制迈出的关键性一步，也是深化国有企业改革、探索建立现代企业制度的一项重大举措。

在新的运行机制下，中港疏浚公司以战略为引领，以市场为导向，以上市为契机，切实转变观念，创新管理理念。同时，按照"产权清晰、

2001年6月27日，时任中港集团总裁刘怀远（左）、上海市交通工作党委副书记孙熙宁（右）为中港疏浚股份有限公司揭牌

权责明确、政企分开、管理科学"的现代企业制度要求，以完善法人治理结构为重点，深度实践现代企业制度建设。根据股份公司运行的规范要求，高标准推进各项专业管理，建立公司法人治理结构，为企业在内部形成与市场经济相适应的经营机制奠定制度基础。在此期间，中港疏浚公司完成所有权登记和变更，将原属上航局的船舶所有权变更为中港疏浚公司。2002年，"公司首次公开发行人民币普通股（A股）股票并上市"的议案获得第一次临时股东大会通过，申请公开发行不低于8800万股（每股面值1元）的人民币普通股（A股）股票，并在上海证券交易所挂牌上市。2003年5月28日，公司首募资金投资方案及立项获得国家发改委批复。2004年6月22日，中港疏浚公司股票首发经中国证监会发审委审核通过。企业所有制改革实践即将实现重大突破，跨入资本运作行列。按照中港集团整体部署，待中港疏浚公司成功上市后再逐步重组吸纳局内其他优质资产，同时与天航、广航实行强强联合，完成中港集团疏浚资源整合归一，建立集团唯一一家实力雄厚、竞争力强的疏浚企业，最终将上市公司提升为总公司控股子公司，以扩大集团在全球疏浚市场占有份额、实现跻身世界疏浚行业三甲的目标。

就在中港疏浚公司A股首发即将上市之际，国资委根据对国有企业的发展战略部署，要求优先全面推进原港湾集团和路桥集团合并，新组建"中交集团"并纳入国有企业改革的重点试点单位。为保证中交集团的整体上市，中港疏浚公司在2006年10月暂缓A股发行，撤销首发A股申请，最终与上市失之交臂。在中港疏浚公司退市之后，中交集团批复同意上航局回购中港疏浚公司股权，并受让其他四家法人单位在股份公司的股权。受让完成后，中港疏浚公司变更为上航局全资子公司。

中港疏浚公司的"退市"，从局部看虽错失了千载难逢的发展机遇，着实令人遗憾，但从全局角度看，对中交集团的整体上市起到促进作用，符合公司的战略发展要求。中港疏浚公司以建立现代企业制度为目标，在科学管理理念、机制与模式等方面的积极有益探索，为上航局体制和机制变革注入了新的动力，创造了前所未有的增长速度和发展质量，有效推动经济增长方式由粗放型向集约型转变。股份公司成立以来，各项经济指标均保持持续快速增长，营业收入年均增长率达33.5%，利润总额年均增长21.5%。每股收益年均增长7.8%，总资产年均增长22%，股东权益年均增长22.1%，经营活动现金净流量年均增长23.9%，劳动生产率年均增长36%，人均创利年均增长23.9%。公司创造了有史以来的最好业绩，充分显示出优质资产重组后在新的体制、机制运作下带来的良好生产经营成果。同时，由上航局从荷兰引进的当时世界上最先进的挖泥船"新海龙"加入中港疏浚公司大耙行列，2004至2006年批准投资项目的总金额达8.3亿元，船舶总舱容量比创立之初增加了116%，公司装备规模迅速扩充，竞争实力迅速提升。

中港疏浚公司的改制上市尝试，标志着上航局在走过近百年风雨历程后，朝着建立现代企业制度目标迈出实质性的步伐。这也为随后上航局的深入改革提供了实践样本、积累了宝贵经验，更为中交集团整体上市这一更高战略目标的实现作出了上航局的特有贡献。

三、开辟新路：上海交建公司转型发展

1998年6月，上海交通建设总承包有限公司（以下简称上海交建公司）正式组建，它是在上航局准确判断疏浚填筑市场机遇，关注主业延伸发展思路下应运而生的，"转型"基因与生俱来。与当时深陷改革与市场化适应难题的其他兄弟单位相比，上海交建公司由于发展前景良好、体量小、负担轻，更多肩负着上航局主业经营转型发展开拓者的使命。按照上航局战略发展思路，上海交建公司要在"堤筑专业"处于国内领先地位、争当排头兵，铸就"堤筑专业品牌"。然而组建之初，上海交建公司仅有两条小方驳、几十人，后续规模也始终保持在200人左右。面对国内外填筑市场的蓬勃机遇、重大工程的高要求与企业自身弱小之间的深重沟壑，如何进一步打破国企市场化适应困顿的束缚，依托既有发展基础在陌生的填筑市场领域尽快做大做强，迅速成长壮大、抢占市场制高点，成为"十五"期间上海交建公司面临的重要命题。

幸运的是，上海交建公司体量虽较小，却"生逢其时"。"十五"期间，刚组建的上海交建公司就承担了当时上航局长江口深水航道治理一期工程49千米北导堤和二期48千米南导堤的施工任务。根据对形势的前瞻预判，上海交建公司认为做大做强填筑主业是自身发展的必然选择，必须紧紧抓住承建重大工程的契机，快速形成填筑领域拳头产品，占领市场制高点。在此理念指引下，依托长江口深水航道治理工程机遇，上海交建公司超前谋划，领导带头驻扎横沙工地现场，以奋斗创新的精神顺利完成重大工程建设，获得良好经济与社会效益，以此开启企业转型发展的快速通道。在2002年全局签订的7个亿元以上大项目中，上海交建公司参与了长江口深水航道治理工程二期SIIA标工程、洋山深水港工程和巴基斯坦瓜达尔港三个项目的投标工作，其中，长江口深水航道治理工程二期SIIA标由上海交建公司独立组织实施。2003年，在上航局确立的四大重点工程中，上海交建公司分别参与了长江口深水航道治理、洋山深水港和曹妃甸通路路基三项工程的建设；2004年参与了洋山深水港、南汇、金山等地重点工程建设，项目质量口碑与规模效应快速形成，在国内填筑市场站稳了脚跟。

此后，上海交建公司顺势而为，在经营组织、人才培育、项目管理等多方面打破陈规，以全新的改革发展思路推进企业改革。为更好改善自身体量小、工程覆盖面广的状况，上海交建公司积极转换工程管理思路，率先进行"以小博大"的改革尝试。公司认为做项目不是和对手拼人力、拼体力，而是输出管理、技术和人才，把主要精力放在组合市场和社会资源上，追求在最短时间以最好质量做好工程。对此，上海交建公司创新性推行工程管理人员全部直接参与施工管理的思路，在弥补一线人员不足的同时，确保各项工程在进度、质量、安全以及成本控制方面始终处于有序、受控状态。在攻克长江口深水航道治理工程二期SIIA标时，上海交建公司克服施工现场远离陆域，工况条件极其恶劣的困难，提前6个月完成节点目标，为上航局赢得信誉。"十五"期间，上海交建公司先后承担了国家及地区20多个重点工程，均高质量完成任务，为自身在短时间内形成填筑市场竞争优势起到重要作用。

这一时期，依靠上航局品牌优势，上海交建公司全面出击水利、填筑市场。在夯实上海重点市场的同时，经营业务努力向周边辐射，先后参与奉贤金汇港、南通通吕河口、上海化工园区等一系列工程建设，并成功承接了温州洞头渔港码头工程，由此挺进温州市场。"三分天下填筑占其二"的构想初露雏形，为形成上航局"疏浚与填筑两翼齐飞"的格局创造了有利条件。2005年5月，上海交建承建的苏州港太仓港区五期围滩吹填工程通过交工验收，围堤、吹填两个项目质量评定为优良。在做大做强填筑产业的同时，上海交建公司也善于借用社会力量组合市场，把"蛋糕"做大，在公司新资质的经营范围内大力开拓。2003年，上海交建公司积极发挥自主经营优势，顺利承接了上海石化3000吨级码头工程的建设任务，开创了在杭州湾复杂海区码头建造施工先例。此外，上海交建公司在道路桥梁、污水处理、码头工程等领域主动出击，均取得了较好的效益。

　　转型发展的多维实践探索，使上海交建公司如点石成金般激发出前所未有的发展活力，成功推动企业的整体跨越式发展，蹚出一条高质发展的新路子。值得一提的是，为配合长江口一期N标工程，上海交建在横沙岛组建东滩预制厂，逐步达到年均生产能力5万方的产能，生产的构件涵盖码头、驳岸工程所有的预制件，生产能力得到业界高度认可。"十五"期间，上海交建公司累计完成产值逾14亿元，实现利润近1亿元。2005年，更是成为上海交建公司自组建以来承接施工项目最多、完成产值和利润最多的一年。全年完成总产值5.26亿元，同比增长49.16%；实现利润总额7537万元，同比增长21.6倍；实现劳动生产率221万元/人，员工收入有较大幅度增长。为上航局填筑产业发展作出重大贡献的同时，也夯实了自身在全局堤筑产业中的主力地位。

　　"十五"期间，上海交建公司短时间内承担工程数量激增，且其中很多是上航局的重点项目。随着项目市场逐渐由南向北拓展，区域分散与人员短缺相互制约，致使项目施工组织问题较多、战线拉得很长，一度出现施工人员多项目频繁辗转作战的情况。同时，由于主业与延伸领域工程的同步展开，工程类型更趋于复杂，难度更高，施工管理领域跨度大。这些均给企业人才队伍建设带来更大挑战。上海交建公司在管理机制、薪酬分配与人员结构等方面多管齐下，有效解决了企业发展壮大中人才短缺的问题。

这一时期，通过加强和充实工程项目部管理力量，上海交建公司逐步形成了以项目管理为重点、机关为项目服务的管理模式，淡化机关管理人员和项目管理人员身份区别，进一步发挥项目部锻炼、培养人才的"摇篮"功能。通过加大项目部培养、轮岗锻炼力度，实行人才分配向工程一线倾斜，结合创办学习型工地和开展技术革新等活动，形成以项目出人才、项目出效益的人才培养思路。同时建立项目经理重点培养的机制，在项目中强化"培养带教"制度，尝试让符合条件的部分项目党支部书记兼任总工，增加设置项目副经理等举措，促使年轻人多挑重担、加速成长。通过这些人才制度的创新和改革，上海交建公司将一大批年轻知识分子快速有效地培养成为生产骨干和项目经理，以人才促生产，实现了工程项目的质和量的飞跃。经由诸多工程的高密度训练，公司施工管理人员综合素质有了显著提高，能够独当一面。上海交建公司成为上航局填筑人才的摇篮，为后续洋山深水港、天津临港等一系列重大工程项目培养和输送了大批优秀的项目经理和高素质紧缺人才。

同时，上海交建公司以建立"人才库"的方式，积极拓宽人才招募通道。一方面，引进国内填筑领域、地基处理和海洋工程领域的紧缺人才，提高公司人才核心竞争力。另一方面，适度引进青年大学生和青年船员，使得人才队伍的年龄、学历和专业等结构更趋合理。上海交建公司组建时，大专以上学历的员工仅为22%，经"十五"期间引进、培养和"三项制度"改革之后，这一比例达到了近50%。此外，上海交建公司面向填筑市场高水准人才需求，加大对国家注册建造师和项目管理人员培训力度。2005年，上海交建公司荣获"企业信誉AAA"资信证书并完成资质升级工作，获得港口与航道总承包一级资质，成为上航局所属单位中拥有一级资质最多的单位。

"十五"期间，上海交建公司摸着石头过河，积极转型开拓，勇敢试水新赛道，在新世纪初的五年内抢抓机遇，成功实现快速自我迭代与跨越式高速发展：企业产业结构持续优化，管理基础不断夯实，管理与人才队伍水平不断提高，核心竞争力逐步提升，改革取得卓然成果。上海交建公司的快速成长壮大，标志着上航局成功实现了由单一疏浚向"疏浚、填筑"两条腿走路的企业转型，市场竞争护城河进一步加深，也为上航局打破惯性、重新定义自身发展提供了典型样本。

四、主动求变：上航二公司再次创业

上海航道局第二工程公司（以下简称上航二公司）于1975年在浙江省宁波市设立，是上航局当时在上海外埠设立的两家下属单位之一，原名交通部上海航道局第二航道工程处，1994年更名交通部上海航道局第二工程公司，1999年更名为上海航道局第二工程公司。自20世纪70年代中叶投身宁波镇海新港区建设创建始，上航二公司即扎根宁波，主要承担上航局在宁波、温州、台州和舟山地区港口航道施工任务，深度服务国家沿海港口发展战略，与千年古港的历史新生荣辱与共。20余年间，上航二公司励精图治、奋起直追，始终坚持抓改革促发展，努力革除企业内部不适应市场经济的诸多弊端，经受住了改革发展的考验。至21世纪初，上航二公司在经营上大大改变了"九五"后期经济滑坡的颓势，完成了前一个五年规划的既定任务，为新一轮发展奠定了重要基础。

"十五"期间，国企战略重组步伐加快，港口建设向规模化、深水化、环保化方向发展，国内外行业竞争逐步加剧，对企业发展提出更高、更综合的要求。同时，随着中港疏浚股份公司挂牌，上航局核心企业重组、局属各单位发展格局面临重新调整，全局改革逐步深入、复杂。在此形势下，上航二公司也被进一步推向市场，承担起上航局"积极探索公司制改造途径，吸引多方投资、加快发展"的改革使命。冷静审视自身，此时上航二公司内部制约明显：整体运作仍不适应市场经济的要求；结构性、体制性矛盾仍十分突出；机制不活，在思想观念、内部机制、经营手段、管理方法上仍过多留存计划经济时代的痕迹——企业人才匮乏，特别是主要业务骨干缺乏的矛盾突出。资金短缺且融资渠道单一，影响经营规模扩张；船舶老化严重，更新改造困难重重……"一篙松劲退千寻"的发展压力，迫使上航二公司自我加压、

抢先主动作为，进行"再次创业"。

面对崭新发展形势与瞬息万变的市场环境，上航二公司意识到，与资金、设备等有形资产相比，坚持市场化思维、自觉更新观念，对企业的发展更为重要。这一时期，上航二公司着力改变长期存在的"等、靠、要"思想，不断培育市场经济意识和结果导向思维，引导公司全体职工摒弃人改我不改，既想安于现状又想享受改革发展成果的思想，主动迎接各种艰难险阻的挑战。同时，在局指导下，以改造建立法人治理结构为契机，上航二公司牢牢抓住经济工作的中心，坚定果断破除一切束缚生产力发展的教条，外拓市场、内抓改革和管理，积极探索体制改革的有效实现途径，逐步把市场取向改革推向深入。

在经营理念上，上航二公司树立"效益"和"共赢"理念。首先，要求干部职工重新理解"效益"，即不能单纯从眼前的利润角度看待企业发展，要从基业长青的目标角度以利润、市场占有率、企业市场价值和企业人力资源价值综合判定企业的发展。其次，要求经营人员积极发挥市场主动性，快速适应规范市场的竞争，以"双赢"作为现代竞争的核心意识，与客户保持友好合作关系，取长补短、共同发展；将自身优势转移到要素市场上来，以此构建企业的持久竞争优势。在此理念下，上航二公司不失时机地承接了上港十四区航道、南京扬子石化专用航道、金山化工码头疏浚等工程项目，为提升经济效益、巩固和拓展市场打下基础。

在市场拓展上，上航二公司提出以"立足沿海,巩固甬江,拓展境外"为经营战略，打破思维定式，采用多种方式灵活参与市场竞争。一方面，充分发挥局品牌和资质优势，以上航局名义承接项目，把握好自身沿海中小疏浚、吹填项目基本盘；另一方面，强化公司一级市场经营职能，努力向内河湖泊疏浚、整治和水利工程等核心相关业务领域延伸，并积极尝试与合作企业共生，创造新的利润增长点。做到既要使主营业务工程项目之间衔接紧凑、能力发挥充分，又能在新领域、新项目上学会"打工"。此外，上航二公司通过强强联合、优势互补的方式组成联合体参加投标，利用社会上个体、民营疏浚设备以分包或租船方式参与工程施工，最大化地创造营收回报。2001年，首次与北海舰队工程施工部门合作,承接大连旅顺军港疏浚工程,为抢滩部队疏浚市场、建立长期合作关系打下基础。2002年,成功中标甬江航道疏浚维护工程,进一步巩固甬江市场。在公司资质和内河、水利施工业绩优势不明显的条件下,经过数载耕耘,成功获得杭湖锡线湖州市区段航道改造工程第一合同段和温州港龙湾限流潜坝及护滩工程,迈出了承接内河疏浚、整治工程的第一步。2003年,承接了汕头港主航道疏浚维护工程,为上航局开拓南方疏浚市场打响第一炮。2004年,与镇江路桥公司组成联合体,以7011万元标价中标湖嘉申线湖州段航道工程,为进一步开拓内河市场探索出新路径。从此,上航二公司较快形成面向市场、盈亏自负的法人经营、市场化运作机制。

"十五"期间,坚持有所为有所不为,上航二公司通过实施"增、改、留、减"的方法,着力提升船舶装备能力:以效益型船舶为主导,以耙吸船型适度专业化和规模化为基础,聚焦"小耙疏浚"增强核心竞争力,力争占据国内小耙疏浚的领先地位。确立将沿海中小疏浚、吹填核心业务作为经营主攻方向,把优势转为胜势,稳固市场竞争地位,努力做到"人无我有、人有我精"。

确立"小耙疏浚"这一定位后,拥有市场领先的设备成为落实公司经营战略、决战市场的重要砝码。上航二公司从当时的既有体量和资金实力考虑,果断提出集中有限的资金,坚持走科技进步和技术改造并举的低成本设备扩张之路,适度扩大高效能绞、吹船型的装备规模,掌握市场竞争主动权。

2002年,在上航局的关心和重视下,上航二公司敢为人先,将国产1500方耙吸船——"航浚1003"改造申请列为国家十五重大装备科技的攻关项目。经过技术改造实施,上航二公司成功开发了"耙吸挖泥船计算机辅助疏浚决策系统",使"航浚1003"从一艘老旧船舶一跃成为设备监控综合化、疏浚控制自动化、全船信息一体化的国内疏浚技术装备领先的智能型工程船,带动我国耙吸挖泥船施工正式迈向"智能化"。按照"小耙疏浚"的定位,2002年,上航二公司向上航局提出自筹资金建造3800方自航耙吸挖泥船。2004年1月,舱容为4200方的自航耙吸挖泥船——"航浚4011"开工建造,2005年1月建成投产，填补了国内自行设计、建造4200方以上新型智能化自航耙吸挖泥船的空白，为我国在建造此类船舶技术方面积累了宝贵经验，揭开了上航局"国轮国造"的序幕。五年间，上航二公司还先后完成了"航浚1008"水下电机改造、两艘舱容350立方米非自航开体泥驳改自航泥驳等技改项目，出售或封存13艘老旧船舶。经过持续设备改造，上航二公司的技术和管理水平不断进步，备件国产化率不断提高，船型配置渐趋合理，生产效率和市场使用能力有了明显提高，船舶设备新度系数从0.492提高到0.636。

这一时期，上航二公司坚持走管理集约化道路，在成本控制、项目管理等方面持续发力，密集出台了《财务委派制度》《物资采购管理规定》《工程项目管理办法》等管理制度，以精细化管理促进企业健康发展。上航二公司坚持"勤俭持家"方针，严格资金管理，控制开支、压缩成本。加强资金使用计划管理，全面紧缩各类非生产性支出。在财务制度上实行职工工资、奖金按完成工作量考核发放，机关管理费凭卡限额报销等规范。对各部门管理费使用实行限额包干，从严控制差旅费、办公费、电话费、业务招待费等。同时，逐步完善以零效益承包为主要形式的项目承包责任制。建立单项工程和单船成本考核制度，科学分解成本项目和控制额度，严格控制管理费用占比，努力追求成本最低化、管理精细化。如对广州新沙港工程、北仑五期等项目实行单项成本核算。此外，根据工程项目大部分成本都发生在船上的实际情况，上航二公司创新了单船成本的考核办法，使成本管理更具实效性。其成功的精细化成本管理模式成为同时期上航局改革的示范和典型。在加强成本控制基础上，上航二公司加强应收款催讨，明确职能部门、项目部催讨工程款的职责，对部分欠款时间长、债务人信誉差的债权积极寻求司法途径予以解决，仅2005年一年就收回工程款约17 900万元。上航二公司率先引进现代信息系统，成功实现项目精细化管理，不仅提高了设备利用效率，更保证了施工的稳定性，实现从经验管理到科学管理的转变。从成本控制到项目管理，上航二公司不断以市场为导向，提高企业现代化管理水平，尤其在项目精细化管理中率先探索，为上航局的效益提升作出了积极贡献。

从北到南，从海到河，从水到陆，"十五"期间，上航二公司从初创时只有一条抓斗挖泥船、施工范围基本局限于宁波港的企业，发展成为集耙、绞、吹、斗各类疏浚船型的、业务遍及国内沿海各大港口的水上施工企业，真正在市场竞争中迈出了成长阶段的重要一步。经过五年的持续改革与市场化实践，上航二公司年产值从 8112 万元提高到 25 764 万元；利润从 521.72 万元提高到 2486.41 万元；劳动生产率从 15 万元/人提高到 50 万元/人；职工收入平均翻了一番。同时企业市场占有率稳步提升，主业延伸领域有效拓展；施工管理不断完善，项目管理水平进一步提高；技术进步不断取得成果，企业施工资质由二级提升为一级。在市场经济改革的大背景下，上航二公司勇向潮头立，在激烈的市场竞争当中脱颖而出，并在适应市场、主动求变与开拓经营、精细管理等方面为上航局积累了宝贵经验。

五、舞起龙头：设研院构筑科创高地

上海航道勘察设计研究院有限公司（以下简称设研院）成立于 1960 年，原名上海航道局设计研究所，属上航局内设机构。1977 年恢复建制，1984 年改制为企业，1993 年更名为上海航道勘察设计研究院。

"十五"期间，设研院的改革是在全国勘察设计行业深化改革与上航局国企改革的双重交叠背景下进行的。这一时期，我国工程勘察设计业的结构调整全面展开。2003 年，国务院转发国务院体改办等部门《关于深化转制科研机构产权制度改革的若干意见》，明确了工程勘察设计单位的改革方案和配套政策，要求其与政府主管部门脱钩，实行政企分开；调整产权结构，实现股权多元化。工程勘察设计单位的企业化从之前的"事业单位企业化管理"改革向现代科技型企业过渡。同时，为更好适应"入世"后的国际竞争，我国工程勘察设计单位开始按照国际惯例转制全面建立现代企业制度，生产经营体制也与国际通行模式接轨。此外，市场准入条件水涨船高，以资质等级调整和持证工作为重要内容的勘察设计行业整体提质被快速提上日程。根据上航局的整体改革思路，设研院作为局内部负担较轻、具有良好发展潜力的公司，需要积极探索公司制改造途径，吸引投资、加快发展，尤其要充分发挥科技先导的作用，努力为全局生产作出贡献。可以说，"十五"期间，设研院的企业化改革是沿着明晰企业产权和实现政企分开的主线展开的。

2001年3月，设研院召开第九届一次职工代表大会，会议听取审议题为《转变观念、努力创新、深化改革、促进发展》的行政工作报告，"十五"期间的企业改革序幕正式拉开。设研院的改革重点首先在于更新改革理念，转变内部机制，与国际工程公司模式接轨，并形成规模发展效应，明确改革的总体目标：将经营模式逐步向EPC全功能型经营模式转变，按国际型工程公司通行的组织机构模式，建立精干、高效、合理的组织机构。为解决内部机构设置过多且过于分散、结构不合理等问题，自2001年开始，设研院从总体上进行了一系列改革调整，优化资源配置：与功能相近的公司联手进入水运市场，克服分散经营势单力薄的局面，形成在航道和航务两方面的规模发展；进一步理顺三产与院本部的关系，使主业轻装发展，三产运行正常。按照上航局改革的总体思路，设研院深化三项制度改革，本着各类岗位设置"精简高效、满足需要"的原则，对管理部门实行定编、定岗和竞聘上岗工作制度。该项工作从2004年5月开始，为保证平稳过渡，对调整人员的去向作了进一步规划，同时对新岗位职责加以明确，从而实现内部管理人员配置"人适其岗，岗得其人"，员工的岗位潜能得以充分发挥。

"十五"期间，设研院在人才培养与科技创新领域集中攻关，积极构筑上航局人才与科创高地。为解决人员专业结构不尽合理，相关专业人才紧缺，专业人才不配套等问题，设研院的人力资源管理部门协同各部室开展人才队伍优化工作，并取得明显效果；率先引进博士、国家一级注册建筑师、高级工程师等多位高素质人才，以充实设研院的技术骨干队伍；对紧缺专业人才继续给予优惠政策，通过市场招聘或引进，做到拾遗补阙。此外，设研院注重对骨干人才的培养，举办"院中层干部学习工商管理（MBA）核心课程"系列讲座，派送多名专业技术人员到荷兰、我国香港等地攻读硕博士，多管齐下提升院中层管理人员的管理水平，为"入世"后企业管理和市场竞争做好准备。

五年间，设研院坚持落实科学发展观，始终贯彻"科技兴院"主战略，紧紧围绕"以科技为先导，坚持科技创新，促进科技发展"的科技工作方针，以推进项目管理的工作模式为中心，努力打造上航局勘察设计"龙头"品牌，获得丰硕的专利和科技成果："长江口深水航道治理一期工程设计"和"长江口深水航道治理二期工程设计"分别荣获国家优秀工程设计金奖和交通部优秀设计一等奖，《长江口深水航道治理一期工程可行性研究报告》获2002年全国优秀工程咨询成果一等奖；《崇明越江通道工程桥梁、隧道通航净空尺度和技术要求论证研究报告》荣获上海市决策咨询研究政策建议奖二等奖；申报的土工织物充填砂袋、混凝土联锁块软体排、砂肋软体排三项实用新型专利，获国家知识产权局授权，确保了设研院在土工织物技术应用领域领先地位。此外，设研院以技术创新支撑局内项目，形成技术开发拳头产品——土工织物及袋装砂设计技术，并以此支撑长江口、洋山深水港等重点工程。2002年11月，以设研院疏浚技术研究室为班底组建中港集团疏浚重点实验室。2005年，实验室改称中交疏浚技术重点实验室，围绕集团和上航局科技发展战略目标，瞄准国际疏浚业技术上的最新发展动态，开展工程应用技术、重大关键技术和前瞻性技术的研究，努力提高上航局以及我国疏浚业的自主创新能力和技术水平，为后续上航局的科技创新发展奠定了坚实基础。

　　"十五"期间，设研院确立"做精做大勘察设计主业，积极拓展承包、监理两翼"的经营思路和"以科研生产为全局生产服务"的目标，充分发挥自身在航道勘察设计、监理方面的综合优势，为局承揽和完成大型工程项目提供了优先信息渠道和科研保证。同时，设研院依托局内重大项目，解决市场准入限制问题，采取灵活经营的策略，以设计施工总承包模式，充分发挥其拓展市场和占领市场的优势，扩大市场占有的份额。五年间，设研院积极参与国家重点工程建设，发挥了重要技术支撑作用。在长江口深水航道治理这一跨世纪重大工程中，设研院承担长江口深水航道治理工程的总体设计及导堤、航道疏浚工程设计工作。长江口深水航道治理一期工程取得预期效果，进一步验证了前期研究的设计指导思想和治理方案的正确性，标志着我国河口整治的研究和技术水平已进入世界先进行列。设研院积极参与上海国际航运中心建设,承担了深水港区航道工程设计和港区陆域形成围堤吹填工程设计。设研院采用的土工织物及袋装砂设计技术及吹填筑堤技术,率先应用于长江口地区并推广到沿海其他地区,该项技术在国际国内均处于领先水平。设研院提出的土工织物设计技术在国际土工合成材料大会发表交流,并先后获得混凝土联锁块软体排、砂肋软体排、土工织物充填砂袋、机织布充填砂袋、加筋砂被和排水砂被等六项专利技术,在交通系统更是赢得了良好的社会信誉,服务对象扩展到交通、电力、水利、邮电、冶金、石油、化工、环保等行业。设研院还承担设计了被誉为曹妃甸项目"生命之路"的曹妃甸通路路基工程和国内有史以来最大的单体工程——唐山曹妃甸钢铁围海造地工程,为整个曹妃甸的开发建设奠定基础。此外,设研院还积极参与上海市内河航道整治和建设工程,完成"一环十射"① 干线航道网的总体规划和多条内河航道整治的设计,促进上海国际航运中心与江、浙二省乃至整个长江流域的高等级内河水运网建设,为天津港、连云港港、上海港、宁波港、温州港、厦门港等重大港口建设的科研设计作出贡献。随着业务的拓展,设研院"十五"期间的设计研究涉及马来西亚、尼日利亚、安哥拉、阿根廷等国际工程项目。

经过五年持续耕耘,设研院以改革贯穿发展主线,构筑科技创新主轴,基本实现了"设计与施工联动,海内外市场并重"的战略布局。2004年起,设研院被认定为上海市高新技术企业,从最初比较单一的航道专业研究所,依托长江口治理的起点,以水为脉,因水而兴,迅速成长为具有水运水利、海洋工程勘察设计研究研制检测、总承包、监理等综合甲级资质的企业,成功地实现了跨越式发展,为上航局在一个更广的舞台上参与市场竞争,赢得科创先机。

---

① "一环十射":"一环"即黄浦江、大浦线、赵家沟、蕰藻浜、油墩港、黄浦江;"十射"即以杭申线、太浦河、苏申外港线、苏申内港线、罗蕰河、川杨河、大芦线、金汇港、龙泉港、平申线为骨架的主干航道。

六、断臂求生：航道一处实现平稳过渡

上海航道局第一航道工程处（以下简称航道一处）成立于1978年，注册地在江苏省连云港市，主要承担上航局连云港地区和江苏、山东沿海港口的市场服务。2000年前后，航道一处经营发展面临前所未有的困境：资产结构不合理，生产能力低，船舶设备老化严重；公司机制不活、竞争力不强；内部机构臃肿，人浮于事等矛盾突出。同时，3个三产单位的经营乏力更加重了航道一处的生存负担，效益连年亏损，各种深层次的矛盾和困难积聚，已到了非改革不可的地步。

从20世纪90年代起，航道一处就着手进行三项制度和一系列内部改革的尝试。虽取得了一些效果，但由于当时连云港地区国企较少，民营经济也不够发达，企业裁员后可供职工再就业的单位有限，人员分流安置难度较大，改革一度陷入停滞。2002年11月，上航局审议通过《关于对航道一处实施改革调整的意见》，明确航道一处从机关机构、人员队伍、三产清理和船舶设备等方面推进综合改革，着重解决钱从哪里来、人到哪里去的问题。

为降低企业成本、提高经济效益，航道一处以"先机关、后基层"和"精干、高效"为原则制定改革方案，积极稳妥地推进机构改革。"十五"初期，航道一处机关管理人员的思想波动较大，一度对改革工作推进产生影响。上航局以机关作为改革头阵，稳扎稳打做好稳定员工思想工作，迈出关键的第一步。在统一思想基础上，航道一处对机关管理人员进行大幅度精简，由党政领导聘任部门负责人后，各岗位重新定编定员，机关改革后的落聘人员可参与基层其他岗位的竞聘，符合条件的可办理退养或待退休。同时，为维持队伍年轻化，航道一处采取"切一刀"的方式推进人员分流改革工作，对部分年龄较大的员工通过内退或待退休等方法实施人员分流。经过改革，航道一处的在岗员工规模大大缩小，百余名员工经培训陆续以劳务形式为中港疏浚公司、上航二公司、达华公司所吸纳，并且还加强了养老保险和失业保险工作，为企业的减员清退工作创造条件。

本着从根本上解决航道一处问题的原则，上航局对航道一处进行

了公司化改造，建立和完善企业管理体制和运行机制。以资产为纽带，进一步优化企业结构，保留的航测公司在人员精减缩编上下功夫；撤销修船公司，改建为管线队。同时，与有业务往来的机关、企业合作，发展多元投资主体，努力调动各方积极性，促进航道一处自主经营、自负盈亏、自我发展。

为更好面向市场，航道一处将改革的另一重点放在了船舶设备与船员队伍上。在保留建制的前提下，对船舶等生产设备实施所有权与经营权的分离：陆上资产由航道一处继续进行管理和盘活；船舶按上航局规定重新核定定员，组建预备队，在全处范围内竞聘船长、轮机长。船舶无生产任务时实行待命、待岗；加强设备管理，挖掘设备潜能，提高设备利用率。同时开展船舶租赁经营工作，"航绞1003"和"航链503""航扬208"顺利完成局内租赁交接，交由上航二公司租赁经营，船组租赁工作在2003年3月底基本结束。

经过三年的持续努力，航道一处改革收到预期成效，从实体单位变为窗口型单位，劳务人员在局内兄弟单位发挥了作用。员工协解工作取得成效，队伍整体稳定。资产得到合理处置，债权债务得到有效清理，遗留问题得以妥善处理，实现了平稳过渡。

七、优化重组：主业支持体系的建立

"十五"伊始，按照集团对上航局的发展定位和自身总体改革发展战略，上航局以"四大板块"为核心，进一步细化分工，合理配置资源，着力打造具有市场竞争力的专业化疏浚、填筑行业品牌，同步推进对主业支持系统的专业化重组。按照效率优先原则，在船舶修造、油品供应、疏浚测量、备件研发、后勤保障等方面进行调整、优化，强化企业与设备的科学管理，持续加强各支持板块对主业的有力服务和支撑。

（一）修船体制改革

受市场经济大潮的影响，上航局既有修船体制无法适应新市场，发展显得举步维艰。全局修船力量过于分散，从事修船、备件业务的单位共有 8 家，除草镇船厂外，其余 7 家单位规模较小，对内业务依附性强，技术力量薄弱，经营机制不灵活，难以参与市场竞争，发展前景不乐观。由于分散所带来的竞争并不能使修船能力有整体提高，反而造成内耗，一旦有任务，难免造成"僧多粥少"的局面。其中，草镇船厂作为上航局拥有 3000 吨级船坞和 20 000 吨级码头的疏浚专用船舶检修、小修及各种船舶备件制造的重要企业，至 20 世纪 90 年代末，由于多原因产生巨额亏损，企业流动资金耗竭，不仅生产经营受到较大制约，职工的工资也难以维持正常发放。全厂总人数近 500 人，工种和岗位比例失调，"人浮于事"现象严重，劳动生产率低下，企业不堪重负。船厂的设备设施使用年限长，且缺乏正常的维护保养，亟须通过适当投入和维修保养使其满足生产需要。此外，局内从事修船业的职工年龄普遍偏大，而新鲜血液一时难以补充。因此，无论从体制还是机制上来讲，上航局的修船企业都走到了一个十字路口。

当时，恰逢长江口深水航道搁浅紧急事件发生。为在修船上争得主动，草镇船厂与相关单位紧密协作组成骨干小分队，分赴上海船厂、江南船厂和浙江五洋船厂，进行疏浚设备厂修项目的施工。连续奋战 94 天，顺利完成"航浚 4001"等 8 艘大耙的养护和抢修任务，为长江口尽快恢复 8.5 米水深作出贡献。上航局也由此更加意识到自有养修能力的重要性，从而采取有效措施加快修船体制改革。

随着局机关和各基层积累了一定的改革经验，以及草镇船厂得天独厚的码头、船坞、地理位置等优势，启动或推行全局修船体制改革的软、硬条件基本成熟。在此情况下，上航局明确全局修船体制改革的总体目标：集中全局修船力量，优势互补，形成行业特色和一定规模。2001 年 7 月，中港疏浚所属两家修船单位——上海航浚修船服务部和上海九州科技开发公司整建制划拨草镇船厂。同时，提高局内修船备件加工及技术改造水平和产品质量，积极拓展局外修船市场；持续加大设备的管、用、养、修日常工作，充分发挥现有设备的效应，满足全局生产经营对船舶设备的需求。草镇船厂本着精简高效原则，根据其生产规模对机构进行设置和定编，压缩和调整在岗总人数，将原先的 13 个科室调整至 7 个，将在岗总人数由原来的 336 人压缩至 214 人，并且对班组进行优化组合，使结构更趋于合理。改革后，草镇船厂的修船能力大幅提升。仅 2001 年，草镇船厂维修小组就分赴 60 余艘次施工船舶完成临时抢修、航修任务。

2001 年 8 月底，上航局修船体制改革基本完成，撤销了在沪的东方公司、中港疏浚公司、航道仓储公司等修理厂的下属建制，从外部理顺全局修船、备件单位的关系，解决修船力量分散的问题，集中全局的修船力量。修船、备件单位通过联合进行结构调整，在人员和专业分工上组合运行，按照公司模式运转，并辅以配套的激励、监督机制和人才引进、竞争上岗机制，逐步形成面向市场、独立经营、自负盈亏的具有独立法人资格的修船实体，提高整体竞争能力。修船体制改革方案的成功实施，使修船成本得到合理控制，更好地发挥出疏浚设备的保障性和修船技术的专业性；不仅实现局内修船业整体扭亏为盈，更为保障疏浚设备的质量安全、提高疏浚施工效率、改进修船与备件制造技术等打下良好基础。

（二）"船运"与"仓储"的变革

从 1998 年起，上海航道船舶运输公司（以下简称船运公司）就因过度负债、投资失误、财务状况日益恶化，处于资不抵债、无本经营的困境。因为资金紧张原因，船舶正常维修受到严重影响，加上公司拥有的绝大部分为老旧船舶，营运效率低下。人才发展方面存在职工队伍老化，文化程度偏低，高级船员后继乏人，经营专业人员缺乏，职工收入长期偏低等问题。在此情况下，2000 年 4 月 28 日，上航局党政联席会议通过《上海航道船舶运输公司体制改革方案》。改革主要涉及三个方面：调整设备结构，精简管理层次；处置闲置资产，分流富余人员；分离不良融资，实施专项管理，出售、变卖、关停"宏远公司""金航公司""三岛公司""申华船舶服务公司"。经过此次改革，船运公司分类清理了对外投融资，并与主营业务分离，实施分类专项管理；以服务主业为前提，努力拓展局外市场；精简管理层次，加强内部管理，推行竞聘上岗；在清理整顿的基础上，逐步实施债转股，减债减负；分类核算经营业务，并对服务于局主业的供油运输、储存、油污水处理而产生的经营性亏损提出专项报告；上航局妥善安排下岗分流人员进入局再就业中心，并承担相关专项费用。

为了进一步利用盘活局内闲置码头、岸线、堆场等资源，实施统一管理和调配，创造更佳的经济效益，2001年9月初，上航局推出码头公司改革新举措，将原有的上海航道仓储公司、上海九州码头管理服务部、上海申浚建材公司3家码头单位和5个经营性码头合并，以原仓储公司为主组建成立新的仓储公司。10月，仓储公司整合了九州码头管理服务部和申浚建材公司，接收了朱家浜、外高桥基地、东沟等码头资产。2001年7月，完成原九州分公司下属的航浚修船公司等和仓储公司申航、工航经营部的归并，初步实现码头在经营使用、维修和养护上的统一管理。2001年11月26日，上海航道仓储公司挂牌成立，根据局的改制要求，着手对原上海申浚建材公司、九州码头管理服务部的工商、税务、财务、资产和债权债务实施归并。种种举措使新航道仓储公司产权明确，资产清晰，迈出了上航局码头专业化管理运营的关键一步。

为深入推行专业化改革、盘活企业存量资产、做大专业板块结构，上航局继续实施了修船、供油体制专业化重组。2005年12月，上航局为理顺局内油品供应和拖带运输体系，将上海航道船舶运输公司、上海航道仓储公司、上海航道物资公司实施合并重组，成立新的"上海航道船舶运输公司"，主营船舶油、水供应，仓储和码头经营。原拖带业务划归东方公司。新船运公司成为局主业保障体系的重要支撑，实现了定位的重大转变。

船运公司重组后，在较短时间内实现向"三块牌子""一套班子"的平稳过渡与顺利运转。首先，在水油船队的设备、人员及组织供应方面进行改革。"航供油1001"因超过海船使用年限造成资源闲置，局内部分供油需依靠外援，为此组织人员对该轮设备状况进行评估，改换供油品种，挖掘该轮的潜力，扭转了该轮亏损的局面。将"油驳6号"改作专门储存0#燃油之用，增加储油手段；对"航供油213"实行暂时封存作油库使用，降低船舶营运成本。在人员改革方面，合理精简编制，主动挖掘内部潜力，降低供油运输成本。在组织供应方面，

2005年除了保障上海港、长江口的燃油供应外，还成功组织了曹妃甸工程的燃油供应，并尝试探索向洋山深水港工程的社会船舶进行燃油供应。2005年全年营业总收入达1.5亿元，其中燃油供应产值达1.25亿元，占公司总产值的83.3%。其次，在托管的船舶、电厂码头等的管理上以安全、优质、高效、低耗为目标。如"世纪快航"是新船运公司托管的三艘高速船之一，承担着接送洋山深水港建设指挥部和各级领导到洋山工地检查视察的重要任务，该轮2005年累计完成366个航次，接送各类乘员19 142人次，安全准时地完成接待省部级、市领导和国外来宾任务，成为上航局展示形象的窗口和名片。

经过内部改革和专业化重组，船运公司发挥整合优势、抓住机遇，以油品供应为"龙头"，码头管理、代管船舶为"两翼"，顺利实现定位的重大转变，呈现出"1+1+1>3"的可喜效果。2006年11月，上海航道船舶运输公司更名为"上海航道物流有限公司"，公司发展进入新阶段。

（三）高科技搭台，增强市场竞争力

上海达华测绘公司（以下简称达华公司）成立于1994年1月31日，是上航局重要的主业支持体系企业，为全局在工程测绘和疏浚设备自动化方面提供保障。达华公司于1995年首批获得"全国甲级测绘资质"证书，先后通过上海质量审核中心的质量、环境、职业健康安全和信息安全管理体系审核，形成"四位一体"的管理体系，并被评为上海市"科技小巨人"培育企业。2004年，为满足中港疏浚公司上市业务完整性的需求，达华公司在上航局深化改革的战略部署下完成体制转换，实施专业化改革，逐步形成现代企业制度运作的模式。

为做好改制工作，上航局首先对达华公司的资产做了全面清理，达华公司配合审计方及有关部门做好公司体制改革和企业名称更改的具体工作，按有限责任公司的要求完成了企业所需各种权证的易制更名。改制后的达华公司按现代企业制度规范运作。2004年2月13日召开首次股东会、董事会及监事会，明确改制后公司在董事会的领导下做好"两个服务"，即提供测绘服务和工程船舶的通导设备、疏浚仪器仪表等保障系统的维修服务。

"十五"期间,达华公司完成了长江口施工船舶实时潮位加权应用程序项目,该项目可以使在长江口施工的船舶实时实地显示水位,提高疏浚定深精度;引进声速仪结合校正板提高测绘精度,改进了作业方式,进一步提高了水下地形测量数字化测绘的水平;实现适航水深测量,如在长江口、洋山的浮泥层测量,体现了测绘与施工的互动效应,发挥工程设备应用的灵活性;完成"新海龙"科技消化吸收,参与局"绞吸挖泥船提高功效课题攻关"工作等。达华公司通过新设备、新技术的持续开发和应用,为上航局提高工程质量和增强市场竞争力发挥积极作用。

(四)后勤保障,提效升级

根据局总体改革思路,本着机制市场化、服务社会化及统一、优化、效能的原则,2001年11月,局生活服务中心、宝隆公司、浚浦物业发展有限公司、设研院后勤部分和东方公司所属东浚装饰工程公司、航房物业管理经营部等整合归一,组建成立新的浚浦物业公司,实行局后勤、物业专业化重组和统一管理。新的浚浦物业公司有效盘活局内存量资产,优化全局后勤资源配置,达到降本增效的目的。2003年,浚浦物业公司获物业管理服务三级资质证书,2005年,获物业管理服务二级资质证书,有力提升了公司物业管理水平和服务质量。

上海航道医院(以下简称航道医院)是一所综合性二级乙等医疗机构,同时具有第二冠名"上海航道老年护理院"。"十五"期间,航道医院在"服务本局,面向市场"的发展定位下,加强环境和基础设施建设,完成"平改坡"工程。原六楼阳台调整为办公、会务用房,实际使用面积达450平方米,缓解了医院用房紧张问题。完成电梯更新改造以及病房床位装修等,医院的医疗环境、硬件配套设施得到进一步改善。航道医院做大做强病房业务的同时,也积极开拓门诊和社区的新市场,与养老机构建立业务关系,多渠道应对我国因老龄化带来的社会矛盾和问题。同时,进一步加强为本局职工服务,并通过市场开发、设备投入、人员配备、政策扶持多方面努力,提高医疗资源的利用率。

2003年，传染性非典型肺炎暴发，航道医院全体动员、全力以赴，培训一批掌握"非典"流行病学、诊断标准、处理原则的医护人员，为各项目部做好消毒，并对职工进行流行病学调查，为上航局防治"非典"发挥积极作用。值得一提的是，在此期间，浚浦物业公司也做好后勤保障工作，共同推动上航局抗击"非典"工作的顺利完成。

船舶检修、供油运输、疏浚测量、后勤服务等主业支持体系改革，是上航局推进企业改制重组、加强主业支持保障体系建设的重要内容。修船体制的改革集中全局的修船力量，节约了修船成本，提高了修船技术和修船效率，有力保障了施工生产的安全与质量水平。码头体系和供油运输体系的改革，有效整合了局内存量资产，保障了码头运输和燃油血脉的畅通。疏浚测量力量整合与改制，则通过技术转型和专业化管理引领科技发展，提高了民族疏浚业的核心技术水平。后勤保障提效升级，提高了更好服务主业，服务职工的质量和水平。"十五"期间，各主业支持体系的改革与完善为上航局做精做强主业提供了有效保障。

第四节　市场拓展，鼎立三方

"十五"期间，上航局紧贴市场脉搏、冷静综合研判，在"振兴民族疏浚产业"的愿景目标引领下，抢抓新一轮市场机遇；坚持"主业经营一体化"思路，局与基层上下联动、境内境外四面出击，以疏浚、填筑市场为核心，兼顾延伸业务，着力提升企业综合品牌优势，打造主业市场龙头地位。在思考下一步如何实现企业"稳中快进"发展问题的基础上，上航局着眼市场，全面实施"做一项工程、树一座丰碑、交一方朋友、拓一片市场、育一批人才"的市场营销主战略，在企业的生产经营中得到成功实践。上航局在重点工程项目和优势、潜力市场集中发力，逐步形成品牌优势。

一、深耕本土：扎根长三角

"十五"期间，以上海港、宁波港建设为牵引，长三角区域疏浚填筑市场迎来机遇期。作为国家扩大对外开放和推动中国经济融入全球经济的重要举措，上海国际航运中心建设的持续推进成为影响长三角地区和长江经济带发展的重要环节。上航局准确研判市场形势、依托地缘优势，敏锐地抓住上海国际航运中心建设这一国家重大发展战略机遇，进一步夯实上海及长三角优势市场。

"十五"期初，上航局明确长江口深水航道治理工程为"立局之本"、洋山深水港工程为"发展之源"，不断夯实上海本地市场。五年间，上航局在长江口奋楫搏浪，成功攻克长江口深水航道治理这一世界级难题，完成长江口深水航道治理工程一期工程，提前完成二期疏浚工程四大节点目标，于2005年成功将长江口深水航道挖深至10米水深，助推上海港吞吐能力和集装箱吞吐量位居世界前列，为国际航运中心建设作出突出贡献。在洋山深水港工程中，更是以持续高难度的技术创新和装备更新克服了深海造陆的诸多困难，创造了诸多工程壮举，助力洋山深水港于2005年12月顺利开港，奠定洋山深水港世界第三集装箱港口地位。作为上海国际航运中心建设的基石，长江口深水航道治理工程与洋山深水港工程的顺利完成使上海港由传统的河口港变成真正意义上的海港。

凭借卓越的专业实力和长期扎实的市场经营，上航局与上海城市发展牢牢融合在一起，不断彰显出央企在服务地方建设中的雄厚实力。2001年2月，由上航局承建的上海港外高桥港区三、四期陆域吹填工程通过竣工验收，港区陆域形成面积227万平方米。2001年1月，上航局承建的浦东国际机场围海大堤南段工程（机场二期）竣工；2004年11月，浦东国际机场二期航站区吹砂补土工程顺利通过竣工验收，吹填总面积81万平方米，为浦东机场第二航站楼的建设打下坚实基础。2005年8月，上海南汇东滩促淤圈围（四期）工程竣工，围海造地13.22平方千米，有力解决了上海市城市建设与用地紧缺的矛盾。

在填筑业务领域，2003年7月25日，上航局成功中标上海化学工业区西侧6平方千米围垦工程。上海化学工业区是当时我国投资建设的特大工业区，对于上海经济发展至关重要，上航局所承接的工程则是该工业区扩容建设的重要内容。上海市领导对该项工程高度重视，2004年6月30日，时任上海市人大常委会主任龚学平视察工程建设。工程于2005年5月完工，上海化学工业区面积从最初的23.4平方千米一举扩展到29.4平方千米，为上海化学工业区这一"上海工业腾飞的新翅膀"作出积极贡献。

除了港口市场，"十五"期间上航局抓住上海内河航运市场的机遇，重点参与上海内河"一环十射"整治、苏州河治理等工程项目和其他中小项目的攻关承揽，加大内河领域科技研发力度，努力扩大生存发展空间。先后承接了赵家沟、平申线等航道的治理工程，为开辟互联互通的长三角经济社会协同发展的新天地、适应上海集装箱运输迅速发展的需要作出上航贡献。除此之外，上航局还紧跟上海城市建设发展，服务上海市政建设。2003年7月1日凌晨4时许，上海轨道交通4号线——浦东南路至南浦大桥区间隧道施工时发生塌陷，随之导致大面积地面沉降和建筑物倾斜，造成重大经济损失和社会影响。事故发生后，党中央、国务院对这起事故高度重视，时任上海市副市长杨雄、建交委主任熊建平对抢险救灾做出指示。上航局接到抢险指令，迅速响应，全力以赴，在短时间内完成大规模的紧急供砂任务，为抢险工作做出贡献。

这一时期，凭借上海地区强劲的辐射功能，上航局顺应国家沿海港口建设与浙江"水运强省"等战略推进，积极挖掘长三角、珠三角等片区的扩张潜力。五年中，上航局先后承建了宁波镇海港区围海造地工程、全国最大的化工码头——镇海5万吨级化工泊位及陆域吹填工程、宁波北仑港区国际集装箱码头工程以及宁波常洪越江隧道工程等。施工足迹遍布国内各大港口，赢得良好的企业口碑。2001年12月，上航局承建的广州港新区码头前沿与航道连接水域疏浚工程通过竣工验收，工程质量评定为优良。该工程是上航局首次在广州港承接的疏浚项目。2002年10月，上航局承建的南通港狼山港区三期工程围堰吹填工程竣工，通用散货泊位和集装箱泊位质量等级核定为优良。

五年中，上航局扎根长三角，以工程带动市场的思路，在经营、技术、人才与设备方面集中投入，强化重点工程在培养人才、锻炼队伍和培育现代管理机制与市场竞争中的"前瞻"作用，牢牢掌握市场主动权，为长三角地区的经济、航运发展起到重要作用。

二、敢闯敢试：果断挺进北方

"十五"期间，在国家宏观战略构想的影响下，北方的疏浚市场迎来了全新的发展阶段。国务院审议并通过了《长江三角洲、珠江三角洲、渤海湾三区域沿海港口建设规划》，除长江三角洲、珠江三角洲等沿海港口集中提质建设之外，秦皇岛、京唐港等北线七港煤炭吞吐能力建设也驶入快车道。这为上航局开拓北方市场，进一步提高市场占有率提供了契机。

自20世纪90年代起，我国东部地区煤炭能源的需求与日俱增，当时仅有的"大秦铁路—秦皇岛港"运煤大通道已无法满足煤炭运输增长的需求，新增煤炭运输线路迫在眉睫。1992年，建设"西煤东运"第二条大通道作为跨世纪工程被写入党的十四大报告。为积极响应国家西煤东运战略并适应神华集团煤炭下水外运需要，我国"西煤东运"第二大通道的出海口——黄骅港建设应运而生。2001年，上航局提前谋划并顺利承接黄骅港航道维护疏浚工程，2003年担任总承包，打响了拓展北方市场的揭幕战。在施工过程中，上航局确立"整治与疏浚相结合"的治理思路，发挥技术优势、不断改进航道疏浚技术方法，克服了风暴潮侵袭、大风回淤、冰凌、渔船渔网干扰和非典等诸多困难，使昔日"建港禁区"变成了航道通途，确保了我国海上能源运输大动脉的畅通。黄骅港工程的顺利实施不仅为上航局在北方疏浚市场分了一杯羹，也为驻足北方地区迈出了扎实的一步。

21世纪初，在新一轮环渤海湾建设浪潮中，上航局重返连云港港，先后于2001年、2004年承建了连云港港7万吨级航道扩建工程、连云港港15万吨级航道扩建工程，开启又一北方重要港口的建设。凭借科学的管理和过硬的技术，上航局确保了连云港港工程的如期高质完成，使得连云港港航道等级持续跃升，跻身全球百强集装箱港行列，其作为欧亚大陆间水陆联运重要中转港的作用得到充分发挥,也大幅提升了上航局在疏浚市场的品牌知名度。

河北唐山曹妃甸工程的承接则掀起了这一时期上航局在北方市场开拓版图、推广经营的高潮。为响应河北省实施国家级沿海战略,2003年3月,上航局凭借填筑领域出色的专业能力参与曹妃甸通路建设。将曹妃甸通岛路建设成了当时国内最长的袋装砂结构类型海堤。之后,上航局还陆续承建了曹妃甸25万吨级矿石码头供电配套工程陆域形成工程、曹妃甸钢铁围海造地一期工程三标段北侧连接堤、曹妃甸大型综合基地工程等,并在曹妃甸系列工程建设中创造了一年内一次性完成8个围区大型龙口成功合龙的纪录。2005年12月16日,曹妃甸港区正式面向世界开港通航,逐渐崛起为"渤海明珠"。作为曹妃甸的"开路先锋",上航局通过此次工程与唐山市建立了坚实的合作基础,并持续为唐山乃至华北地区的经济发展贡献重要力量。

与曹妃甸港区建设同时,上航局还承担了东北综合性主枢纽港——营口港的工程建设。营口港鲅鱼圈港区位于辽东湾东部台子山下,自然条件良好、腹地十分广阔、交通便利,是我国沿海主枢纽港之一。"十五"时期,为适应不断增长的港口货物运输发展需要,上航局与营口港务集团于2003年2月签订营口港鲅鱼圈港区航道改造二期工程的合同,主要承担航道改建与拓宽任务。2003年8月9日,营口港三期工程51#泊位工程通过验收,为提升营口港的营运能力,扩大港区整体发展空间作出贡献,进一步扩大上航局在北方市场的品牌影响力。

五年间,上航局在坚持以"信誉保市场、质量保市场、现场保市场"的理念下,积极拓展北方市场,因地制宜地尝试多种经营模式,闯出了新天地、塑造了新形象、取得了新业绩。北方市场的拓展,进一步扩大了上航局的品牌效应和市场占有率。

三、扬帆远航:扩展海外市场

"十五"期间,在全球经济持续增长的带动下,国际疏浚市场总体呈现蓬勃发展的趋势。依托中国入世红利与全球产业链重构带来的难得机遇,上航局乘势而上,再次扬帆远航。在南美的巴西、委内瑞拉、南亚的巴基斯坦，东南亚的马来西亚、泰国、新加坡等国承揽工程。

巴西海岸线漫长、港口众多，具有广阔的疏浚市场，曾长期被欧洲公司垄断。2000年，上航局领导专程远赴巴西进行市场调研和开发，经过友好而艰苦的谈判，争取到了巴西塞布提巴航道基建疏浚工程。以此，上航局成功进入巴西疏浚市场，并以优质的施工质量树立了中国疏浚企业的良好形象。2001年，上航局组建了属地化的"上海航道局巴西海事服务有限责任公司"，一年后改制为"中港上海疏浚公司巴西有限公司"（以下简称巴西公司），以此作为拓展巴西及周边市场的支点，分别承揽了维多利亚港、伊列乌斯港工程。2001年12月，上航局在巴西里约热内卢港务局举行的公开拍卖会上拍下了一艘3000方自航耙吸挖泥船，命名为"航浚3001"。至此，上航局拥有了第一条在巴西注册的挖泥船。"航浚3001"从2002年9月正式投产后，先后承接巴西里约油码头、伊列乌斯港等工程建设。

正是有了"航浚3001"，上航局再次拿下巴西桑托斯港的维护性疏浚工程，为全面打开巴西市场创造了条件。2003年5月4日，巴西公司与当地签订里约格朗德港维护疏浚合同。2003年7月，巴西桑托斯港口维护工程正式招标，但由于中标的公司没有疏浚设备，依照巴西法律规定需与拥有设备的当地公司进行联合，上航局巴西公司作为属地化公司，且自有疏浚设备，成为首选。随后，巴西公司与中标公司正式签订了租船合同，参与巴西桑托斯港的维护性疏浚工程建设。2004年11月，时任中共中央总书记、国家主席胡锦涛访问巴西，高度肯定该工程对加强中巴两国在交通基础设施建设上的合作具有积极意义。桑托斯港工程的顺利开展，有效缓解了彼时桑托斯港口拥堵的状况，提高了港口生产能力，进一步稳固了桑托斯港作为巴西重要的枢纽港和南美地区龙头港的地位，同时也为上航局积累了良好的海外市场口碑，对进一步开拓巴西及南美疏浚市场具有深远意义。

在做好巴西疏浚市场经营的同时，上航局也积极参与国家海外援建项目。"十五"期间，上航局承担的最大海外项目便是巴基斯坦瓜达尔港工程，这也是中国政府援助巴基斯坦的一项标志性工程，具有高度的政治和战略意义。2002年3月，在巴基斯坦瓜达尔深水港一期工程开工仪式上,时任中共中央政治局常委、国务院副总理吴邦国为项目题词:"努力建设瓜达尔深水港,再树中巴友谊新丰碑。"为不辱使命,施工期间上航人抱着"一切为了援外工程"的信念,克服了生活物资奇缺,补给条件匮乏,气候恶劣、医疗资源少、通信条件差等诸多困难,以扎实的技术提前完成航道施工任务,甚至在遭遇恐怖袭击时,参建员工仍坚守岗位,坚持以国家利益和公司利益为上,建设瓜达尔港,维护中巴友谊。历经三年,瓜达尔港成功建成,其作为中巴能源战略通道的主要枢纽港极大地促进了巴基斯坦西部和北部地区的经济发展,为中巴经济走廊建设作出了重要贡献。

从20世纪90年代初开始,马来西亚就一直是上航局海外业务的主要阵地之一。东南亚爆发金融危机后,马来西亚的疏浚市场一度处于瘫痪状态。此后,上航局为重返马来西亚疏浚市场做了大量工作,终于在2001年承揽了森波纳海军基地疏浚一期工程,并于2002年拿下森波纳海军基地疏浚二期工程,为进一步拓展市场产生积极影响。2003年4月,上航局承揽了泰国湄南河四期疏浚工程,东南亚业务发展平稳有序。

企业的可持续发展从来都不能故步自封。"十五"期间,上航局坚持市场化导向、秉承"重质守信、义利并举、合作共赢"原则,依托特有的"大经营"理念和"五个一"营销主战略,并鼓励经营人员"走遍千山万水、想尽千方百计、道尽千言万语、吃尽千辛万苦、造福千家万户",在激烈而残酷的市场竞争中抢抓机遇、锲而不舍,不断优化自身市场布局。上航局坚持做市场的无畏开拓先锋,从长三角出发,将市场成功拓展至北方,积极"出海"、勇于在国际竞争中寻求新机遇,初步形成"三足鼎立"市场经营格局,实现了从量变到质变的市场拓展跨越式发展。

第五节 大国重器,奋力赶超

21世纪之初,随着中国经济迅速发展,基建投资规模猛增,沿海领域各大港口纷纷制定长期发展计划，扩建港口枢纽，通过围海造地以支持沿海城市产业结构的升级调整。巨大的市场需求，对疏浚船舶装备提出了更高要求。"十五"期间，基于"主业经营一体化""增长方式集约化"的战略基调，上航局抓住疏浚和填筑两大主业，确立中港疏浚公司主攻大型耙吸船、上航二公司主攻小型耙吸船、东方公司主攻绞吸船和其他船型的装备发展定位，走上了"内涵发展"与"外延扩张"相结合的船舶设备集约化发展之路。

一、装备升级：挖泥船的更新改造

（一）拉开帷幕：6500方边抛耙吸挖泥船的扩容改造

21世纪初，上航局以"振兴民族疏浚产业"为企业愿景目标，大力发展优良疏浚装备、加快老旧船舶更新改造工作。在港航疏浚工程领域，耙吸挖泥船由于有效挖深大，具有在航行中同时进行挖掘及运输的能力，在拥挤水域作业有明显优势，可将疏浚作业对航道通航的影响降至最低，并拥有较高的生产效率，成为公认的主要施工装备。当时，全局耙吸挖泥船平均船龄20.2年，最大单船舱容量为6500方，船舶装备"老、小、低、差"状况明显。特别是面对长江口工程这一艰巨任务时，添置万方大耙已经成为事关全局、迫在眉睫的大事。为改变船舶设备掣肘企业发展的不利局面，上航局及时决断，修船与扩容改造同时展开，并迅速拿出舱容6500方挖泥船增至9000方的方案，对"航浚6001"和"航浚6002"实施修理和扩容改造。

"航浚6001"和"航浚6002"是日本IHI船厂建造的自航边抛耙吸挖泥船，分别于1979年、1980年投入使用，是当时国内舱容最大的挖泥船，主要用于长江口深水航道施工，同时也承担沿海港口航道疏浚、吹填等工程。自投产的20多年来，两轮先后征战国内外各大港口，为上航局赢得市场、创造效益作出了显著贡献。但两轮在长期使用中也暴露出明显的缺陷：一方面，船体过长，船舶航行调头困难，施工效率降低；另一方面，随着国家对港口污染治理管控升级，边抛挖泥作业方式已无优势可言。

2000年12月初，"航浚6002"以"减轻负重、扩大舱容、提升

"航浚9001"

"航浚9002"

效率"为目标进行扩容改造，10余家协作单位协同配合，工作最高峰时有1000余人同时加班加点作业，历时70天顺利完工。经过坞内试验、系泊试验与挖泥试验，船舶各项指标均达到技术要求。2001年1月18日，交通部、上海市交通党委、上海国际航运中心办公室等领导为该轮命名剪彩。"航浚6001"扩容改造于2002年2月启动。修理改造后，两船的舱容量从6500方升级到9000方，并被重新命名为"航浚9001"和"航浚9002"。上航局以最快速度、最少投资、最优方案完成了两艘6500方挖泥船扩容改造任务。

两艘耙吸挖泥船的成功升级，揭开了全局"十五"期老旧船舶更新改造的序幕，为长江口工程及时补充高效率的施工力量，为恢复航道水深提供有力保证。时任交通部副部长翁孟勇给予充分肯定，认为"航浚6001"的改造和投入使用实现了上航局人多年的愿望。

（二）"货改耙"：货轮改造为耙吸挖泥船

在对"货改耙"主要性能参数充分调查、研究和论证的基础上，2001年7月，上航局从海外购买25 000吨的塞浦路斯籍货轮"爱博"号，拟改造成12 000方耙吸挖泥船。2001年8月1日"爱博"——"新海象"上航局"货改耙"工程全面展开，2001年底，改造工程完成。经过两次设备调试和挖泥试验，各项数据表明技术改造工作完全达到预定目标。至此，上航局第一艘"货改耙"改造成功。2002年2月28日，"新海象"轮改造成功命名典礼在草镇船厂码头举行，时任交通部副

2002年2月28日,"新海象"改造成功命名典礼隆重举行

部长翁孟勇发来贺信。时任交通部水运司副司长任建华,市政协常委、市政协环境与人口资源委员会主任钱云龙,市建设和管理委员会副主任黄健之,市国航办主任徐柏章,中港集团党委书记陈永宽及兄弟单位领导应邀出席典礼。

改装后的"新海象"舱容量12 000方,总长173米,宽26米,最大挖深24米。"新海象"是拥有自主知识产权,使用国内技术力量,全球首次用万吨级散装货轮改造成功的大型自航耙吸挖泥船,也是当时国内舱容最大的疏浚船。

2002年3月,"新海象"投入长江口深水航道一期疏浚维护工程,其航行系统和疏浚系统运作良好,施工效率超过设计要求。"新海象"的改造,开创了散装货船改装成大型耙吸挖泥船的先例。2004年,"新海象"改造项目获得中港集团科技进步奖特等奖。第一艘"货改耙"的成功改造,为上航局闯出了一条投资少、周期短、见效快的装备改造之路。

"新海象"

"新海鲸"

有了第一次的成功经验,第二艘货改耙"新海鲸"的改造更加顺利。"新海鲸"是利用 26 000 吨旧货船改造成功的大型耙吸挖泥船,该船由上航局自行策划和项目管理、中船七〇八所开发设计、上航局草镇船厂和浙江龙山船厂共同改建,其舱容量达 12 871 方。"新海鲸"于 2002 年 7 月 15 日启动改造,2002 年 11 月 28 日完成改造,实现了工期短、质量好、费用省的预期目标。

"新海鲸""新海象"等船舶陆续投入使用,为上航局各项工程

"新海狮"

的顺利推进提供了装备支撑。2004年5月,上航局吸收"货改耙"经验和中国船舶工业集团公司第七○八研究所再次展开合作,开始"新海狮"改造。2005年1月,"新海狮"试挖成功并交付使用。

上航局利用设备优势顺利抓住发展机遇完成"货改耙"技改任务,获交通部科学技术进步奖、上海市发明专利一等奖,在国际疏浚和造船业引起积极反响。改造过程中,上航局在耙吸挖泥船上创造性地应用了单机单桨推进方式和自主开发的新型泥门启闭系统,填补了我国没有国产大型耙吸挖泥船的空白,提高了我国在疏浚市场上的竞争力和在挖泥船设计建造领域的地位。改造工程的实践,证明"货改耙"是特殊时期应对工程急需的有效途径,也是企业抓住市场机遇的有效手段。

二、引领时代:民族疏浚装备新篇章

中国加入WTO为疏浚产业带来发展机遇,也带来严峻挑战。国内市场逐步放开,角逐与竞争不可避免。虽然上航局通过实施扩容改造和"货改耙"工程,显著提升了船舶装备水平,但是还远不能满足国内疏浚市场发展的需要,更谈不上与世界疏浚强企同台竞争。要想在新世纪国内外的发展浪潮中抓住机遇,在与国际一流疏浚企业的竞争中赢得主动权,上航局就需要积极吸纳国外先进同行的经验,引进更新现有的船舶装备势在必行。

（一）"新海龙"：民族疏浚装备的里程碑

为了解和学习世界上最先进的疏浚设备技术，提高企业在国内外疏浚市场的竞争力，上航局决定从荷兰IHC公司引进一艘万方耙吸挖泥船。2001年4月4日，中港集团与中国仪器设备进出口公司在京签署委托代理进口协议。同年8月3日，上航局监造组抵达荷兰，新船建造工作正式进入实施阶段。上航局向全局职工开展船名征集活动，考虑到对20世纪30年代主力船"海龙""海虎""海鲸""海象"的传承，"新海龙"这一名字脱颖而出，寓意着新时期民族疏浚业的腾飞与雄越。

2002年10月17日，建造完毕的"新海龙"驶离荷兰，11月19日到达上海港。11月23日，"新海龙"进入洋山徐公岛海域，进行交船前的挖泥、试航以及吹喷复试。11月28日，"新海龙"建成交接命名典礼在上航局外高桥疏浚船舶基地码头举行。中荷双方签署交接文件，"新海龙"正式归属上航局。

"新海龙"总长152.72米，型宽27米，型深10.40米，舱容12 888方，总功率为19 600千瓦，最大挖深45米，自由航速高达16节，满载挖泥时间仅52分钟，挖泥能力比一般挖泥船提高20%。同时，该轮还配置了自动采集分析、处理数据的集成控制系统，实现定深挖泥、自动操耙的绞车自动控制以及动态定位、跟踪、疏浚航迹指示系统等。"新海龙"是当时世界上疏浚技术最先进的自航耙吸挖泥船，也是国内第一艘引进的超万方舱容量挖泥船。该轮不仅可在最深45米的海中完成挖、抛泥作业，还可以通过大口径连接软管直接将泥沙吹至岸上，被誉为"中国疏浚的旗舰"。

洋山深水港一期陆域形成工程是"新海龙"承担的第一个施工项目。在进入洋山施工区域后，"新海龙"在挖泥、抛泥、艏喷和艏吹等方面施工效率显著，成为陆域吹填工程不可或缺的王牌船。在后续承接的京唐港、长江口深水航道治理等重点工程建设中，发挥了旗舰作用。

"新海龙"的引进堪称上航局在中国疏浚业树立的一座里程碑。"新海龙"的出现，不仅使上航局的装备实力得以迅速跃升，更是彻底革

2002年11月28日,"新海龙"建成交接暨"新海鲸"轮改建成功命名典礼在外高桥码头举行

"新海龙"

新了国内疏浚船舶制造的既有理念,开启了疏浚船舶技术发展的国际化视野,对我国了解和学习世界先进的疏浚设备技术产生了深远影响。

(二)"新海豹":国内引进的首艘"大绞"

疏浚施工船除了耙吸挖泥船以外,还有绞吸挖泥船,被广泛用于港口与航道的疏浚以及吹填工程中。这一时期,国内外围海造地、填筑工程对大型绞吸挖泥船的需求不断增加。2002年7月7日,上航局从韩国三星公司购进由荷兰制造的国内首艘3500立方米/时大型绞吸挖泥船,命名为"新海豹"。"新海豹"全长97.8米,型宽17米,型深4.75米,最大挖深27米,全船总功率11 952千瓦。

2002年,上航局与中港集团正式签署巴基斯坦瓜达尔港深水建设一期工程第一标段承包合同,该项目是新中国第一大援外工程。"新海豹"于当年8月进入瓜达尔港,在港池开挖区挖除大块礁石,确保瓜达尔港建设一期工程如期完工。2005年,"新海豹"进驻曹妃甸综

"新海豹"

合服务区围海造地一期工程施工现场，4个月就完成约495万立方米的吹填量。

"新海豹"是国内第一艘引进的大型绞吸挖泥船。根据"新海豹"轮使用情况，结合原有船机设备研究制造的基础，上航局通过改进提升，后续又率先投资建造了第一艘"国字号"3500方大绞"新海鳄"。可以说，"新海豹"见证了我国大型绞吸挖泥船研发、设计和制造能力的跨越式发展。

"新海龙"和"新海豹"分别是21世纪初我国最先进的耙吸挖泥船和亚洲最大的绞吸挖泥船。它们的引进不仅有效解决了上航局船舶疏浚能力与市场需求间的短期矛盾，使得上航局在整体疏浚能力位于当时世界疏浚企业前列，更提升了国产挖泥船的整体能级，革新了国产船舶设备制造的理念，也为后续我国挖泥船的自主研发提供了可贵的参考借鉴，是我国疏浚装备发展史上的重要里程碑。

三、砥志研思：吹响"国轮国造"号角

长期以来，中国造船业只能建造一些自动化程度很低的小型耙吸挖泥船，中型耙吸和绞吸挖泥船基本依赖进口，价格昂贵且受制于人。据不完全统计，自新中国成立到"十五"期间，我国从荷兰进口了40亿美元的疏浚设备。关键疏浚设备不能自己设计制造，维修改造艰难，船舶严重老化。"十五"期间，随着国内一系列大型港口航道和水利工程的陆续上马，国内港口建设的需求急速扩张，疏浚市场出现了耙吸挖泥船紧缺的局面。尽早填补大型挖泥船建造的空白，改变先进挖泥船只能靠进口的局面，成为振兴民族疏浚产业的重要使命。

在核心技术被封锁垄断的情况下，上航局决定自主设计建造一艘具有世界先进水平的3000方左右自航耙吸挖泥船，打破长期以来国外设计和建造该类型船舶的垄断地位。然而，在当时，此类船舶自主制造成本十分高昂，如荷兰IHC公司在2002年设计并建造的3000方左右自航耙吸挖泥船，其造价就高达人民币2.5亿元。因此，上航局必须找到一条低成本、高技术的建造之路。

2002年9月，上航局在对建造该船的可行性进行详细调研的基础

上，同意由上航二公司筹资，联合中国船舶工业集团第七〇八研究所、广州文冲船厂有限责任公司、上海交大东伟科技有限公司等企业建造3800方自航耙吸挖泥船。该项目立项之初设计舱容为3800方，在设计过程中进行优化完善后，最大舱容达到4200方，被命名为"航浚4011"。

"航浚4011"于2004年1月8日开工建造，同年10月底在广州文冲船厂举行出坞仪式，进入下水调试阶段。2005年1月25日，上航局举行"航浚4011"建成交接典礼。

"航浚4011"采用了当时世界先进的船舶疏浚机械技术和自动化控制技术，并配备处于世界领先水平的计算机辅助疏浚决策系统。研制的综合控制平台系统，把全船与疏浚相关的系统全部归并到同一个平台，集中控制和监测。这一技术远远领先于国内自行设计建造的同类型自航耙吸挖泥船。此外，该船在多个关键技术点上实现了创新，多项技术的应用属国内首创，主要技术指标达到国外同类型船的先进水平。"4200方自航耙吸挖泥船'航浚4011'轮研制"项目成果获评中港集团科学技术进步二等奖、中国交通企业新纪录。

除技术先进外，"航浚4011"整船造价性能比突出，在国内同类船舶中造价最低、建造水平最先进，是国内首次使用1500秒燃料油系统的挖泥船，大大节约了燃油成本。与同类型国外进口船相比，生产效率相当，而造价和使用成本比国外进口船低许多；与国内民营企业建造的小型耙吸挖泥船相比，生产效率是其2倍以上。投入运营一年

"航浚4011"

时间,"航浚4011"就创造产值达1.3亿元。

"航浚4011"的成功建造,提振了上航局坚持"国轮国造"的信心与决心,也为后续上航局率先在国内自主设计和建造经济高效、具有国际先进水平的新型万方以上大舱容自航耙吸挖泥船积累了经验。在"航浚4011"建造投产之后,国内挖泥船设计建造企业能以接近的技术性能、相对低廉的造价与国外先进挖泥船设计建造商同台竞争,从而迅速打开了国内外市场。

四、持续更新:装备能力跨入前列

"十五"期间,上航局坚持引进、消化、吸收、集成再创新,走独立自主的装备改造升级之路,这既是"以振兴民族疏浚产业为己任"的自觉责任,也是作为央企的光荣使命,展现了舍我其谁的豪迈气概,为全局实现跨越式发展提供了坚实保障。

五年中,通过持续更新、改造各类船舶,上航局装备结构得以优化,生产能力大幅提升。至"十五"期末,上航局综合疏浚能力超1.7亿方/年,大大高出国内同行疏浚能力;耙吸挖泥船总舱容量超13万方,业已超越比利时德米国际疏浚公司,综合实力跻身世界前五位。凭借迅速提升的生产能力,上航局先后承接国内外多项工程建设,取得优异的工程业绩。实践证明装备更新扩张之路是上航局做大、做强企业的必然要求,更是朝着"人无我有,人有我优"目标昂首阔步的正确道路。

第六节 技术创新,积累优势

科技强,则企业兴。为加快科技进步与创新,形成自身独特的核心技术和品牌优势,上航局进一步完善和健全科技创新体制。通过整合技术资源,全局建立了以设研院为核心的企业技术中心,并以中交疏浚技术重点实验室为专职研发机构从事前瞻性、战略性及重大技术专项的研发工作,初步建立技术创新制度,逐步推进重大技术开发项目的组织、立项、协调、推进及应用。

一、疏浚"革命"：长江口深水航道治理工程成套技术逐步成型

自20世纪70年代起，上海航道局设计研究所设立多个课题组，从长江口的河势演变、治理方案、工程结构和施工工艺等方面进行全面研究，经过接近20年的努力，开展了几十个专题的研究，提出治理的总体布置、创新的结构设计和顺应长江口河势的动态实施方案，确保长江口治理的工程技术、经济和实施的可行性，实现了超大型河口治理的世界性突破。

长江口深水航道治理工程取得巨大成功的代表性工程技术有袋装砂筑堤、软体排等成套技术。长期以来，科研所针对长江口堤坝防冲刷进行各种试验，采用软体排替代传统柴排攻克了当时具有极大难度的防冲刷难题；针对传统抛石堤坝进度慢和造价高问题，研究就地取材的袋装砂堤坝结构。在长江口地区的江心滩进行先导试验后，攻克了软体排铺设、袋装砂充灌筑堤的工艺，应用在外高桥油污水处理厂围堤吹填工程、太仓中远国际城工程，完成了规模化工程应用和验证。实施结果证明，与传统的抛石斜坡堤结构相比，该成套技术防冲性能安全可靠，施工速度和经济性成倍提高，具有巨大的优越性。经过优化，软体排和袋装砂技术被如期应用于长江口深水航道治理工程整治建筑物，在全国沿海乃至世界范围实现了超过1500千米的应用，是近半世纪水利和交通工程的重大技术创新。袋装砂和软体排创新技术收获多项国家专利。

在长江口深水航道治理工程中应用的砂肋软体排和混凝土联锁块软体排两种创新护底结构，适合长江口强流速、易冲刷的地质条件。这两种结构既能有效保护堤下滩面，又能适应水下地形变化，从根本上确保了堤身结构的防冲刷安全性。软体排还可提高地基复合承载力，在长江口深水航道二期深水段的软基处理中起到关键作用。软体排技术的适用面远超袋装砂技术，在软基工程中也有广泛应用。

长江口深水航道治理工程形成了我国独创的河口治理，包括设计、施工和管理的一整套先进技术，以及在国内首创的土工布混凝土联锁

块软体排和砂肋软体排护底结构。长江口深水航道治理工程也被国家验收组认定为"土工织物示范工程"。2001年，长江口深水航道治理工程护底软体排铺设工艺与设备研究获得上海市科技进步奖一等奖，袋装砂斜坡堤心冲灌工艺与设备研究获得上海市科学技术进步奖二等奖。上航局以此成为我国航道整治及袋装砂筑堤技术领域的领跑者，主编和参编了相关的设计和施工标准。长江口深水航道治理工程成套技术成果一举破解了超大型河口治理的工程难题，直接带动了中国水运、水利工程行业和相关土工织物领域的技术进步，是我国河口治理工程、水利工程和水运事业的创举。

二、进军市政：沉管隧道管段锁定创新技术

"十五"期间，随着国家对近海资源开发的控制，围填海工程逐步受到管制，传统的疏浚吹填水利业务受到影响。在此节点，上航局贯彻"保基础、调结构、走出去"方针，成功实现以传统的沿海航道、内河航道、围堤吹填市场为基础，向水利、环境、海洋、市政等行业市场进发，由水及陆延伸。以沉管隧道管段技术为代表的隧道工程就是上航局延伸业务的成果之一。沉管隧道具有埋深浅、投资省、多通道、流量大、满足多种车型通行等优点，但沉管隧道的水中段布置和实施难度巨大。

在上海外环隧道泰和路越江隧道工程可行性阶段，设研院进行沉管隧道过江的技术研究，论证沉管过江的技术可行性问题，以及基于两岸约束接口和高程的过江隧道轴线布置方案，奠定沉管实施的基础。其中，沉管高出河床面的方案开创世界沉管史的先河。在实施阶段，上航局总结沉管隧道施工经验，提炼形成了水下精确开挖、管段拖运、沉放、抗浮清淤、锁定抛石、覆盖保护和水下定位的成套水下施工工法，确保水下施工的可行和安全可控，保质保量完成总长736米沉管段水下基槽开挖、拖运、沉管、清淤、锁定和覆盖保护的施工。其间，上航局还采用高精度的船舶施工定位定深系统，实现在计算机界面上反映水下施工状态，使以往不可见的工况变为可视化数据，为在江面狭窄、运输繁忙的黄浦江中进行沉管隧道施工解决关键技术难点，属国内首

2003年6月21日,上海外环隧道建成通车

创。其研究成果"大型沉管隧道工程技术研究"荣获2003年度上海市科学技术进步奖一等奖及国家科学技术进步奖二等奖。

凭借该项技术,"十五"期间,上航局先后承接宁波市东外环路常洪越江隧道工程中管段的锁定抛石施工和上海外环隧道工程中的管段基槽浚挖、清淤和管段抛石覆盖项目。2002年宁波市东外环路常洪越江隧道工程项目获宁波市科学技术进步奖一等奖、浙江省科学技术进步奖二等奖、中国土木工程詹天佑大奖。

2003年6月,上海外环隧道建成,标志着总长99千米的上海城市外环线全线通车,为总投资达175.44亿元的外环线工程画上句号。2005年,上航局在该项目中的"大型沉管隧道工程技术研究"获国家科学技术进步奖二等奖。

三、迭代升级:计算机辅助疏浚决策系统

随着计算机、传感器、自动控制、GPS定位系统和网络信息等技术在疏浚船上的广泛应用,耙吸、绞吸挖泥船的科技含量大大提高。

国外新建的耙吸、绞吸挖泥船普遍采用全集成控制系统，全方位的数据采集和信息共享带来的高效率，使疏浚业发展成为以高新科技为支撑的产业。然而长期以来，我国自行建造的挖泥船技术含量较低。国内疏浚企业和有关科研单位联合开发的监测系统，如耙臂位置指示系统、吃水装载系统、疏浚轨迹显示系统等均属"初级阶段"。

2001年，中港集团、上航局和天航局等单位共同承担国家"十五"国家重大技术装备研制项目"挖泥船自动监控设备及高效耐用机具研制"的研发工作，整个项目包括"耙吸挖泥船计算机辅助疏浚决策系统""绞吸挖泥船计算机辅助疏浚决策系统""抓斗挖泥船定位定深监控系统""耙吸挖泥船新型高效主动耙头研制""新型绞刀头研制""新型耐磨材料研究"等6个子课题。从2002年年初至2005年年底，经过4年的产、学、研联合攻关，该项目团队顺利完成全部课题任务，并在耙吸船、绞吸船的智能化监控及辅助疏浚决策技术上实现重大突破。其中，团队结合耙吸挖泥船的设备现状，研制出"耙吸挖泥船计算机辅助疏浚决策系统"。系统软件由监测、辅助曲线显示、报表软件、平面定位软件、工况分析、计算机寻优等主要功能组成，不仅具有现代化耙吸挖泥船的控制集成、疏浚监控与数据采集的功能，还能提供与疏浚土质条件相结合的优化疏浚参数来指导操作人员的施工，确保挖泥船的产量实现最大化。技术的开发与应用在国内属首创。

值得称道的是，自2002年起，上航局自行研制出挖泥船集成监控系统，并率先在"航浚1003"上成功应用。集成监控系统被看作是挖泥船的"大脑"，施工过程中，耙吸挖泥船能将施工数据信号通过系统传送至计算机屏幕上，并利用模型及软件对采集的数据进行归纳分析，从而获得最佳施工工艺参数。该系统的应用使得"航浚1003"一跃成为当时国内最先进的小型耙吸挖泥船，其创新成果达到国际先进水平，我国耙吸挖泥船施工由此正式迈向"智能化"。

2006年初，"耙吸挖泥船计算机辅助疏浚决策系统"通过国家验收，并拥有自主知识产权。2005年入选中国企业新纪录，并荣获中国交建科技进步特等奖，2008年2月获国家科学技术进步奖二等奖。此后，该系统先后在中交集团和国内其他疏浚企业逾100艘新建和改造的大型耙吸挖泥船得到推广应用。应用情况表明，施工效率可提高18%~36%，性能与国际最先进的耙吸挖泥船疏浚自动控制系统相当，而价格仅为进口系统的三分之一左右，具有显著的经济效益和社会效益。

耙吸挖泥船计算机辅助疏浚决策系统在国内大型耙吸挖泥船上应用情况统计

推广应用单位	船舶类型	数量
中交上海航道局	耙吸挖泥船改造	14（航浚1001、4001、5001、9001等）
	新建耙吸挖泥船	6（新海虎等）
	在建耙吸挖泥船	1（新海凤）
中交天津航道局	耙吸挖泥船改造	4（津航浚105、106、107、108）
	新建耙吸挖泥船	3（舱容13000方、5000方、3500方）
中交广州航道局	耙吸挖泥船改造	4（广州号、黄埔号等）
	在建耙吸挖泥船	4（舱容8000方）
国内其他疏浚企业	新建耙吸挖泥船	超过40艘

2003年9月，上航局进一步推出绞吸挖泥船提高工效重大攻关课题"绞吸挖泥船计算机辅助疏浚决策系统"，主要包括平面定位、剖面显示、数据采集、分析决策和回放等五大功能。2005年11月，该系统通过专家验收，技术水平达当时国内领先水平。该系统逐步推广和应用在"新海豹""新海鹰""航绞1008"等船，使得绞吸船平均施工效率提高10%~30%，据不完全统计，从2003年8月至2005年12月，该研究成果创造经济效益超过3亿元。

"挖泥船自动监控设备及高效耐用机具"系列研制项目的成功，标志着我国疏浚船舶的施工技术取得重大突破，开创了挖泥船作业的数字化时代，改变了挖泥船施工操作多年以来靠经验疏浚的传统习惯。该技术成果属于国际首创，形成自主知识产权，提升了我国疏浚业的技术水平，结束了我国没有自主知识产权的疏浚信息集成控制平台的历史，打破了外国公司在此领域的长期垄断，进一步缩短与国际一流疏浚公司的差距，对推动中交集团乃至我国疏浚企业的自主创新，实现疏浚重大装备的国产化、自主化、信息化、集成化、智能化具有重大意义。

"十五"期，上航局技术创新体系初步形成，研发能力明显增强；前瞻性、关键性技术研发为重大工程实施发挥了先导和支撑作用；"引进、消化、吸收、集成再创新"为重大装备改建提供了条件。技术创新成果显著，共完成以"计算机辅助疏浚决策系统"为代表的科技研发、攻关项目60余项，获国家、省部级科技进步奖8项，取得国家专利16项。

第七节 党建引领，筑强堡垒

"十五"期间，面对中国入世后国内外黄金机遇、国企改革发展新形势，上航局抢抓机遇锐意改革，经历了诸多自我变革的阵痛，实现华丽转身。"发展"与"稳定"成为保证企业改革成败的关键。上航局党委认真贯彻党中央精神，按照"围绕经济抓党建，抓好党建促经济"的工作思路，强党建、抓改革、促增长。充分发挥党组织的政治核心作用，紧紧围绕企业的改革发展和生产经营，在强化自身组织建设基础上，加强党的领导，立足企业改革、发展大局，团结带领全局职工，抢抓机遇、全力发展，为企业两个文明建设提供坚强保证。

一、强根固本：切实加强党组织建设
（一）以学习凝聚共识

"十五"期间，作为"中国的脊梁"国有企业500强中唯一的航道疏浚企业，上航局面对着在社会主义市场经济条件下进行现代企业攻坚改革的时代命题。在对国内外形势研判的基础上，上航局提出"以振兴民族疏浚产业为己任"的愿景目标，以改革重组、结构调整、减员增效为改革工作重点，坚持有质量有效益的集约化发展的改革新思路。改革思路的出台、领会与实施，均需要通过加强思想建设和理论学习来凝聚共识。局党委将党和国家的路线方针政策与企业实际紧密

结合，通过领导干部会议、党委中心组专题学习、民主生活会、"两月一讲"辅导报告等方式，有计划、分专题、多形式地组织党员和干部职工学习，切实加强领导班子思想建设。

坚持理论学习和指导实践相结合，以确立科学发展观、推进和谐企业建设和党员先进性教育学习为重点内容，全面开展"争做知识化职工，争创学习型企业"职工素质教育工程，将学习与企业发展中的重要问题、困难相结合，倡导以开展深入调研为基础推进各项工作。相继开展"效益管理年""转变作风年""调查研究年"主题活动，让领导干部从文山会海中解放出来，深入群众、联系实际，真正解决企业发展的难点和痛点问题。

坚持用党的最新理论成果武装头脑、做好做深做实学习和思想建设。从大经营战略的提出，到做精主业、抓好延伸；从组建核心企业到东方公司改革、修船和码头体制的调整，都贯穿了解放思想、实事求是的精神，都是观念创新、体制创新的产物。同时也改变了部分干部职工对企业所处地位和面临形势认识不足、思想观念滞后的状况。特别是在中港疏浚公司挂牌后，全局干部职工改变现状的迫切愿望被大大激发，人心思变的氛围逐渐形成。以此，在全局上下从转变观念入手，呈现聚精会神抓建设、一心一意谋发展的可喜局面，这为上航局的改革发展奠定了良好的思想基础。

（二）加强领导班子建设

市场竞争最终是人才的竞争，更是领导者素质和能力的竞争。一支奋发有为、与时俱进的领导干部队伍是上航局改革攻坚的中流砥柱，其对改革发展的认识深度更决定了其工作力度，对于推动企业发展至关重要。

"十五"期间，上航局党委根据中港集团的考核要求，对各下属单位的领导班子进行常规性考核和调整充实，强化对局领导班子的建设。以贯彻《党政领导干部选拔任用工作条例》为重点，按照干部队伍革命化、年轻化、知识化、专业化的方针和德才兼备的原则，扩大考察面，提高透明度，持续优化领导干部选拔机制。抓实抓细领导班子考核，强调重业绩、看表现、听公认，突出考核决策判断能力、市场应变能力、经营管理能力、协调解决问题能力和法制观念，进一步提高干部队伍素质。采用组织部门考核与职代会民主评议相结合，定期考核与日常考核相结合，业绩考核与作风素质考核相结合，干部考核与党组织换届选举相结合的方式，建立完善客观、公正、公开、有效的考评机制，为领导干部的能上能下、优胜劣汰的新型用人机制提供了具体量化、准确可靠的依据。为进一步提高领导班子和领导干部的自身素质和领导能力和水平，2004年，上航局党委开展"如何做让人民高兴、让党放心的好班子、好班长、好干部"大讨论活动，领导干部纷纷撰文畅谈学习体会和感受。

"十五"期间，上航局党委大胆创新干部、人才培养模式，开展领导干部任前公示制度试点，举办领导干部培训班、推行干部轮岗交流制度等。敢于把一大批年轻知识分子快速、有效地培养成业务技术骨干、项目经理乃至领军人物，催生出上航特有的人才培养模式。经由此，大多数基层领导班子在知识、年龄和专业结构上都更为合理，更加符合上航局发展战略的要求。其中，有多人获得了重要荣誉：刘若元获2001年度全国优秀项目经理称号、2004年度上海市"建设功臣"和全国水运建设行业优秀项目经理称号；周显田获2001年上海市"新长征突击手"称号、2002年获上海市"建设功臣"称号。

（三）创新党建工作机制

"十五"期间，上航局党委坚持发挥党组织政治核心作用，以推动发展为己任，为适应全局生产结构的不断变化调整，建立党政领导、党政工团协同联动、党员干部积极参与的大政工格局。党建工作、思想政治工作延伸到工地、船舶和班组，不断完善创新以船舶党支部、项目党组织等不同特色的党建工作建制，逐步形成"心系两头"的党建工作新思路。这期间也涌现出了如中港疏浚公司的"三管一貌"、东方公司"五抓"活动、上航二公司党员责任区制度、洋山深水港与长江口深水航道治理工程项目部的党建联建制度等极具上航局特色的党建工作机制。

同时,"生产发展到哪里,党的组织就建到哪里"的党建制度机制,也不断体现出基层项目党组织在重大工程建设中的政治作用优势。在长江口深水航道8.5米水深恢复维护工程中,项目党组织加强统一指挥和协调,协助行政合理调配施工力量,适时安排船舶设备的技术改造和维修保养,加大科研在项目施工上的指导作用,从而使长江口深水航道自2001年6月以来全面恢复8.5米水深,通航水深保证率月月保持100%,大大改善上海港的通航条件。在多名上航施工人员被渔民围攻的情况下,洋山深水港项目党委冷静化解矛盾,把握大局,全体职工做到服从命令听指挥,"打不还手、骂不还口",赢得事件处理主动权,保证项目平稳推进,受到上海市和浙江舟山当地政府的赞扬。2004年5月3日,巴基斯坦瓜达尔港建设工程发生针对中国工程技术人员的汽车炸弹恐怖袭击事件,为项目稳定推进带来较大挑战。对此,上航局主要领导第一时间奔赴现场,基层、项目、船舶各级党组织也把维护稳定放在"压倒一切"的位置,镇定指挥,措施得力,临危不乱,充分发挥强大的政治优势,显示了应对突发事件时的快速反应机制和处理复杂局面的能力,发挥了党组织的战斗堡垒作用。

2005年,上航局党委进一步加大对局管项目的管理力度,下发《局管项目部党建管理办法》,为促进项目部党建工作提供制度保证。项目部就此也逐步成为上航局人才培养的基地,一批优秀的青年人才不断被推上项目部重要岗位。截至"十五"期末,35岁以下青年职工在项目部领导班子中所占的比例达到56.8%。可以说,通过加强和完善项目部党建工作,上航局基层党建工作的内涵得到大大拓展。

在夯实党组织建设的同时,上航局党委充分利用好组织生活的途径,通过举办辅导讲座、观看专题教育片、参观展览、上党课等多种方式,开展党员教育活动。2005年,公司以"提高党员素质,加强基层组织,服务人民群众,促进各项工作"为目标开展保持共产党员先进性教育活动,以此提高党员素质、促进队伍建设、密切党群干群关系、促进生产经营。同时建立和完善保持党员先进性的长效机制,通过党员先进性教育加强和改进党建工作,促进生产经营,加强企业管理,做到"两不误,两促进"。党支部战斗堡垒作用得到明显加强,党员先锋模范作用得到进一步发挥,涌现出一大批"平时看得出、关键时刻站得出、危难时刻豁得出"的党员。2005年,上海先后遭遇"麦莎"和"卡努"两次台风袭击,广大党员临危不惧,坚守岗位,不怕艰苦,连续作战,确保一方平安。在党员船长的带领下,洋山深水港施工的"航拖1002"勇救8名落水者,是上航局践行党员先进性的典型例证。

(四)加强党风廉政建设

"十五"期间,上航局党委围绕局新一轮发展,加强党风廉政建设,构筑起企业健康发展的防线。这一时期,上航局党委开展形式多样的党风廉政建设教育活动,建立每年两次的党风廉政建设干部大会制度、落实和加强领导干部谈话制度等;加强廉政文化建设,管好干部队伍的八小时内外,在八小时外开展"进单位、进家庭、进人心"的"三进"教育活动;在党政干部中组织《廉政手册》学习和廉政谈话活动;组织基层单位党政"一把手"和局本部有关部室负责人旁听法院庭审;组织参观建设系统廉政书画展。《航道报》根据党委部署要求,及时开设"端正权力观、增强责任感"专栏,基层党政主要领导撰文、畅谈对权力观、责任感的认识。这些行之有效的措施,增强了党员领导干部廉洁从业意识。

二、思想定向:为改革发展保驾护航

"改革"是上航局"十五"期间关乎生存发展的重要议题。这一时期,上航局以市场为导向,大刀阔斧、深度改革,积极推进股份制改造、精简人员、优化调整机构,实现全局生产经营结构战略性调整和改组,全面提高企业竞争力,取得了良好成效。在此过程中,如何处理好改革、发展与稳定的关系?如何及时疏导和化解改革中的各种矛盾,主动适应现代企业制度改革要求和理念?这些都需要上航局党委当好改革"方向盘"与"稳定器"的重要角色,充分发挥党组织政治核心作用,加强党组织对企业改革和发展的全面领导。

"十五"期间,上航局党委坚持从战略全局上思考党建工作,以发展为第一要务,立足企业改革、发展、稳定大局,提出围绕经济抓党建、抓好党建促经济的自我循环党建思路。积极尝试把党的政治优势同运用市场机制相结合，坚持参与企业重大问题决策、参与局重大经营战略的研究和分析、参与局重大投资立项的研究。从2001年起，上航局和基层两级党组织就采用行政每半年向党委汇报工作、党组织负责人参加行政领导办公会议、党政主要领导在重大问题决策前进行沟通等制度，参与企业重大问题决策，更好地围绕企业生产经营和企业发展的中心开展工作。在每一项改革方案出台前，局党委都广泛听取意见，慎重选择改革措施出台的时机；既做好事前的预案和思想政治工作，又做好事后的妥善安排工作，将党建工作由软变硬、由虚向实，与上航局自身的改革、发展、稳定紧密结合，为全局的改革发展工作创造良好稳定的环境。

在此期间，上航局党委明确"心系两头"的党建工作路径，即一头与经济工作相结合，一头与职工的满意度相贴近；把党建工作与企业经济工作结合在一起，把改革的力度、发展的速度和员工的承受度有效协调、统一起来。积极为改革提供思想基础，调查研究为改革出谋划策，化解矛盾为改革排忧解难，开创了上航局党建新思路。2001年，正值东方公司改革关键期，东方公司党委提出"要有一种受挫不馁、遇难不息、自力更生、奋发图强的精神，要有一种厄于困境而自立自强、顽强拼搏的志气，要有一种企业能办好而且一定能办好的必胜信心"。党政班子通力合作，处置40多艘老旧船舶，精简分流1200余人，疏浚从业人员减至千人以内，使东方公司当年成功实现扭亏为盈。同时，在两级党组织耐心细致的思想政治工作助力下，上航局以原九州公司为主体成立中港疏浚股份有限公司，通过建立现代企业制度和进入资本市场，切实转换企业经营机制，积极拓展国际疏浚市场，为我国民族疏浚业的发展壮大作出贡献。面对改革过程中矛盾最深的人员分流问题，上航局党委及时提升再就业服务中心的地位，建立健全党政组织，做到机构到位、班子到位、设备到位、资金到位、措施到位，充分发挥再就业服务中心在人事安排和劳动用工改革中的"蓄水池"和"稳压器"作用。2001年，再就业服务中心承担了1605名职工的基本生活费和缴纳各类社会保险金。同时，以关心人、理解人、帮助人为出发点，

2002年1月15日，上航局召开第四次再就业工作会议，确保改革顺利进行

发挥思想工作、生活保障、职业培介和来访接待四大功能，有效推动分流人员的再就业。在局党委细致工作下，上航局切实做好富余人员安置工作，扎实稳妥地推进企业内部改革，有效保证了企业整体改革的顺利推进。

经过几年持续努力，上航局整体实力明显提升，"十五"规划目标提前实现。根据市场和形势新变化，上航局及时调整原有战略规划，2003年9月下发《上海航道局"十五"滚动发展规划》，以滚动发展之势引领企业进入新阶段，2003年7月1日，上航局第五次党代会隆重召开。中港集团党委书记陈永宽和上海市纪委委员、市建设纪工委书记徐海峰出席会议并讲话，全局共有116名正式党员代表出席大会。会议贯彻党的十六大精神和"三个代表"重要思想，在总结前期发展成绩与经验基础上，确定上航局新时期党的工作目标和主要任务。会议选举产生新一届局党委和纪委，进一步动员全体党员和干部职工抓住机遇、锐意进取，全面开创航道事业新局面。此次党代会的召开为上航局站高一步、看远一步、领先一步，谋划和确立全局发展方向，

2003年7月1日,中国共产党上海航道局第五次代表大会隆重召开

为推动企业经济工作跃上新台阶指明了方向。

"十五"期间,上航局完成自身企业深度改革,实现经济总量高速增长与持续维持稳定发展。这些均与上航局党委创新的党建理念、正确的党建工作定位、细致的工作方式等密不可分,真正为上航局的改革起到"方向盘"和"稳定器"的作用。

三、文化培育:增强企业凝聚力

"十五"期间,上航局围绕"振兴民族疏浚产业"的愿景目标,将企业文化建设同企业生产经营、管理创新和可持续发展紧密结合,精神文明建设的"五个载体"文明单位、文明工地、文明船舶、文明窗口、同创共建等创建活动得到有效开展。以重大工程和重要节点为契机,把一线项目部和船舶作为精神文明建设和企业文化沁润的前沿阵地,多维加强企业文化建设。营造"风正、气顺、情融、向上"的和谐氛围,进一步增强了企业凝聚力,坚定了全局员工为"振兴民族疏浚产业"勇攀新高峰、再创新辉煌的信心和决心。在洋山深水港建设过程中,全体员工积极践行"洋山精神",以不辱使命的负责精神、勇挑重担的拼搏精神、保持本色的奉献精神、求真务实的科学精神、团结协作的大局精神投身上海国际航运中心建设，赋予航道精神新内涵。洋山项目部2002—2004年连续三年荣获上海重点工程实事立功竞赛优秀集体、2004年荣获上海市文明工地称号。

产业报国、奋发有为、团结协作、学习创新、追求卓越的企业精神逐步深入人心，团结、勤奋、严格、开拓的航道精神激励员工爱岗敬业、顽强拼搏，企业凝聚力进一步增强。2004年，王惠民获全国五一劳动奖章；2005年，楼启为获全国劳动模范称号；2001—2003年，赵龙根、徐承侃、樊祥生获上海市劳动模范称号。

2005年，为纪念建局100周年，上航局在居家桥会议中心举办"百年航道"展示馆。展示馆内一件件珍贵的历史展品、图片和船模展示着上航局百年来艰苦创业的历程，展现了企业的实力优势、员工的精神风貌和航道建设新成就，吸引了众多航道职工前来参观，纷纷留言。有位名叫黄金伦的退休职工在留言簿写道："为百年航道事业取得的辉煌成果感到骄傲，来生再做航道人！"12月26日，上航局在上海国际会议中心举行建局100周年大型庆典仪式。时任上海市市长韩正、

2005年12月26日，时任中交集团董事长周纪昌（中）参观"百年航道"展示馆

交通部部长张春贤均发来贺信,祝贺上航局百年华诞。时任交通部副部长翁孟勇,上海市建交委书记甘忠泽,中交集团董事长、党委副书记周纪昌,中交集团党委书记、副董事长陈永宽,中交集团总经理孟凤朝等也向上航局表示诚挚祝贺。

"十五"期间,上航局"以振兴民族疏浚产业为己任",持续深入推进公司制改革,顺利完成全局公司制改造任务,成功实施主业单位的专业化整合,形成以科研设计为"龙头","大耙疏浚、小耙疏浚、陆域吹填、筑堤和地基处理"四大专业板块和"疏浚、填筑"两大专业化组合。关停并转非主营企业50余家,形成了疏浚测量与自动控制、船舶通导与修造、码头服务与油品采供三大主业支持体系,企业发展取得长足的进步。员工结构不断优化,人均劳动生产率快速增长,"十五"期末较期初增长近6倍。"十五"期末,新签合同额达到45亿元,比期初增长近4倍。年营业额和利润总额分别达到35.7亿元和3.4亿元,为"九五"期末的4倍和21倍。总资产和净资产分别达到40亿元和11亿元,均较"九五"期末翻番。踵武前贤,再续新篇。在百年华诞之际,上航局这艘巨轮起锚驶入新的历史起点,以朝气蓬勃、奋发进取的姿态迎接"十一五"。

第三章　乘风破浪　高质发展
（2006—2010）

"十一五"期，是我国改革开放以来经济与社会发展最快的时期之一，也是我国全面建设小康社会承前启后的重要战略机遇期。依托国有经济布局战略性调整与大型国企股份制改革机遇，中交集团作为有史以来全球最大的基建公司 IPO 在香港成功上市，迎来民族疏浚产业承前启后、波澜壮阔的"黄金五年"。在社会转型与全球化大变局中，上航局凭借"十五"跨越发展的良好基础，以"建设国际一流疏浚公司"为目标，积极推动企业向集约化内涵式增长模式转变，开启"稳中快进"发展新阶段。

本章详细勾勒了"十一五"期间，上航局主动适应企业治理结构变化，回应改革发展实践新要求与新问题，积极推进股份公司改制与现代企业转型的鲜活图景。记录五年中上航局锐意改革再出发，在创新经营理念、扩大国内市场份额、践行"走出去"战略、坚持自主创新"国轮国造"等方面的积极探索。追寻上航局以渐进深入的改革破解发展难题，不断提升企业竞争力与影响力的足迹。

第一节 前瞻远见：新开局、高起点

一、形势研判：机遇与挑战并存

"十一五"期，随着全球生产要素和产业转移加快，各国市场间联动日益加深，国际贸易量和港口吞吐量增速保持在每年8%左右的高位水平。由于集装箱运输不可替代的优越性，全球集装箱运输量随之激增2~3倍。超大型化集装箱船舶渐成主流，港口、航道增深与码头泊位延长成为必然趋势。同时，全球各国纷纷加大吹填造地、环保疏浚等方面建设，全球疏浚业迎来新的发展机遇期。

这一时期，国内交通基础建设亦迎来繁荣发展的"黄金期"。为改变我国港口能力不足、疏浚设备超负荷运转的局面，加快交通运输能力建设成为当务之急。国家"十一五"规划中明确提出要积极发展水路运输、完善沿海沿江港口布局，并在《全国沿海港口布局规划》中强调要实现"港口发展规模化、集约化和现代化"的目标。此外，城市化进程的加速，特别是沿海城市的扩张，使得围海吹填工程逐年增多，环保疏浚与海洋资源开发利用也逐渐成为新领域，疏浚业务内涵持续拓展。

与此同时，受经济周期波动交汇期影响，全球经济衰退动荡风险加大，既有世界分工格局受到一定冲击，国内外各疏浚企业围绕资源、市场、技术、人才的竞争更加激烈。欧洲四大疏浚公司凭借国际领先的疏浚技术，承建了60%左右的国际大型工程，国内疏浚企业在国际竞争中仍处于劣势。特别是随着WTO过渡期的结束，国外疏浚公司对国内市场的渗透趋势加快，国内疏浚企业遭遇更大竞争压力。国内民营疏浚企业的逐渐壮大，也在一定程度上抢占了国企原有市场份额。

战略机遇与竞争挑战并存的新时期，上航局面临的不再是困中思变的艰难求索，而是在经历"十五"期高速增长之后，如何保持领跑者的广阔视野，实现企业平稳较快发展，巩固市场优势的更高挑战。

二、崭新格局：中交集团重组上市

"十一五"期，我国国有经济布局战略性调整与大型国企股份制改革的步伐大大加快。国家支持和鼓励中央企业联合重组，培育一批具有影响力、代表性和国际竞争力的国有企业主力军，推动国有资本向关系国家安全和国民经济命脉的重要行业与关键领域集中。在此背景下，拥有110余年光辉历史、为我国交通基础设施建设和发展作出重要贡献的中港集团，顺理成章地进入央企重组计划名单。

2004年中港集团推出"同舟项目"，在集团内部先行重组并推动尽快上市，为国家保留港航疏浚等行业的骨干力量。然而，针对中港集团与行业领先企业差距较大、产业链尚不完善，且与路桥集团同业竞争日趋激烈等状况，国资委在综合考量与多次讨论后，从更高、更广阔的层面布局和推进重组事宜，决定由中港集团与路桥集团合并重组为一个新集团。2005年，中港与路桥两个集团重组事宜陆续展开，7月12日，经报国务院批准、国资委正式同意设立"中国交通建设集团有限公司"，同时保留"CHEC"和"CRBC"两个品牌，并按照现代企业制度要求组建"中国港湾工程有限责任公司""中国路桥工程有限责任公司"两个具有子公司地位的新公司。2005年12月18日，"中国交通建设集团有限公司"（以下简称中交集团）揭牌仪式在人民大会堂隆重举行。中交集团的成立是央企改革发展史上的伟大创举，实现了国内交通基础建设行业的优化重组，重塑了市场格局和竞争态势，为交通建设事业发展注入更强大的动能。作为中央大企业集团和我国交通基础建设的"国家队"，重组后的中交集团规模更大、实力更强，在国内外市场竞争力和影响力进一步提升。

2006年3月，为顺利推进集团重组改制、尽快实现整体上市，中交集团正式启动"龙成项目"。这是一次自上而下的改制任务，时间紧、任务重，且没有整体上市先例可供借鉴。上航局积极配合推进，明确改制目标，出台改制操作指引和程序。根据改制方案，上航局共有27家法人企业进入上市范围，其中有10家已改制企业直接进入，17家企业需经公司制改革后进入，另有8家法人单位需要办理注销，东方公司和航道医院在完成法人注销后纳入局内部管理机构范围进入上市范围。

依托"龙成项目",上航局顺利完成了业务重组。改制后的新公司及其下属企业延续了原上航局及下属企业所持有的相关业务资质,局及下属企业的业务合同不变。基于整体重组的原则,上航局的资产全部进入新公司(集团公司指定剥离的资产除外)。同时,还进行了债务重组和人员重组等工作,办理相关单位国有产权划转工作:航标厂、备件公司划转到改制后的局航道装备工业公司;仓储公司划转到船运公司;航道房产公司划转到上海交建公司;上航局再就业服务中心建制撤销,党总支也同步撤销。本部员工共计1853名(包含内退、下岗、离退休人员)进入新公司,继续履行改制前的劳动合同。上航局股权结构发生变更,股东为中国交通建设集团有限公司,持股比例100%。同时,根据集团上市办《关于中交集团所属企业名称规范有关问题的通知》精神,结合上航局实际情况,局及下属改制企业报经工商管理部门登记注册后,核准了新名称(见附录二)。

2006年10月13日,"中交上海航道局有限公司"正式挂牌成立。12月,上航局召开了"龙成项目"工作总结会,上市改制工作顺利结束。2006年12月15日,中交股份在香港联合交易所成功上市,一次性募集资金24亿美元,创造多项发行纪录,成为我国基建类企业资产整体上市的先例。

依托"龙成项目",上航局实现了自身企业结构的重新梳理,成功完成股份公司改制,开启现代企业的转型之路,企业治理结构也随之发生根本性变化:建立董事会、监事会、经营层各司其职的法人治理结构;公司下属形成全资子公司、控股子公司、参股子公司、分公司和内部独立核算单位五种模式;企业运作的理念、思路、方法和流程均发生重大变化。

站在中交集团重组上市与自身企业改制成功的历史新起点,如何尽快适应集团和自身发展规模扩大与治理结构变化的新要求,有效解决与企业发展需求相适应的管理、经营、技术、人才、装备以及其他方面不足的矛盾,实现从高速发展转向内涵式、高质量的平稳较快发展,

2006年10月13日,中交上海航道局有限公司董事长、党委书记宗源远,总经理、党委副书记顾为同和公司领导班子成员在揭牌仪式上

成为上航局在"十一五"期间需要着重考虑的问题。

事实上,上航局在自身企业发展过程中,始终根据发展状况灵活调整自身的总体发展战略:"十五"期初,面对改革发展的新形势,上航局采取"稳中求进"的战略,通过资产重组、结构调整和体制改革,建立现代企业制度,增强市场竞争能力,实现持续、稳定、健康发展;至"十五"期末,为保持企业工作的延续性和稳定性,上航局采取加快产业结构调整,着力做强疏浚、填筑主业,推动主业战略拓展,实现企业"稳中快进";到"十一五"时期,在坚持"十五"成功经验和顺延前期企业改革成就基础上,上航局以对形势的清醒判断和强烈的忧患意识,积极探索转变发展观念、创新发展模式,努力做到"加快转变增长方式,加快主业战略延伸;确保经济稳定增长,确保改革平稳推进"的"二快二稳"。

2007年3月,经上航局十九届一次职代会审议通过,上航局印发《中交上海航道局有限公司"十一五"发展规划》(以下简称《规划》)。《规划》在发展思路上保持与"十五"规划紧密衔接同时,更加强调与时俱进，凸显三个"高度关注"：高度关注疏浚和填筑市场环境的新变化，高度关注国家宏观调控政策，高度关注企业承前启后新特点。在《规划》中，上航局明确提出企业发展十大战略举措：保持企业改革、发展、稳定互为促进、良性循环态势；强力推进"五个一"市场营销主战略；调整装备结构，建设一流船队；调整队伍结构、造就高素质员工队伍；增强自主创新能力，构建技术创新体系；完善治理结构，规范企业治理；扩大海外市场份额，预备和提升国际竞争力；推动信息化应用，提高生产和管理效率；优化资金配置，控制财务风险；丰富企业文化内涵，强化企业文化实践。《规划》奠定了上航局新时期"稳中快进"的发展基调，强力开启"十一五"征程！

第二节　持续改革，稳步前进

跨入"十一五"，中交集团继上市后确立了进入建筑业"排头兵"行列、挺进世界500强、建成国际一流跨国公司的奋斗目标，同时被国资委确定为在大型国有独资公司建立和完善董事会试点单位，集团深化改革进入新阶段。这为上航局新一轮发展提供了强有力的政策与体制支持。

沿袭"十五"企业改革成果，上航局在"十一五"期间以科学发展观统领全局，转变发展观念、创新发展模式、提高发展质量，以转变经济增长方式为主线，持续推进企业改革。对外加快调整市场格局，不断提高组合社会资源能力：一是调整资产结构布局，基本改变经营性资产一头沉的状况；二是调整业务结构布局，基本改变主营业务结构单一的状况；三是调整市场结构，拓宽视野、把握机遇、配置资源、谋求发展。对内不断推进企业结构调整与"三项制度"改革，优化资源配置与企业管理水平，尤其将人才与科技作为企业内涵提质的发力点，以尽快适应新时期市场与企业转型要求。通过体制创新、管理创新、科技创新，全面增强企业核心竞争力，实现企业高质量快速发展。

一、聚焦主业：培育国内龙头企业

迈入"十一五"期，按照有利于国有资产保值增值、有利于企业发展和体制机制创新的原则，上航局在继续夯实"一个龙头、四大板块"的主营业务结构布局基础上，以提高发展质量与效益为核心，加快产业结构调整，着力做强疏浚、填筑主业，深化四大主业板块体系和功能建设。同时，为应对市场对提升企业技术创新能力的更新要求，上航局加快集约化发展之路，进一步凸显设计科研的龙头带动作用，不断增强主业科技含量，将勘察设研公司的设计龙头作用和四大专业板块强大施工力量有效结合，彻底转变了传统疏浚填筑业是低端产品的观念，大大提高了企业核心竞争能力。作为企业提质发展"龙头"的勘察设研公司和承担主业板块的中港疏浚公司、东方公司、上海交建公司和上航建设公司四大子公司，这一时期均按照上航局总体部署持续推进改革工作并取得了突出成效，为成为装备和技术领先的同行龙头企业发挥了重要作用。

"十一五"期，随着市场快速拓展与工程复杂程度加大，上航局的技术创新能力亟需持续提升。勘察设研公司作为前端设计咨询企业，以其天生的"技术"基因，整合科研、勘察、设计、施工力量，在加快科技成果应用方面持续突破，逐步成长为名副其实的创新研发"龙头"企业，为上航局的可持续发展插上了起飞翅膀。五年中，勘察设研公司抓住市场机遇关键时期，坚持"设计与施工联动"的方式，从设计工可提前介入到施工关键技术难点攻克，为上航局重点工程项目提供了全过程强有力的技术支撑和保障。如在长江口深水航道治理三期工程建设过程中，勘察设研公司通过科学分析和论证，提出YH101减淤方案，有效解决回淤问题，攻克了一大技术难题，保证了工程的顺利实施；在上海市重大民生工程青草沙水库建设过程中，在局总工程师室的指导协调下，多部门联合攻关，针对800米龙口合龙的技术难题，创造性地提出"框笼截流"方案，开创水利史上超大龙口合龙的技术先河。勘察设研公司参与设计的洋山深水港区一期工程先后获2007年交通部水运工程优秀设计一等奖、2008年度国家优质工程银质奖和全国优秀工程勘察设计银质奖。五年中，勘察设研公司共完成产值10.07亿元，是"十五"期产值的2.59倍。

这一时期，上航局集中自主研发平台的建设与培育，构筑当时行业内最具规模和影响力的实验室与国内最大、设备最齐全的疏浚技术研发高地。2009年5月，上航局以勘察设研公司为主体成立技术中心并正式挂牌，以此整合全局科研与试验资源，进行前瞻性、战略性重大技术专项研究。同年11月，交通运输部办公厅认定"中交疏浚技术重点实验室"为"航道疏浚技术交通行业重点实验室"。2009年11月25日上航局技术中心获批成为上海市第十五批企业技术中心。2010年11月11日，技术中心被正式认定为国家级技术中心。依托研发高地，上航局围绕国家重大工程建设和行业发展需求，完成相关科研项目200多项，取得一批国家级、省部级奖励和大量专有技术成果。其中国家级奖励6项、发明专利27项、成果纳入标准规范3项、计算机软件著作权14项。从技术借鉴到自主创新，凭借勘察设研公司强大的研发能力与雄厚的核心技术支撑，上航局不断抢占疏浚技术竞争制高点，带动提升了我国疏浚行业整体自主技术研发创新的水平和能力，"科技兴企"战略成功实现突破式发展。

中港疏浚公司作为全国第一家为疏浚和治理长江口深水航道而设立的专业性基建单位，"十一五"期继续承建长江口深水航道治理三期工程。在交通运输部、长江口航道管理局的大力支持下，中港疏浚公司以疏浚旗舰"新海龙"作为主力，汇聚了国内四大航道局和民营企业共23艘施工船，形成超强的施工阵容，保证长江口深水航道12.5米水深全线贯通，助力"江海联运"的优势进一步加大。2007年6月，中港疏浚公司承建的深圳港铜鼓航道工程通过竣工验收，该航道的建成使用，对促进深圳西部港区发展和深圳港整体吞吐能力的跃升具有重要意义。同年10月，中港疏浚公司承建的广东湛江港30万吨级航道工程顺利交工验收，该工程是国家"十五"计划重点项目和广东省重点工程。在"西煤东运"跨世纪特大项目的重要配套工程——黄骅港疏浚工程中，中港疏浚公司坚持"五个一"营销主战略，相继投入以"新海牛"为主力的9艘大型耙吸挖泥船，八年坚守，打响了公司品牌。其间，中港疏浚公司在承接境外大型工程项目方面也取得了突破，相继中标尼日利亚工程、安哥拉工程、巴西亚苏和桑托斯工程，为上航局深入推进国际化经营策略积累了丰富的实战经验，作出重要贡献。"十一五"期末，中港疏浚公司年产值达30亿元，总资产43.89亿元。

东方公司紧紧抓住"十一五"期发展机遇，不断拓展施工领域的同时积极调整内涵业务结构，倾力向工程大型化和超大型化方向进军。公司参与了洋山深水港陆域吹填、长江口三期航道疏浚土处理、天津临港工业区陆域吹填、曹妃甸工业区开发、大连长兴岛临港工业区陆域吹填等国家战略性重大工程建设，在市场上站稳脚跟、赢得声誉。在疏浚装备方面，东方公司与时俱进，处理了一批老旧船舶，先后投资新添"新海鳄""新海燕""新海鸥""新海鲛"等大型船舶，大幅提高企业疏浚生产能级，提升经济效益的同时也促进节能减排，步入可持续发展的良性循环。与此同时，东方公司在科技创新方面亦取得骄人成绩：完成和开发的科学技术项目共五大类16项；9项科技开发应用项目获得局级（含局级）以上科技进步等级奖；施工工艺、信息系统、创新应用类技术项目均得到有效开发，科技创新动力强劲。"十一五"期末，东方公司完成年产值从"十五"期末的7.38亿元增长至38亿元，公司疏浚生产经营格局取得长足突破。

上海交建公司以承建重大工程为契机，实现企业跨越式发展。五年中，公司积极做大主营业务，同时向码头、地基处理、道路市政等领域拓展延伸。共参与和承建了69个项目，包括青草沙水库工程、洋山深水港围堤吹填工程、天津临港工业区二期围海工程、长江口深水航道治理三期工程减淤丁坝调整工程、冀东油田人工岛工程等。上海交建公司适应市场需求，建造"交通建设一号""交通建设四号""交通建设七号""交通建设八号"4艘铺排船，并对老旧船舶进行淘汰处理，设备能力提升显著。同时，在科技创新方面不断探索核心技术，完善自主工艺体系，参与编写国家级工法"沿海滩涂袋装砂筑堤铺设及龙口合龙施工工法"、集团级工法"坐滩静力压桩连续沉桩施工工法"等。"十一五"期末，上海交建公司年产值从"十五"期末的5.26亿元增加至22亿元，劳动生产率等各项主要指标均创历史新高。

上航建设公司始终紧抓创新发展，努力从单一的传统疏浚产业向"大港航"转型，延长产业链，积极拓展新业务领域，逐渐形成"疏浚、围海成陆、结构、市政、海外、勘察测绘"六大业务板块的发展思路。五年间，上航建设公司承建了百余个工程项目，如宁波三江河道清淤工程、国内首条30万吨级航道——浙江舟山虾峙门口外30万吨级航道疏浚工程、宁波梅山保税港区集装箱码头陆域基础工程等。值得一提的是，承担温州民营经济科技产业基地滨海园区丁山垦区吹填及软基处理工程时，在多家老牌参建企业放弃项目施工情况下，上航建设公司勇于挑战，出色地完成了施工任务，在地基处理领域闯出了新天地。

此外，上航建设公司在海外市场逐步建立起鼓励员工"走出去"的战略管理体系，在职级晋升、薪酬、休假等方面出台制度措施向海外人员倾斜。参建的巴基斯坦瓜达尔深水港疏浚、阿根廷拉普拉塔河航道维护等工程得到业主高度肯定，为上航局"大海外"战略作出积极贡献。为了适应市场经营，上航建设公司积极争取资质升级、增项资质申报，2008年取得港口与航道施工总承包一级资质，2010年11月取得市政公用工程总承包三级、地基与基础工程专业承包三级资质。在上航局支持下，上航建设公司五年间先后投资建造3艘3500立方米/时绞吸挖泥船"新海鲲""新海狼""新海鲤"，以及4200方耙吸挖泥船"航浚4012"，改造和处理了一批老旧船舶，生产效率和装备适应能力显著提高。"十一五"期末，公司年营业额达到20亿元，为"十五"期末的7.8倍，总资产和净资产分别达到20亿元和8.7亿元，为"十五"期末的5.9倍和9.5倍，迈入大型企业行列。

主业资源整合与相关局属公司改革的深入推进，创新了上航局主业经营模式，完善了全局主业领域结构布局，为不断巩固和扩大上航品牌优势，以规模效应逐鹿市场奠定良好基础。

二、完善支持：提升服务主业功能

（一）推进主业支持系统改革

进入"十一五"，上航局继续推进主业支持系统的改革，围绕主业配置资源深化与企业发展相配套的装备工业、疏浚测量与自动控制、码头服务与油品采供等主业支持体系建设，发挥各单位专业特色，加快装备工业公司、航道物流公司、达华测绘公司和航道医院的发展，不断提升服务主业的功能。

装备工业公司自2006年9月28日重组成立后，明确了"服务保障、面向市场"的发展定位，并沿着"调整改善布局、集聚优化资源、突出做强主业、板块统筹协调"的发展思路，深化公司体制机制改革、优化资源配置，发挥主业服务保障职能：在"青草沙一号、二号"铺排船建造工程和截流框笼设计制造项目中，为青草沙项目按期完成提供设备保障；成功维修"新海凤""航浚5002"等一批重点船舶，确保长江口12.5米深水航道的顺利开通；北方船舶修理部的建立为曹妃甸项目部的船舶维修做好后勤保障；泥泵、高压冲水泵、艉吹等部件的设计制造为上航局疏浚船舶的升级换代给予支持。"十一五"期间，装备工业公司紧紧跟随国内外疏浚设备发展趋势和前沿技术，进行一系列的创新研发，实现了泥泵、绞刀等疏浚设备的系列化设计生产能力，并且与上航局重点实验室联合开发30 000方模型泵实验平台项目，提升了企业的技术实力。2010年10月，装备工业公司首次向我国台湾地区输出了自行设计制造的大型成套疏浚备件——ZB179-900泥泵。"十一五"期间，装备工业公司累计实现总产值达9.63亿元，2010年完成产值2.51亿元，是2005年的3.68倍。

航道物流公司于2006年11月13日正式揭牌营运，为适应上航局参建国家级和省市级重大工程需要，满足船舶的燃油需求，坚持以油品供应为"龙头"，码头管理和代管船舶为"两翼"的经营战略，努力开拓对外经营业务。针对国际国内油品市场价格波动异常状况，航道物流公司与中国燃油供应总公司建立合作伙伴关系，构建起油品供应网络，做到了统筹资源与降本增效。公司坚持走低成本扩张之路，先后建造两艘符合上海市油品运输Ⅱ型（双底双壳）环保要求的供油船，购置了一艘3500吨级储油船，整体储运能力达5000多吨，形成了集采购、运输、仓储、供应为一体的装备体系。2009年，航道物流公司与中港疏浚公司合作的"船用4#及180#燃料油混油研制项目"达到国内领先水平，该项目一年为施工船节约燃油成本超770万余元。

"十一五"期间,航道物流公司燃油供应量从2006年的8.52万吨攀升到2010年的22.86万吨,营业收入从2006年的2.99亿元上升至2010年的12.386亿元,为全局的施工船提供了优质经济的燃油。

达华测绘公司是上航局重要的主业支持体系之一,为全局施工工程测绘和疏浚设备的自动化提供保障。2004年,为满足中港疏浚公司上市业务完整性的需求,上航局将达华测绘公司的65%股权出让给中港疏浚公司。2007年,上航局决定回购达华测绘公司65%的股份并对其增资,将其变更为一人有限公司。达华测绘公司注册资本由450万元增加至2000万元,由上航局100%控股。改制后的达华测绘公司成为上航局下属的技术密集型服务保障企业。"十一五"期间,依托疏浚主业拓展延伸的跨越式发展平台,达华测绘公司确立了"打造核心技术、创建优质企业"的目标,在升级疏浚船舶自动化监控系统、疏浚软件研发和信息化管理等技术领域取得初步成果,逐步形成工程测绘、疏浚自动化设备、信息化管理软件研发三大产业经营格局。2009年,达华测绘公司被评为上海市高新技术企业。为满足主业延伸需求,达华测绘公司多方向研发测绘科技前沿技术,其中,多波束测量设备引进和技术改造、海上定点验潮系统、走航式适航水深测量系统应用研究等8项技术成果应用于工程现场,为航道疏浚、围海造地、地基处理等项目提供基础数据,保障项目顺利进行。达华测绘公司主动承担起"疏浚软件"这一"十一五"期核心技术重点攻关项目,在两年多的时间内完成了疏浚监控系统的软件研发和平台构建,并在多艘船舶成功应用。至此,上航人真正拥有了具有自主知识产权的疏浚软件。五年间,达华测绘公司总产值由2006年的5458万元增长到2010年的1.5亿元,实现经济效益平稳增长。

"十一五"期间,航道医院健康稳定发展,医疗服务质量稳步提升,并在此基础上服务上航局主业。航道医院根据各单位和不同地区项目部的需求合理安排健康体检,每年组织医疗小分队赴曹妃甸、天津、黄骅等工程项目部,为一线员工体检,送医送药。五年里提供健康体检服务21399人次,航道医院医疗小分队被评为上海市文明班组。为保障海外员工的健康,航道医院派遣医务人员分赴安哥拉、尼日利亚等项目部提供现场医疗体检服务。此外,航道医院还尽力做好离休老干部的医疗保健工作,选派专人努力做好服务,对有手术、治疗等需求的航道职工,尽力帮助联系市级专科医院,以解决他们的后顾之忧。为增强全局职工预防保健意识,倡导健康的生活方式,航道医院组织编印航道职工健康手册,并开通航道职工健康网站,方便职工查询体检结果、开展卫生宣教。航道医院的医疗业务收入从"十一五"期初到"十一五"期末同比增长86.56%;床位使用率从"十五"期末的109.67%到"十一五"期间平均使用率127.84%,同比增加16.57%,经济效益逐步增加,职工收入稳定增长。

(二)上海航标厂配合世博搬迁

2003年7月9日,中港集团发布《关于上海航标厂并入上海航道局有关问题的决定》,明确上海航标厂(以下简称航标厂)全部国有资产无偿划转上航局,党的组织关系整建制划转至上航局党委。自此,上航局对航标厂的生存与发展承担起了领导管理责任。

多年来,航标厂由于负担较重、管理体制落后、人员结构不合理等多重原因,始终无法扭转亏损局面。2002年,上海申博成功成为航标厂改革推进的"东风",为其提供了自身资源重组的关键机遇。这一年,上海世博会事务协调局对申博场地规划范围进行调整,确定动拆迁范围,涉及浦东新区、黄浦区、卢湾区等共6个街道、18个居委会。园区红线范围内动拆迁居民18 265户、各类企事业单位共447家,其中中央企事业单位18家,位于浦东上南路的航标厂亦在其中。动拆迁工作从2004年6月开始至2009年3月完成,18家央企则要在2007年1月全部完成签约。这是浦东开发开放以来规模最大、范围最广、难度最大、时间最紧的一次动迁。

2005年8月29日,航标厂与世博土地储备中心就2010年上海世博会场址范围内国有土地使用权收购补偿达成一致并签约。为顺利完成这一重大任务,航标厂在上航局领导下确定了企业整体搬迁松江分厂和"人人有岗位、交通有安排、收入有提高"的总体工作思路,在全厂开展"经受搬迁整合工作考验,发挥党员骨干示范作用"主题活动。

上航局通过对航标厂和装备工业公司业务和人员的整合，调整了航标厂的发展方向，在保持原有航标业务的同时，增加支撑主业的疏浚装备业务。2006年6月12日，航标厂向世博土地储备中心移交浦东上南路厂区地块。在职员工根据企业统一安排，有40余名职工分批到松江分厂工作，有5名职工应聘草镇船厂工作，有15名职工选择与企业协议解除劳动关系，另有5人选择离岗。为了保证企业搬迁期间生产经营的连续性，航标厂还对所属松江分厂的厂房设备分别进行改建和修缮，基本满足了两个厂生产、生活和管理工作的需要。

在事关国家荣誉的世博动迁行动中，上航局坚决以国家利益为重，自觉摆正国家、企业、个人三者的利益关系，顾全大局，克服困难，圆满完成搬迁任务。同时，以申博提供的土地置换动迁为重要契机，航标厂与所属松江分厂顺利整合，实现"一套班子、两块牌子"的资源重组与生产结构调整。通过土地置换，航标厂获得体制改革需要的大部分资金支持，缓解了企业改制资金不足的难题，为改制创造了有利条件。

三、内生活力：深化三项制度改革

"十一五"期间，为激活企业内生活力与效率，完善市场化的激励约束机制，上航局继续深入推进三项制度改革：持续优化人才队伍结构、探索创新人才选拔机制、推进多种用工方式并存的用人机制；以造就高层次、高技术、高技能人才为重点，落实针对性强、实效性好的培训与培养措施，着力培养一批涵盖各主要专业的技术带头人；完善企业薪酬分配和激励机制、激发员工活力，努力实现企业发展愿景与员工个人价值的有机统一。

（一）优化人才队伍结构

上航局人力资源管理工作虽然在"十五"期间取得了突破性进展，但人力资源现状与新时期企业发展定位比较仍存在着诸多不适应，集中体现在"年龄结构、文化结构、层次结构"等方面：人才总量不够、储备不足；年龄结构不尽合理，46岁及以上年龄段员工过于集中；员工队伍文化层次不高，在岗员工中大专及其以上学历只占 27.2%，特别是高学历员工比例偏低；经营管理、专业技术、高技能人才依然紧缺，核心人才和领军人才更是稀缺，员工综合素质尚需提升。"十一五"期，上航局坚持"以人为本"的人力资源管理开发理念，不断完善人力资源管理基本制度和机制，优化员工结构，全面提升员工素质，重点造就一批复合型、高层次核心人才，为企业可持续发展提供了智力支持和人才保障。

这一时期，上航局大力引进各类人才资源，规划统筹各专业之间的人才资源配置，逐步使企业员工队伍学历、职称、资质等要素配置比例满足企业发展需要。除每年引进 20~30 名社会成熟人才外，按照"大专为起点、本科为主体、研究生以上学历占一定比例、部分水上专业控制少量中专生"的招生原则，每年招收 150 名左右应届毕业生，由局统一安排进入有关单位进行设计、疏浚、填筑等专业轮岗实习和锻炼，为新进员工的成长和发展搭建平台。按照"坚持标准、综合平衡、统一对外"的招工原则与程序，每年新招外省市从业人员 80~100 人，每年选拔 30~50 名劳务工为培养对象，在短时间内形成一支劳务工骨干队伍，一定程度上缓解了劳务工较为短缺的状况。"十一五"期，全局累计引进应届大学毕业生 911 人，社会成熟人才 106 人，新进操作岗位员工 1128 人，为各类人员办理退休手续 1447 人，与离岗及协保人员协商解除劳动合同 242 人。截至 2010 年 12 月底，上航局在册员工 4105 人，派遣员工 1340 人。通过建立灵活的人才准入与退出机制，上航局人才队伍结构提质明显。与"十五"期末比，在册员工队伍规模下降 21.8%；在岗员工中，大专及以上文化程度的 1975 人，占在岗员工的 51.3%，较"十五"期末上升 24.1%；具有中高级专业技术职务任职资格的有 1169 人，占在岗员工的 30.4%；45 岁以下的员工 2064 人，占在岗员工的 53.6%，较"十五"期末上升 8.3%。队伍后续培养潜力投入产出优势得到持续增强，人才队伍的结构渐趋合理。

（二）完善人才培养机制

"十一五"期，上航局提出了"强基础、抓骨干、推拔尖"的人才培养思路，制定下发《人才引进、培养、使用工作指导意见》，启动并实施《首席制、优选制、等级制实施办法》，推动实施《建造师考证、培养、使用工作指导意见》。基础人才、骨干人才、拔尖人才的选拔培养体系逐步健全。

对专业基础人才的跟踪考核工作，是这一时期上航局人才工作的重点。每年选拔30~50名基础人才骨干放到重要岗位重点项目上，通过实践锻炼、交叉任职、加强培训等方式进行重点培养。注重员工潜能开发，积极创造条件加快"职业项目技术管理骨干队伍"培养步伐，进一步落实好基础人才队伍建设的各项措施。"十一五"期间，举办项目管理人员培训班5期，培训105人，培训对象均为公司和基层各项目部的管理和技术骨干；举办境外商务人员培训班4期，培训学员57名，培养了一批"学历高、年纪轻、业务精、外语基础好、市场开拓能力强、工程管理水平高"的境外合格人才，满足企业实施海外战略需要。

先后制定下发《"十一五"职工教育培训规划》，《"十一五"后期管理人员、专业技术人员，高技能人才培训实施方案》，坚持"针对性、系统性、有效性"的原则，做好经营管理、专业技术、高技能人才、船舶骨干四支人才队伍建设，围绕企业发展需求，公司坚持在培训内容、培训形式上改革创新。如举办工商管理（MBA）核心课程，国际疏浚工程风险管理、礼仪知识、中外思维差异、BT/BOT项目运作知识等专题系列讲座，组织耙吸和绞吸挖泥船模拟仿真器培训，软土地基处理、一级建造师考前培训等一批重点培训办班项目，为培养高素质员工提供有力保证。

五年里，上航局共计培训员工约5000人次。先后组织举办国际通行规则系列讲座11期，参训人数达340人次；疏浚、吹填、堤筑、测量等专业工程技术系列讲座27期，参训人数达710人次；并与浙江大学、河海大学建立战略合作关系，分批选送29人参加工程硕士研究生培训学习。举办一级建造师考前培训班9期，培训人数227人；举办航道工程疏浚质检员、施工员、材料员、预算员、安全员"五大员"培训班17期，培训281人次，有力确保公司施工资质。分别举办船舶机工、工程船舶水手以及值班机工、水手、航道测量工等级工培训共 27 期，培训 676 人次，切实提高员工的岗位实操能力。举办新进公司大学毕业生培训班 5 期，培训人数达 899 人，使新进员工能在较短时间内融入企业、服务企业。

截至 2010 年年底，全局一级建造师、造价师、监理工程师等职业资格持证人数 236 人；自航、非自航船舶高级船员持证人数 968 人；项目管理"五大员"证书持证人数 475 人；高级工以上高技能人才持证人数 225 人。有 162 人具备一级建造师任职资格，持证人数较"十五"期末增长 88.4%。新老接续工作平稳，新生力量成长迅速。

（三）推进薪酬制度改革

企业员工薪酬水平既是企业综合实力、人员结构、企业文化、劳动力市场价格的重要体现，也是促进资源有效配置、推动生产发展的重要杠杆。"十一五"期间，为保障新时期企业发展目标顺利实现，上航局不断推进薪酬制度改革，对既有薪酬分配方式进行适当调整，进行了诸多有效尝试：两度编制《主要岗位薪酬梯度框架》，引导两级单位合理规划、动态调整岗位分配标准，形成分配引导机制；制定下发经营者、境外人员等 7 个分配办法，体现岗位差异、相对独立、分别考核的薪酬分配体系初步形成；推动实施经营者绩效考核工作、项目部零效益承包及工程节点、工程成本考核工作；试行开展以营业收入、利润、合同额为主要指标的工资总额考核奖励；重点推进针对经营开拓、应收款催收的单项考核奖励；收入分配逐步向重点领域、关键岗位倾斜。在此框架下，首先对所属单位负责人的薪酬管理进行改革，针对之前各单位负责人年收入发放制度比较粗放等问题进行规范化管理。其次，对陆上管理人员薪酬分配方案做出调整，在岗位序列中增设三级主管序列，调整岗位薪点，不仅解决了各单位部门中业务骨干的上升通道和待遇问题，也有利于培养新人。此外还修订船员的薪酬办法，调动了船员工作积极性。

由此，上航局以市场化为导向的薪酬分配机制初步建立。薪酬制度的改革确立了各专业板块、各岗位同类人员薪酬水平目标，有利于协调、均衡各单位各岗位薪酬水平，达到一个更加公平、合理的水平，薪酬梯度目标的制定，有利于合理分配各单位工资总额，控制人工成本。根据全局的发展重点调整薪酬分配重点，使薪酬分配更好地体现向重点项目、重点船舶、重点岗位倾斜的原则，为企业发展战略服务。2010年，全局人工成本占企业总成本的比重为8.8%，比2005年下降11.8%；员工劳动生产率达到288万元／人，是2005年的4倍；百元人工成本实现营业收入1257元，比2005年增长1倍；百元人工成本实现利润134元，比2005年增长0.7倍；在册员工收入稳步提高，成本投入总体有效。

（四）创新用工制度模式

"十一五"期，上航局积极创新人事选拔机制、拓宽人才渠道，不断完善人力资源管理基本制度，基础人才、骨干人才、拔尖人才培养体系初步形成，首席制、优选制、等级制顺利实施，逐步构建出管理、技术、高技能、船舶四支队伍的员工职业发展顺畅通道，逐步形成规范、创新、有活力的市场化用工管理模式，有效实现人才队伍结构优化和素质提升。

全面推行员工竞聘上岗制度，有效扩充干部人才队伍。在中层领导干部选拔任用中，大胆引入竞争机制、完善干部选拔交流轮岗制度，建立能上能下、能进能出的良性循环机制，激发领导干部干事创业、争创一流的积极性和主动性。2008年，局党委对局本部有关部门副职岗位实行竞聘上岗。在竞聘过程中坚持"公开、公平、公正"原则，经过层层筛选，8名竞聘优胜者从27名竞聘者中脱颖而出。仅2009年一年，局党委就从德、能、勤、绩、廉入手，直接从生产一线选拔了12名年轻干部担任局管项目副职。这种公开竞聘的形式，拓宽了干部选拔的视野，也在干部队伍中营造了求真务实、真抓实干的良好氛围，同时保证了职工群众对干部使用的知情权、参与权、监督权。同时，上航局通过实施轮岗、交流等方式，把素质好、学历高、具有发展潜力的年轻干部放在基层一线、艰苦岗位和复杂环境中接受磨炼，以加快干部成长。一批年轻同志走上关键岗位，干部年轻化特点鲜明。

"十一五"期末，全局中层以上管理人员共118人，大专以上学历占93.22%，其中大学本科以上学历占72.88%；中级以上职称占96.61%，其中高级职称占67.8%，教授级高工占5.93%；中共党员占92.73%。同时，在二级本部管理人员竞聘上岗、操作人员竞争上岗的基础上，逐步在船员和项目部员工中开展竞聘（竞争）上岗工作。根据不同板块、管理层次和企业发展定位，确定相对统一灵活的机构设置、岗位职数、岗位序列及其竞聘上岗办法，把合适的员工选配到合适的岗位，有力促进人力资源优化配置。

探索建立专业技术岗位"首席专家"选拔制度。为激发科技人员的积极性，培育稀缺性高层次人才，上航局采用"先试点、后推开"的方法，先在科研、疏浚、填筑、设备、测量等专业技术领域选择部分技术岗位试行"首席制"，在取得经验、并逐步完善后，再在各领域推开。按照"公开、公平、公正、突出业绩、好中选优、同等条件下年轻员工优先"的选拔原则，确定首席专家，列入行业领军人才培养名单，给予相应待遇，优先提供前沿培训与深造机会。通过几年的努力，成功激励一批"素质优秀、技术拔尖、行业知名、满足企业快速发展需要"的专业领军人才脱颖而出。截至2010年年底，拥有国家级科技人才1人，集团"三优"人才13人，公司首席专家7人，国家级优秀项目经理人13人，国际项目经理持证人员26人，为全局可持续发展积蓄了宝贵的支撑性资源。

坚持全员劳动合同制度。上航局在"十五"的基础上继续以劳动合同管理作为员工管理的基本制度，全面贯彻劳动合同法，积极探索不同类别、不同层次员工科学、合理的劳动合同期限。建立"能进能出、合理流动"的人员动态管理的良性循环系统，盘活劳动力存量资源，鼓励有能力的离岗员工重新上岗，做好特殊工种提前退休及协商解除劳动合同工作。

"十一五"期间，上航局在优化人才队伍结构、完善人才培养机制、推进薪酬制度改革、创新用工模式等方面均取得长足进步。2006年，荣获全国和谐劳动关系优秀企业。"十一五"期末，上航局人才队伍规模适度。与2005年相比，在营业收入增长3.6倍，新增船舶20

艘的情况下，员工总量持续减少，从在册员工8700人减少至4000人左右，有效盘活了存量劳动力。员工收入持续增长，2010年劳动生产率达288万元/人，为"十五"期末年的4倍。人才管理体系得到优化升级、人才培养体系初步形成、人才队伍内生增长动力不断提高，为上航局可持续发展提供有力的人才保障和智力支撑。

第三节　高掌远跖，重塑格局

"十一五"期，面对机遇与挑战并存的国内外市场，依托中交集团上市搭建的广阔发展平台，上航局站在现代企业的新起点，以战略思维谋划经营格局。一方面，坚持贯彻"有所为有所不为"的经营理念，实行主业经营一体化，巩固和夯实主业市场，形成四大专业板块和"疏浚、填筑"两大专业化组合。延伸业务经营领域不断拓宽，业务范围由"十一五"期初的填筑和码头水工拓展到海洋人工岛、地基处理、生态环保等专业领域；另一方面，坚持市场化改革方向，以经营为"龙头"，加快企业内部经营机制转换，快速提高市场组合能力。构建起国内、国外两个市场营销体系，全球市场布局日趋完善，参与国际市场竞争的能力逐步提升。

一、凸显优势：巩固长三角

进入"十一五"，上海国际航运中心建设继续推进，长三角沿海港口建设迎来新机遇，临海工业区和沿海城市围海造地方兴未艾，内河高等级航道和湖泊水库环保治理进一步加快。上航局乘势而上，瞄准具有标志性和影响力的重大项目，做精做强主业、巩固优势市场、打造优质品牌。

2005年底，长江口深水航道10米水深全线贯通，为上海国际航运中心建设推进了关键一步。2006年9月，长江口深水航道治理三期工程接踵上马，上航局成功承接了该工程，创下局单项施工合同金额之"最"的纪录。2010年3月，12.5米深水航道全线贯通，工程顺利通过了交通运输部的交工验收。自此，长江"黄金水道"的航运能力得到明显提升。上海"江海联运"的优势进一步加大。交工验收第一年，航道产生的航运经济效益达到 141 亿元[①]，比航道 10 米水深时增加 34.06%。

同时期，作为上海国际航运中心关键点的洋山深水港工程加速推进，上航局深度参与建设，并将其作为新世纪以来全局的重大战略性工程之一。2006 年 5 月 31 日，洋山深水港二期工程陆域形成项目竣工。在工程建设中，上航人发挥聪明才智，成功解决了水深、流急、浪大等不利工况条件下袋装砂筑堤的技术难题，并取得袋装砂堤心施工工法核心技术专利。"洋山中港区陆域形成工程"快速推进，连续 5 个月单月产量超过 400 万立方米。2009 年 9 月 16 日，洋山深水港三期工程顺利竣工。至此，由上航局承建的洋山深水港北港区主体工程的一、二、三期工程全部通过国家验收，标志着洋山深水港北港区的全面建成。

2008 年 10 月，上航局承揽了世博会配套工程——十六铺亲水平台工程的建设，为上海城市建设贡献央企力量。2010 年 7 月，上航局承建黄浦江上游航道整治工程，对三里湾弯道进行整治，工程有效改善了黄浦江通航条件，进一步发挥了"一环十射"干线航道网功能。2010 年 7 月，上航局承揽的杭申线（上海段）航道整治工程通过竣工验收。该工程打通了上海市、浙江省的高等级内河通道，标志着上海市"一环十射"干线航道蓝线规划中的一个重要航段的实现。航道的开通，进一步促进了沪浙两地的经济发展。

"十一五"期间，在传统优势区域经营中，上航局更加注重政府投资框架项目的重点培育，强调经营前期工作中设计、规划在生产经营中的重要作用。2002 年，上航局就前瞻性关注到上海市岸线资源挖掘和长江口疏浚土资源利用的潜在市场。将市场被动经营变成了以央企情怀主动担当、主动谋划、主动作为的前瞻性、研究性经营模式。2009 年，上航局承担横沙东滩促淤圈围五期勘察设计、施工总承包工

---

① http://www.jszx.gov.cn/zxta/2011ta/201104/t20110408_5135.html

程和三期吹填工程，设计吹填工程量2488万立方米，造陆面积1731万平方米，为横沙东滩的后续系列工程打下坚实基础，也为上海市乃至全国滩涂资源利用开发的标杆性工程作出重大贡献。

除长三角地区的填筑市场，水利领域也成为上航局"十一五"时期重点拓展的延伸业务市场之一。2006年1月，上海奉贤保滩工程通过验收，工程评定为优良。该工程为保护滩涂、理顺岸线的水利工程，也是奉贤实施"通江达海"发展战略的一项重点工程。2007年，惠及上海1000万市民的上海市重点水源地民生工程——青草沙工程正式上马。面对家门口的重大机遇，上航局充分发挥本部统筹和两级经营的积极性，以舍我其谁的勇气投入竞标并一举夺标。随着青草沙水库成功建成投入使用，上海形成黄浦江和长江"两江并举、多源互补"的崭新水源格局，大大提升了上海市供水水质、保证了城市供水安全。凭借青草沙水库工程的成就，上航局进一步铸就了在水利领域的行业口碑。

2008年2月24日，经国务院批复同意，宁波梅山成为继上海洋山、天津东疆、大连大窑湾、海南洋浦之后的我国第五个保税港区，拉开梅山大开发大开放的序幕。梅山保税港规划建设两座10万吨级集装箱码头，上航局则承担了集装箱码头陆域基础工程。2008年3月28日，宁波梅山首个项目正式开工，上航局在荒凉的滩涂上筑围堰、固海堤、填塘碴、吹海砂，相继完成宁波梅山保税港区一、二、三期吹砂工程，并在短时间内形成日产量超万立方米的施工能力，创造了"梅山速度"，为梅山岛后续开发建设提供了宝贵的土地资源和发展空间保障。凭借梅山工程，上航局进一步打响品牌，并将地基处理等延伸业务发展到全国。2009年9月，中标广西钦州保税港区二、三期海域吹填工程。到"十一五"期末，地基处理领域的工程产值已经占据全局总产值的十分之一左右。

长江口深水航道、洋山深水港、青草沙及横沙、宁波梅山等诸多长三角重大工程的顺利推进，验证了上航局"大经营"策略的正确，展现了上航局作为疏浚"国家队"过硬的施工技术和丰富的施工经验，进一步巩固了其在长三角疏浚市场的优势地位。

二、持续攻坚：扩大北方市场

"十一五"时期，国家加大水运建设的投资力度，强化环渤海、长江三角洲、东南沿海、珠江三角洲和西南沿海五个重点港口群内的综合性大型港口的主体作用，为上航局持续拓展北方市场提供了契机。在此期间，上航局服务国家发展战略，加速扩大在环渤海市场的影响力。经营策略上坚持突出重点、统筹兼顾，在曹妃甸地区围海造地项目、冀东油田海油陆采项目、天津滨海开发区项目以及黄骅港等事关长远和全局的重大工程项目上，形成势在必得的气势，持续开拓北方新市场。

"十一五"期间，上航局对黄骅港航道经过四次拓宽和增深，航道通航水深从 9 米增深至 14 米，航道宽度从 140 米增至 235 米，港口的煤炭下水量随之逐年攀升。到 2010 年，港口全年累计完成吞吐量 8903 万吨，煤炭吞吐量再创新高，上航局由此撑起了北方疏浚的展示窗口，为把黄骅港建设成为华北地区经济、能源发展战略实施的重要腹地持续付出努力。

2003 年进入唐山曹妃甸以来，上航局 7 年间陆续承接了曹妃甸地区大大小小近 30 个工程，包括中国石油天然气公司的 5 个海油陆采人工岛以及内河整治项目。2006 年，顺利承接曹妃甸钢铁围海造地工程。同年 5 月，唐山曹妃甸疏浚造地有限公司在曹妃甸地区挂牌成立。人工岛的建设是冀东油田实现"海油陆采"的基础工程。施工中首次使用袋装砂技术建设人工岛，并进行多项技术创新，赢得业主好评。这一"海油陆采"海上基础设施建设项目的顺利实施，标志着上航局正式进入石油海洋海岸工程。此后，上航局先后承担冀东油田 2 号和 3 号人工岛总体设计施工工程，进一步拓展了新领域。"十一五"期间，上航局在曹妃甸地区工程共计完成营业额达 56.72 亿元，大大提升了在填筑业务领域和延伸业务领域的竞争力和影响力。

"十一五"期，上航局在天津临港经济区的经营拓展获得重大进展。自 2003 年起，深度参与天津临港工业区围海造地二期工程建设。之后，上航局充分发挥勘察设研公司在主业体系的"龙头"作用，凭借自身科研、设计施工的综合优势，于 2006 年一举拿下天津临港工业区二期围海造地设计施工总承包工程项目。此工程围海造地总面积34.8平方千米，总吹填量3.72亿立方米。在天津临港工程建设过程中，依托项目大面积、大规模的地基处理优势，公司发挥既有管理项目部能动性，加大社会资源整合，扎实践行通过项目施工培育市场，从而拓展市场的经营新思路，为获取市场份额创造了良好的条件。上航局陆续承接了天津地区的大港电厂新建吹灰池北东防波堤工程、天津临港工业区中粮用地地基处理工程等一系列的围海吹填项目。到2010年年底，在天津地区共完成营业额84.24亿元，实现了填筑业务板块的又一重大突破。

"十一五"期间，在"大经营"战略的指引下，上航局提出进一步巩固和拓展北方市场。由此，在2004—2008年间，上航局重返连云港港开展了7万吨级、15万吨级等系列航道扩建工程，陆续完成了连云港港二、三期疏浚工程，并成功中标10万吨级氧化铝码头疏浚工程。2010年6月，上航局先后投入"新海豚""新海鹤""新海燕"等9艘船舶参与连云港港30万吨级航道的建设。2008年1月，上航局承揽的辽宁鞍钢鲅鱼圈钢铁项目港池、航道及码头基槽疏浚工程顺利竣工，这是鞍山钢铁集团公司营口鲅鱼圈钢铁项目基地开工建设以来的首个竣工工程，也是上航局首次进入辽宁鞍钢市场的开拓性项目。2010年10月，承揽山东烟台港龙口港区10万吨级航道拓宽工程。同年11月，承建河北曹妃甸国际生态城起步区工程，进行当地水系工程施工，服务曹妃甸新区城市建设。

三、延伸突破：拓展浙南与海西

在"积极推动主业延伸，拉长产业链、拓展新市场"的经营理念下，"十一五"期间上航局继续加大自主经营的力度和广度，在填筑、水利、地基处理等方向进一步拓展市场，在浙南与海西市场开拓中也取得了积极进展。

地基处理亦是上航局"十一五"期间开始拓展的重要延伸业务领域。继温州洞头渔港码头工程后，2009年，上航局再次进军温州，承接温州民营经济科技产业基地滨海园区丁山垦区2标工程。该工程是上航局首次实施的大规模软土地基处理项目，也是温州当时最大的滩涂围垦造地工程，吹填量1200万立方米，软基处理面积超过450万平方米。这一项目施工难度极大。在项目施工中，上航局大胆利用海底淤泥回填到滩涂，创造性地研发了无砂垫层软基处理新技术，在地基处理领域实现了多项技术突破。正是这一项目的成功实施，使得软基处理技术工艺后续在温州、天津、江苏等地区全面铺开并逐步走向成熟，在主业延伸领域取得了实质性进展，赢得了重要市场，成为上航局新的经济增长点。2010年12月，温州民营经济科技产业基地滨海园区丁山垦区2标工程整体通过竣工验收，得到了验收评审组专家和领导的一致肯定，被誉为"滩涂变通途，质量超预期"的典范工程。

2009年5月，《国务院关于支持福建省加快建设海峡西岸经济区的若干意见》提出，支持福建加快海西经济区的建设、加强两岸交流合作，推动祖国和平统一大业的战略部署，这为上航局立足福建、进军海西市场送来了政策东风。为此，上航局紧紧抓住泉州秀涂人工岛建设的机遇，于2010年3月5日与泉州市人民政府在北京签署了《泉州港"秀涂人工岛"投资建设项目框架协议书》，就全面合作建设海峡西岸经济区进行了友好会谈。同年4月9日，上航局福建分公司注册成立。泉州秀涂人工岛项目的顺利推进，对上航局进军海西经济区市场和培育新的经济增长点都具有重要意义。

四、主动出击：跨国经营持续探索

自20世纪80年代初率先代表中国疏浚业进入国际疏浚市场以来，上航局施工足迹遍布中东、南美、东南亚、非洲及我国港澳台等近20余个国家和地区，总计承揽70余个工程项目，合同金额达10余亿美元。上航局及多家子公司均具有承揽海外业务的资质；拥有一批懂业务、会外语、有能力、熟悉海外工程的经营骨干，以及长期投身海外业务、经验丰富的专业人才队伍；前瞻性地更新改造了一批具有国际先进水平的大型耙吸、绞吸挖泥船。此时的上航局肩负"三座大山"——洋山、金山、梅山工程，船舶装备吃紧的压力不言而喻，更何况转战海外工程风险大、难度高。尽管如此，依托海外市场的良好基础，"十一五"期间，上航局仍选择主动出击，除了传统的主根据地以外，非洲、东南亚、南亚地区也多点开花，发展规模和质量都取得了新的进展。

"十一五"期，国家继续加大对非洲、东南亚等国家地区的援建力度，开发更多政府框架项目，鼓励国企大力拓展海外市场，利好政策密集出台。为积极贯彻中交集团"大海外"战略，调整企业发展格局，上航局顺应国内外市场变化，以强烈的责任感和使命感，拓宽经营思路、提高营运水平，加快进军海外市场的步伐，这也是上航局实现"在集团疏浚板块内，力争总产值率先突破100个亿，其中海外产值率先突破30个亿"的两个率先、建设国际一流疏浚公司的必然选择。

长期以来，南美洲市场具有丰富资源储备和建设潜力，一直都是上航局海外市场的重点。2007年12月，上航局与巴西矿业物流公司及英国英美矿业公司签约，顺利承接巴西亚苏港疏浚和吹填工程，并派遣我国自行设计建造的先进自航耙吸挖泥船"新海虎"远赴现场施工。此项工程的承接，改变了上航局在南美尤其是在巴西地区零敲碎打的局面，初步实现了南美市场项目经营规模化。

上航局以巴西公司为支点积极参与南美的各项港航建设任务的同时，经营版图也逐渐向周边的阿根廷、乌拉圭等国延伸和拓展。2007年1月，跟踪十多年之久的阿根廷疏浚市场终于有了进展。通过与当地一家"劳境特公司"组成联营体，上航局成功中标阿根廷首都布宜诺斯艾利斯拉普拉塔河航道疏浚工程，一举打破了由欧洲疏浚公司长期垄断该国疏浚市场的局面。同时，"航浚4011"作为我国首次进入阿根廷施工的疏浚船舶，创下了建局史上工程船舶航行距离最长、航行海域最广的新纪录，见证了上航局实施国际化战略，拓展南美疏浚市场迈出的重要一步。同年，上航局首次打破荷兰、比利时疏浚公司的长期垄断，成功签订乌拉圭蒙得维的亚港工程，并于2009年顺利开工，吹响进入乌拉圭市场的号角。阿根廷及乌拉圭分公司也在同年相继成立，南美市场范围得到进一步扩展，以上航局为代表的中国疏浚企业在国际市场上占据了一席之地。

基于中非长久稳定密切的政治、经济和文化关系，非洲一直都是上航局"出海"的重要目的地。2007年5月，上航局参与了集团总包的安哥拉罗安达湾港口发展疏浚及吹填工程。同年10月，项目正式开工建设，"航浚4007"奔赴遥远的安哥拉。施工期间，上航人发挥艰苦奋斗精神，克服了高温、疟疾、砂源不足、设备磨损严重等诸多困难，按期完成了工程建设。该工程的实施大大提高了安哥拉港口的货物吞吐能力，助力安哥拉经济建设，也成为上航局"走出去"战略的关键一步，为此后上航局承接非洲项目奠定了坚实基础。2007年9月，上航局承接非洲尼日利亚拉各斯海滩吹填项目。依托安哥拉工程和尼日利亚拉各斯港工程，上航局在非洲市场稳步前行，迈向国际市场的步伐更加扎实。

2007年3月，由中国政府援建，上航局主建的巴基斯坦瓜达尔港开港仪式隆重举行，标志着新中国成立以来最大的重点对外援助项目胜利结束，也成为这一时期上航局在南亚市场开拓方面的一抹亮色。2010年3月，上航局通过签订越南钢厂工程，进一步打开了东南亚市场的大门。此外，上航局还在中东、东欧、环地中海地区，通过设立公司、办事处、地区项目部等形式建立经营网点，收集市场信息、跟踪项目、签订合同，为进一步构建"大海外"市场格局打下了良好基础。

成本优势是上航局早期进入海外疏浚市场的一个重要因素，但随着国内人工价格的增长，这一优势已经不复存在。为了保持价格竞争力，各参建单位和船舶积极落实上航局在海外市场开拓中的成本领先战略，努力以成本优势和优质服务现场保市场，助力前端市场开发。如"航浚4011"在2007年年初到达南美后，始终以"无浪费、无伤亡、低成本、高效益"为管理目标，通过优化管理来降本增效：在人员管理上，合理配置中外船员人数，最大程度节省人工成本；在船舶维修保养上，尽力扩大船员自修，除了需进坞项目都通过扩大自修加以解决；对进坞修理，更是提前半年着手修理项目安排、备件材料准备、船厂遴选等准备工作。2010年2月，仅用14天时间、花费35.5万美元就完成了当地船厂报价200万美元才能完成的特检修理任务。

五年中，上航局以创新开拓的精神不断更新经营理念、健全市场化经营机制、创新经营模式，积极把握市场主动权，以灵活的策略应对困难与挑战，取得了不凡的经营业绩。从长江口到洋山深水港，从连云港港到天津临港，上航局不断刷新一个个工程合同额、单项合同额之"最",市场占有率持续提升,打响了"上航"品牌。同时,这一时期亦是上航局实施跨国经营战略的重要探索发展期。经由卓然有效的市场拓展,海外经营成效明显,市场扩大至南美巴西、阿根廷、乌拉圭和非洲尼日利亚、安哥拉等国家;仅2006年当年就签订合同额6亿美元,创下了上航局海外市场20余年来一年新签合同额的新纪录。2009年,上航局再度迎来自己的高光时刻:营业额与新签合同额均成功突破100亿元,率先在中交集团疏浚板块实现合同额、营业额突破百亿的"双百亿"目标,企业发展再上新台阶!

第四节 集成创新,国轮国造

为了更好竞争国际市场、抢占疏浚工程市场份额,跻身世界一流疏浚企业,"十一五"期间,上航局遵循新建与改造相结合原则,以提升核心装备和适应性装备为重点,坚持"国轮国造"自主创新,走出一条"引进、消化、吸收、集成再创新"的装备快速扩张之路。

一、腾跃奋起:耙吸船的国产化创新

(一)"零"的突破:首艘国产万方大型耙吸挖泥船"新海虎"

"十一五"期,我国港口和航道事业的蓬勃发展强力带动水运业的勃兴,港口航道的深水化趋势对疏浚船舶特别是大型耙吸挖泥船的需求不断增大。尤其在国外高端市场开拓中,大型耙吸挖泥船装备水平成为重要竞争力要素。同时,随着上海"一个龙头、四个中心"地位的确立,长江口深水航道治理工程建设进程驶入快车道。航道通航条件的改善与通航密度的增加,亟需再建造新的万方大型耙吸挖泥船增加施工能力,启动建造具有国际先进水准的新一代大型耙吸船队,迫在眉睫。

综合多方因素考量,2005年上航局决定新建一艘国内最大最先进的13500方自航耙吸挖泥船——"新海虎"。尽管"十五"期间上航局已在业内率先引进"新海龙""新海豹",并成功建造第一艘国轮

国造"航浚4011",引领国产疏浚装备进入"集成创新"的发展新阶段,然而这一时期大型疏浚核心设备自主研发仍是难点,对世界先进装备制造商的技术依赖度高。启动"新海虎"建造之前,上航局与国际几家著名的挖泥船建造公司洽谈协商,希望以双方合作的模式建造13 500方大型耙吸挖泥船,但国外顶尖造船公司表现出明显戒心,并对新技术严加保密。在此情况下,上航局领导班子反复研究,作出大胆的决定:必须冲破外国人的技术封锁和垄断,大胆创新,坚持"国轮国造","新海虎"要诞生在我们中国人的手中!

2005年6月,经报请中港集团同意后,上航局自筹资金6.5亿元人民币,与广州文冲船厂签订"新海虎"建造合同,由上航局投资和监造、中船七〇八所设计、广州文冲船厂承建。2005年8月12日,"新海虎"正式开工建造,2007年4月21日在广东珠江口水域试航并成功,船舶总体性能指标良好。"新海虎"全长150.7米、型宽27米、型深11米,舱容量13 500方,全船总功率19 977千瓦,最大挖深42米,自由航速16.3节。两泵串联艏喷,泥浆可喷至180米外。"新海虎"是当时国内最大、自动化程度最高的自航耙吸挖泥船,可胜任全国各大港口、航道不同土质工况条件下的施工作业,被誉为"神州第一挖"。2007年5月26日,"新海虎"建成命名交船典礼在广州文冲船厂隆重举行。交通部、财政部、广州市委市政府和国家海事局、船检局、中交集团、中船集团、上海建交委、海事局领导以及全国各大主要港口、航道建设单位、兄弟单位领导出席,共同见证这一历史时刻。

典礼结束之后,"新海虎"鸣笛启航,开赴湛江港30万吨深水航道施工现场,承担三个标段的施工任务。施工期间,"新海虎"克服湛江工程Ⅲ标段内石块、火成岩多等不利因素影响,工程完成量和成槽率均达预期目标,充分发挥了先进装备在难点工程中的作用。

"神州第一挖"——"新海虎"是上航局敢为人先、坚持"国轮国造"的第一艘万方以上疏浚船,拥有多个国内"首创"技术:首次采用先进的"一拖三"复合驱动方式;安装有国内首制大型高效率泥泵;首次采用国际先进的快速艏吹接头装置,可根据需要进行艏吹或艏喷作业;首次采用球鼻艏折角线船体结构,满载自由航速16.3节,比设

"新海虎"

计要求提高 0.5 节；大功率变频驱动装置可根据不同工况条件驱动高压冲水装置、侧推装置等设备。以"新海虎"技术为基础，中交集团编制了中交企业挖泥船技术标准 15 项，国标挖泥船标准 1 项，填补了挖泥船行业相关标准的空白。"新海虎"的研制成果获得 2009 年度中国水运建设行业协会科学技术进步一等奖、2009 年度中交集团科学技术进步一等奖，共获得 6 项发明专利、3 项实用新型专利授权。

"新海虎"的成功建成投产，体现了上航局装备的前瞻性、适应性和先进性，实现了上航人"龙"腾"虎"跃的梦想和追求，吹响了我国自主研制大型挖泥船的号角。中国疏浚产业从此拉开了建造国产万方耙吸挖泥船的序幕，成为振兴民族疏浚产业又一座崭新的里程碑。

（二）疏浚旗舰：新一代超大型耙吸船"新海凤"

继"新海虎"之后，上航局对标世界四大疏浚公司装备水平，一鼓作气、乘势而上，提出进一步打造代表世界先进水平的超大型耙吸船旗舰的设想，夯实振兴民族疏浚产业和发展中国船舶工业的基础。

2007 年 9 月 18 日，"新海凤"正式在广州文冲船厂开工建造，由中港疏浚公司投资、中船七〇八所设计。2008 年 7 月 3 日，"新海凤"建成出坞。该轮总长 160 米，型宽 27 米，型深 11.8 米，舱容 16 888 方，全船总功率 25 816 千瓦，最大挖深 45 米，自由航速 16 节，具有耙吸装舱、吹岸、艏喷以及低浓度自动排放功能，主要用于沿海疏浚和吹填作业，可无限航区调遣,沿海航区施工。

"新海凤"作为当时国内最大的耙吸挖泥船,其设计瞄准国际先进水平:主机采用一拖三复合驱动形式,功率达 11 600 千瓦。动力装置、功率管理系统的应用和冷却水(取水)系统等的设计理念接近国际先进水平。"新海凤"在"新海虎"基础上,不仅扩大舱容,还应用了更先进的自动化疏浚控制系统,提高了船舶环保性能,满足港口作业区域生活污水低排放要求。"新海凤"采用综合集成平台控制系统、驾驶室单人遥控推进系统、单人遥控挖泥系统,独立工作能力及环境适应性更强。

2008 年 11 月 1 日,"新海凤"在广州南沙海域进行首航试挖,试航期间成功完成技术难度较大的双泵高速串联吹岸挖泥工况试验。试航结果表明,各项指标均达到设计要求,为同类船舶世界先进水平。11 月 28 日,"新海凤"在广州正式交付使用,这是中国疏浚产业和造船业发展史上的又一个新飞跃。

2008 年 12 月 7 日,"新海凤"投入长江口深水航道治理三期工程疏浚施工。"龙"腾江海,"凤"舞其中。在 12.5 米水深航道的全线

"新海凤"

贯通过程中,"新海凤"发挥了疏浚旗舰作用。"新海凤"还参与了巴西亚苏港、马来西亚关丹港、斯里兰卡港口城,以及我国香港机场、连云港港30万吨级航道等国内外重大工程建设,创造良好的经济和社会效益。

"新海凤"的建成投产,为新一代智能化耙吸挖泥船的迭代进步提供了丰富的经验参考和技术支撑。2010年9月16日,"新海凤"16 888方自航耙吸挖泥船技术开发与研制科研项目通过专家验收。专家建议对其关键技术进行推广应用,以推进国内超大型耙吸挖泥船的设计和建造水平。"新海凤"的建成,为此后建造出更多具有中国特色、具有国际水平的超大型耙吸船奠定了良好基础,为民族疏浚在国际疏浚行业树立了话语权。

(三)量身定制:姊妹轮决战长江口

2006年9月30日长江口深水航道治理三期工程开工。上航局承担了全部7个标段的施工重任,目标是实现全长92千米的航道12.5米水深全线贯通。疏浚是这项战略性工程成功与否的关键。在交通部的统一部署下,长江口航道管理局和上航局在全国范围内征调大型挖泥船,将全国舱容万方以上的12艘挖泥船中的10艘投入了长江口深水航道治理工程。为了早日实现长江口深水航道12.5米水深全线贯通的目标,上航局以国家战略和社会效益为重,再度投资建造万方先进疏浚重装备——"新海牛"与"新海马"。

2009年1月和4月,"新海牛""新海马"先后在广州文冲船厂开工建造。两艘万方耙吸船为姊妹船,总长134.4米,型宽25.32米,型深10米,舱容10 508立方米,总功率为19 161千瓦,最大挖深32米,自由航速15节。二者均是针对长江口土质、水深等特殊工况量身定制:针对长江口深水航道通航密度大、航道两侧水深浅的特点,尾部船体结构采用双尾翼型,增强船舶的操纵性能,为船舶在通航密集情况下的避让和施工提供保证;两船均有完善的溢流系统,不仅在泥舱前端装有两个可自由调节的溢流堰,还在船舷两侧配备了舷侧溢流门;针对长江口因导堤和丁坝的延长水流加急的情况,两船配备了两台8700

"新海牛"

"新海马"

千瓦的主推动器,以便全天候高效施工。其中,"新海马"配备了最新的多波束系统,可在电子海图上更清晰地查看施工区域的水深情况。

"新海牛""新海马"姊妹轮致力于长江口深水航道常年疏浚和维护,为保持长江口深水航道的畅通发挥了重要作用。

二、砥砺求进：绞吸船的批量建造

除了在耙吸船上获得建造成效之外，作为疏浚重要装备的绞吸船也是这一时期上航局船舶建造发力的重点。当时上航局的绞吸船整体实力较弱，装机功率不大，不能适应规模越来越大的吹填工程需求。2002年以前，国内仅有几艘2000方以上的绞吸挖泥船全部依赖进口。如果国内疏浚企业要进行国际化经营，就必须打破先进大型绞吸船被国外疏浚巨头垄断的局面。上航局以民族疏浚发展为长远考量，在"十一五"期间集中发力，自主研发设计大型绞吸船，打造出一支拥有自主知识产权品牌的大绞船队。

（一）打破垄断："神州第一绞""新海鳄"

2006年7月13日，由上航局投资、中船七〇八所设计、南通港闸船舶公司承建的"新海鳄"建造完成顺利下水。该轮总长97.8米，型宽17.2米，型深5米，全船总功率14 576千瓦，最大挖深27米，生产能力3500立方米/时。由于拥有强劲的总装机功率，"新海鳄"被誉为"神州第一绞"。

"新海鳄"最关键的技术创新是"钢桩定位"系统。国内原有的钢桩定位装置尺度普遍偏小，且技术比较落后，无法满足大型绞吸船的要求。"新海鳄"在设计过程中，攻克了"大直径定位柱结构优化""浅水倒竖桩设计"等一系列难关，自主研发出新型的钢桩定位系统。该技术具备定位、移船、液压传动起桩、浅水倒桩等一系列功能，在复杂海况作业时定位效果好、施工精度高，被称为"定海神针"，填补了国内该项技术的空白。整体来看，"新海鳄"具备了国际同类型船的先进水平，各项技术指标与进口船相当。荷兰IHC公司建造同样规格的船，造价高达人民币3亿元，而"新海鳄"投资不到1.5亿元人民币，为国家节省了大量外汇，也为国内今后建造大型绞吸挖泥船积累了宝贵经验。

"新海鳄"交船后，2006年10月22日正式进点奉贤柘林塘工地，顺利推进奉贤柘林南滩涂吹填工程建设。同年12月25日，"新海鳄"

"新海鳄"

投入连云港港庙岭三期突堤码头疏浚工程施工,提前两个月完成任务。2007年6月2日,"新海鳄"继续挥师北上,参与曹妃甸装备工业区围海造地工程建设,施工效率和产量月月攀升,在众多重点工程建设中发挥了"神州第一绞"的优势。

(二)整体研发:3500方系列绞吸挖泥船

"十一五"期上航局加快建造大型绞吸船的步伐,先后建造"新海燕""新海鸥""新海鲲""新海鲛""新海鹤""新海鹭""新海狼""新海鲤"等大型绞吸挖泥船,大大增强大型绞吸挖泥船力量。同时,自主研发的核心技术也被运用到这些船舶中,如:"新海鸥""新海鹭"与"新海鹤"均应用了"疏浚船舶自动化监控系统平台";"新海鲲"吸收国际先进建造技术,各项性能指标均达到国内外同类挖泥船的先进水平;"新海鲛"采用的"钢桩+三缆定位"定位方式在国内船舶中属首创。

2008年8月13日,3500方绞吸挖泥船"新海燕"正式加盟上航局疏浚船队,该船造价1.3亿元,由中船七〇八所设计、南通港闸船舶公司承建,全船总长104.8米、型宽18.2米、型深5.2米,最大挖深27米,全船总功率9564千瓦,生产能力3500立方米/时。该船建成后先后参与天津临港工业区工程、曹妃甸仓储区项目等工程建设。作为国产配

"新海燕"

置的普通两泵绞吸挖泥船,新海燕轮的装备性能丝毫不逊于当时进口的绞吸船。得益于科学有效的管理,新海燕轮在投产两年多时间创下产值近5亿元,在逾20千米超长排距的双船接力吹泥施工中,创造了日产8万方、月产163万方、季产424万方的优异成绩,多次获得曹妃甸工地劳动竞赛"优胜"红旗,并于2009年、2010获得东方公司船舶管理年度标兵,2009年获得中央企业全国青年文明号。

2009年8月28日,绞吸挖泥船"新海豚"开工建造,2010年6月交付使用。"新海豚"由中船七〇八研究所设计,广州文冲船厂承建,总长104.4米、型宽19.6米、型深5.2米,最大挖深27米,全船总功率14 176千瓦,生产能力3500立方米/时,可在岩石、海礁等复杂工况下施工作业。与同类型挖泥船相比,"新海豚"有两个方面的技术提升:一是在总装机功率不变的情况下,原绞刀功率从1280千瓦提高到2200千瓦,具备挖掘岩石的功能;二是绞刀驱动方式由原来的液压驱动改进为水下电机变频驱动,解决了液压系统泄漏易造成环境污染的问题。"新海豚"是当时上航局历史上单船投资最大、功能最强、技术最先进的绞吸挖泥船,进一步优化了全局绞吸船的船型结构。

"新海豚"

三、打造"舰队"：配套完善船舶装备体系

"十一五"期间，上航局在着重打造核心船舶装备的同时，结合市场和工程需求，在铺排船、抓斗船、远洋拖轮与接力泵船等多种船舶装备建造上持续发力、优化设备资源配置，基本形成多元、完善的疏浚装备配套体系，大幅提高企业生产能级。

这一时期，填筑市场方兴未艾，吹填造地工程增多，铺排船出现较大缺口。2007年，为攻克上海青草沙水库及取输水泵闸工程中深水、高流速状态下的软体排护底铺设难题，上航局以"洋山一号"为参照，量身建造"青草沙一号""青草沙二号"铺排船，着手打造新的铺排船队。2008年2月，两艘姊妹铺排船先后投产，在青草沙围堰项目中成功完成软体排铺设任务，并形成高强软体排加工、铺设，船机设备选型等整套工艺标准，为此后同类工程施工提供技术和设备参考。随后，上航局以长江口、洋山深水港工程等一批重点工程为依托，采取低成本扩张结合技术创新的方式，在"十一五"期间率先建立国内规模最大的铺排船队，为尽快形成高质足量支撑装备奠定扎实基础。

铺排船"交通建设一号"

"十一五"期上航局铺排船建造表

船名	类别	出厂年月	生产能力
青草沙一号	铺排船	2008年2月	40立方米/时
青草沙二号	铺排船	2008年2月	40立方米/时
交通建设一号	铺排船	2008年5月	40立方米/时
交通建设四号	铺排船	2007年3月	40立方米/时
交通建设七号	铺排船	2008年6月	40立方米/时
交通建设八号	铺排船	2008年3月	40立方米/时

2009年7月，上航局投资建造的当时国内最大的27方非自航抓斗挖泥船——"新海蚌"建成投产。"新海蚌"长65.8米，型宽24米，型深4.8米，最大挖深56米，全船总功率2690千瓦，生产能力747立方米/时。该船集成众多先进技术：船舶甲板安装全回转、可变幅抓斗挖掘机，配置不同形式、不同斗容的抓斗；集"钢桩"和"移船、移驳绞车"于一身，既能满足抓斗挖泥船精确定位的作业要求，又增加了船舶抗风浪能力；安装先进的钢桩定位步进系统，大幅减少施工占用水域，使原来许多不能施工的区域变成可能。以"新海蚌"为实船，

上航局先后完成"新海蚌轮施工工艺""大型钢桩定位抓斗挖泥船施工工法"等技术研发，并申请相关专利，填补了国内对大型钢桩定位抓斗挖泥船技术研究的空白。"新海蚌"先后在岚桥工程、连云港港10万吨级氧化铝泊位疏浚工程以及阿根廷项目等国内外多个工程中承担建设任务，发挥设备优势，增强了上航局参与市场竞争的能力。

为提升拖轮装备体系，应对新的装备建设需要，2007年上航局投资建造"航拖4001""航拖4002"两艘4000匹大马力拖轮，并分别于2009年3月、4月交付使用，提升了船舶海上调遣和抗台风救险能力，实现了上航局船舶装备能力的又一突破。2009年11月15日下午，长江口江面刮起6级东北风，满载集装箱船"向平轮"因主机及舵机突然失控，抛锚后仍然走锚，向下游浅滩漂移，情况紧急。此时港作拖轮离出事点远，一时难以应急救助。在长江口北槽工地的"航拖4002"接到通知后，起锚全速驶向"向平轮"，15分钟后靠妥并在其右舷护航，成功协助"向平轮"完成抢修恢复正常，表现了调遣救助拖轮良好的专业水准，得到上海海事局吴淞海事处的高度赞扬。

2008年，上航局投资建造两艘3500立方米/时水上接力泵船"航绞接一号""航绞接二号"。接力泵船建成投产后，在天津临港工业区、曹妃甸工业区仓储区，以及连云港港等地的工程中发挥重要作用。同时，这两艘船作为实验船，也为"超长排距大型绞吸船与接力泵船关键施工技术"成功研发提供了支撑。在连云港港30万吨级航道一期工程中，成功实现"新海燕"与"航绞接一号"串联超长排距施工，成为"十一五"期上航局装备技术提升的亮点。

五年间，上航局抓住市场机遇，完成单项投资3000万元以上的重大生产项目达20项；投资建造以"新海凤"为代表的5艘耙吸挖泥船、"新海豚"为代表的10艘绞吸挖泥船及大型抓斗挖泥船"新海蚌"，全局装备整体功能迈上新台阶。截至"十一五"末，船舶总数超过百余艘，耙吸挖泥船总舱容量达到18万方，绞吸船总装机功率达14万多千瓦，船舶平均船龄从"十五"初期的23年降为19年，船舶装备年生产能力从2005年的1.414亿立方米/时增加到2.819亿立方米/时；船舶年施工能力持续保持国内第一。

第五节　科技创新，锻铸利器

世界新科技革命迅猛发展，进一步加剧了以科技创新为基础的国际疏浚产业竞争。"十一五"期间，中交集团上市和企业全面改制，也对上航局提高科技持续创新与产业结构升级提出更高要求。加快战略性科技创新与技术转化，成为上航局转变经济增长方式、提升核心竞争力、助力民族疏浚产业实现跨越发展的重要突破口。这一时期，上航局紧紧围绕市场需求和自身发展目标，深入推进"科技兴局"改革部署，整合全局优势科技资源，聚焦全局性、前瞻性和战略性关键技术，加快健全全局科技创新体系建设，围绕重点工程集中发力，不断提高自主创新能力，积极推进疏浚技术交通行业国家重点实验室和科研平台建设，加快科技成果向现实生产力的转化步伐，为上航局新时期实现稳健、快速发展起到重要作用。

一、不懈求索：长江口深水航道治理工程成套技术持续升级

"十一五"期间，我国港口建设逐步由近岸向近海发展，围海造地也由滩涂向深水区扩展，筑堤水域逐步增深。长江口深水航道治理工程中应用的水下充灌袋装砂施工工艺必须革新。为此，上航局投入技术力量进行改进与创新，翻板抛填袋装砂工艺由此产生。翻板抛袋的施工工艺将传统的水下充灌袋装砂改为翻板上充填，其原理是：当运砂船靠驳翻板船后，袋体平展在处于水平状态的翻板上，启动泥浆泵实施充灌砂，充灌完成后下放翻板，袋体下滑入水。改进后的翻板抛袋施工方法能更好适应近海和复杂的工况条件。施工期间与周围其他施工设备交叉干扰小，并可在断面不足处及时精准修补。

经过技术研发团队的持续攻关，"长江口深水航道治理工程成套技术"所涉及的板抛填袋装砂工艺、深水覆盖层下取砂技术和复杂环境下的袋装砂筑堤等关键技术日趋成熟，在长江口深水航道治理与洋山深水港等一系列工程中起到重要作用，为上航局后续重大工程的突破奠定了坚实的技术基础。

洋山深水港一期工程东侧北围堤工程施工初期，面对潮差大、流速快、水深大、地形复杂等挑战，大型施工船舶无法在山脚下进行袋装砂充灌施工等困难，建设者凭借翻板抛袋技术优势有效克服地形限制，提高施工效率、保证施工质量，大大节约了施工成本。在随后的洋山深水港二期工程中，翻板抛填袋装砂工艺更是攻克道道难关，大放异彩。此后，翻板抛填袋装砂工艺在围海造陆工程中得到广泛应用。

深水取砂、围海造陆一直是洋山深水港工程建设的主要施工方案，砂源充足与否是决定工程成败的重要因素。"十五"期间，仅洋山深水港一期工程建设便有2500万立方米吹填量，后期工程吹填量更是激增至一期工程的4倍。随着陆上砂资源日益紧缺，近海水域覆盖层之下蕴藏着的天然砂，成为重要的砂源。但如何开采遇到难题：一是去除砂层上无用的覆盖层很不经济；二是水下作业深度的加大会影响施工效率。为此，上航局进行远海深水取砂技术的前瞻性研发：通过剥离表面覆盖层穿至层下，利用高压冲水配合潜水泵（射流泵）进行扩孔取砂，使单点取砂量达到最大化。此技术不仅有效解决了砂源紧缺难题，还避免了疏浚表层污染土对环境的污染。该成果于2007年获中交股份科技进步一等奖，陆续在其他沿海吹填造陆工程推广应用，为我国海洋战略的推进，特别是深海远海吹填造陆工程的实施发挥了重要技术推动作用。

进入北方市场的初期，北方冰冻地区的环境让袋装砂技术"水土不服"，在渤海湾地区施工应用中效果不佳，土工材料抗冰冻问题亟待技术攻关。为此，上航局开展"复杂环境下袋装砂筑堤关键技术"的系列研发：结合北方特定的水文、气象等自然条件，探索袋装砂出水施工防护、寒潮防护、抗冰凌、抗冰冻等技术和工艺措施，采用砂被＋塑料排水板软基处理、通长砂袋等关键结构创新技术，一举解决多风浪、冰冻和软土地基等复杂环境下袋装砂筑堤工程的技术难题。复杂环境下袋装砂筑堤关键技术的成功探索，实现了长江口深水航道治理工程成套技术的再次突破，进一步拓展了袋装砂技术的应用范围。在天津临港工业区二期围海工程中，成功应用软土地基快速筑堤技术、全过程堤身稳定分析等关键技术，妥善处理了淤泥软土地基条件下堤基稳定和堤身快速加载的矛盾，为工程顺利实施提供了技术保障。在曹妃甸系列工程中，项目部克服冰冻寒潮时间长、风浪影响频繁、充灌砂料粒径细等不利影响，应用袋装砂新技术先后建成5个国内规模最大的"海油陆采"人工岛和进岛通道工程。复杂环境下袋装砂筑堤关键技术，为上航局拓展北方市场奠定坚实的技术基础。

凭借持续升级的长江口深水航道治理工程成套技术，上航局完成了国外专家眼中"根本不可能完成"的长江口深水航道治理工程，更成就了上航局高速发展的十年。2007年，长江口深水航道治理工程成套技术获"国家科学技术进步奖一等奖"、中国航海学会科学技术奖特等奖，该成套技术中"袋装砂斜坡堤心冲灌工艺与设备研究"获得上海市科学技术进步奖二等奖，被评为国家级工法。上航局依托重大建设工程，增强自主创新能力，不断提升企业核心竞争力，使全局的科技创新渐入佳境，进入工程与技术互相促进的良性循环。

二、从"浆"到"干"：无砂真空预压地基处理技术

"十一五"时期，土地资源紧缺问题日益突出，围海造地业务在我国各大沿海城市兴起。此时，上航局把目光投向作为主业延伸的填筑市场。温州民营经济科技产业基地滨海园区丁山垦区吹填及软基处理2标工程便是上航局进入软基处理领域承接的首个大型工程。该工程包括吹填、软基处理、规划河道开挖三部分，其中软基处理面积达到450万平方米以上，如此大面积的软土地基处理在国内十分罕见，没有成熟的施工工艺可以借鉴。由于施工区东濒瓯江，为浙东南滨海区河口相冲海积平原，围垦淤积形成，土质淤软，承载力较差。如何对高含水量、高压缩性、低渗透性的饱和淤泥土进行软基处理，使其满足城市建设需求成为该工程的技术难点。

真空预压法是软基处理工程中常用的施工方法，一般是在土体中设置竖向排水通道，上部铺设砂垫层，覆盖密封膜，然后用真空负压抽气使土体内部处于真空状态，进而排出水分，使土体固结沉降。针对温州民营经济科技产业基地滨海园区丁山垦区吹填及软基处理2标工程中的超软土地基处理，既有的常规真空预压技术存在较大的局限

性，且当时国内对该类土进行浅表层软基处理的成功案例和学理研究也极少，并无相关经验可供参考借鉴。

上航局通过采用现场试验的方式进行技术改进研究，经过不断总结完善，创新形成了无砂垫层真空预压地基处理方法。该技术在真空预压的基础上进一步提高土体承载力，有效解决大面积软土地基加固处理的难题，且整个施工过程无需使用砂石料就能完成从"豆腐浆"到"豆腐"再到"豆腐干"转变。工程竣工后，经施工单位自检地基承载力评估及第三方检测地基承载力评估，温州民营经济科技产业基地滨海园区丁山垦区吹填及软基处理2标工程地块0到1.5米深度内钻孔取样室内土工试验评估承载力特征值超过50千帕；道路区0到2米现场浅层平板载荷试验评估承载力特征值超过80千帕，26米深度范围内钻孔取样室内土工试验评估承载力特征值超过60千帕，工程质量评定为优良。

该技术不仅优化了传统的真空预压技术，弥补了真空预压处理效果有限的不足，形成了一套成熟的大面积软土地基加固处理工艺。在提高施工效率的同时，该技术的应用也大幅提高了地基承载力，适用于港口、机场、高速道路、堆场等多领域的地基基础处理，尤其在缺少砂石料的地区具有广阔的应用前景。以温台地区吹填及软基处理面积100万平方米为例，成果大面积推广应用后，节约成本700余万元，直接和间接经济效益显著。随着研究成果在天津、苍南等工程中的成功应用，上航局将这一技术打造为专利和品牌，并推广应用到了国内外其他地区。

三、吹填"接力"：超长排距的技术创新

围海造陆工程方兴未艾，不断向规模化、大型化和远距离输送方向发展。传统大型绞吸船的远距离输送面临严峻挑战，施工中泥沙二次抛吹接力方法带来的生产效率低、施工成本高、环境破坏严重等问题日益明显。2008年，上航局中标曹妃甸工业区仓储区围海造地工程，总吹填工程量约4241.37万立方米，吹泥（砂）最远施工排距近20千米，是上航局"十一五"期间承接的单项最大围海造地工程，其中约

三分之二的吹填工程量须通过 3500 立方米/时大型绞吸船与 3500 立方米/时接力泵船串联施工才能完成。2010 年，上航局中标曹妃甸工业区仓储区西部围海造地工程，吹填工程量约 1818 万立方米，最远施工排距达 21 千米，吹填施工难度更大。因此，如何发挥大型绞吸船的施工优势、扩展其施工范围，解决超长排距接力吹填施工中的技术难点，成为上航局当时在工程实践中要着力破解的难题。

在远距离吹填技术方面，比利时、荷兰等著名疏浚公司曾有陆上接力泵配合绞吸挖泥船进行远距离吹填施工的案例，但排距都没超过 20 千米。实际上，早在"十五"期间，上航局就对绞吸挖泥船提高施工工效进行攻关。2009 年更是依托曹妃甸工业区仓储区围海造地工程进行"超长排距大型绞吸挖泥船与接力泵船串联施工技术"研究，以解决超长排距吹填中的设备、工艺等技术难题。经过研发创新，在原有的大型绞吸船施工技术基础上，对接力泵船技术进行拓展，有效延长了系统的泥浆输送距离，扩大了大型绞吸船的适应性，同时避免了传统超长排距施工过程采用二次取土方式进行接力所带来的资源消耗和环境污染。整个超长排距施工系统安全、高效、低耗。

"超长排距大型绞吸挖泥船与接力泵船串联施工技术"的研发与应用，成功解决了曹妃甸仓储区围海造地工程远距离吹填的难题，"新海燕"和"航绞接一号"所组成的系统将管线延长至仓储区西部工程吹填区，施工排距达到 20.836 千米，实现了当时世界超长排距最新纪录。该项施工技术迅速在天津临港工业区二期围海造地工程、曹妃甸工业区仓储区围海造地工程和曹妃甸工业区仓储区西部围海造地工程中得到成功应用，加快了工程建设进度，大大缓解了在建项目对挖泥船的需求压力，产生了良好的经济效益和社会效益，同时真正达到了节能降耗、低碳施工的目标，为打造绿色环保疏浚提供了良好范例。这一施工技术在接力泵船、泥浆管道输送技术及模拟计算方法、系统智能化和集成化控制以及施工排距和生产效率等诸多方面都有着质的飞跃，填补了国内相关领域空白，带领我国疏浚行业超长排距施工技术跨入国际先进水平。

四、技术自主：软件系统智能化升级

为应对与发达国家疏浚公司间的激烈竞争，进一步夯实疏浚主业板块竞争力，"十一五"期间，中交集团提出疏浚技术水平要达到国际先进，疏浚软件与控制系统实现自主知识产权并向国外输出的宏伟目标。上航局依托多年技术创新的良好基础与国家重点实验室等研发平台资源优势，承担起疏浚软件与控制系统自主研发的攻关重任，在高精尖技术突破上持续发力。

（一）疏浚软件的自主研发

经过"十五"期的快速发展，以上航局为代表的国内大型疏浚企业在船舶硬件方面逐步走向国际化，但在疏浚软件与系统开发应用方面与国外知名疏浚公司还存在较大差距。我国大部分企业所用的疏浚软件以进口为主，且与硬件捆绑式销售，许多方面并不能满足国内疏浚施工的需求，且软件更新与维护成本高昂。为进一步提高市场竞争力，上航局开始自主研发拥有知识产权的先进、实用的疏浚软件，2007年将"疏浚软件"开发列为"十一五"期间全局重点科技开发项目。

针对不同的船舶类型，上航局先后设计出绞吸船、抓斗船和耙吸船等疏浚软件。2008年底疏浚软件研发项目完成，先后在"新海鸥""新海蚌""航链702"等船舶疏浚施工中进行实操检验，实船操控性、稳定性和可靠性等均达到满意效果。依托此项研发，上航局获批14项软件著作权证书，实现了耙吸、绞吸、抓斗挖泥船的疏浚监控系统软件的知识产权自主，改变了挖泥船疏浚自动化监控系统等核心技术长期被国内外系统集成商垄断的状况，实现了国内疏浚船智能化升级的重大突破。

在疏浚软件开发的同时，上航局还在"V1.0疏浚监测平台"基础上研发出更先进的"V2.0疏浚监测平台"，集成AIS船舶交会及雷达信息，实现施工中耙头和水下地形三维显示等功能，有效提高企业疏浚施工的综合竞争力。为更大范围内实现技术共享，上航局汇集世界疏浚自动控制方面的最新技术成果，编制"现代疏浚监控技术"相关教材，

"十一五"期间上航局获得版权的软件著作

序号	专利或软件著作权名称	知识产权类型	登记号
1	达华测绘铺排船辅助施工软件 V1.0	软件著作权	2009SR015259
2	达华测绘航绞接船监控软件 V1.0	软件著作权	2009SR015260
3	达华测绘接力泵船 PLC 自动控制软件 V1.0	软件著作权	2009SR015261
4	航道综合动态管理系统 V1.0	软件著作权	2009SR017496
5	达华测绘外业采集系统 V1.0	软件著作权	2009SR017497
6	达华测绘绞吸挖泥船机舱报警软件 V1.0	软件著作权	2009SR018948
7	达华测绘抓斗挖泥船定位软件 V1.0	软件著作权	2009SR018949
8	达华测绘绞吸挖泥船船舶位置信息显示软件 V1.0	软件著作权	2009SR018955
9	达华测绘绞吸挖泥船监控软件 V1.0	软件著作权	2009SR018956
10	达华测绘绞吸挖泥船 PLC 自动控制软件 V1.0	软件著作权	2009SR036727
11	达华测绘成果质检分析软件 V1.0	软件著作权	2010SR073041
12	疏浚船舶施工信息疏浚中心网络数据服务程序 V1.0	软件著作权	2010SR044782
13	疏浚船舶施工信息疏浚中心网络数据中心控制程序 V1.0	软件著作权	2010SR044780
14	疏浚船舶施工信息疏浚中心自动更新程序 V1.0	软件著作权	2010SR044945

填补了我国在这一领域的空白,对民族疏浚技术研发起到推动作用。

(二)综合控制系统智能化升级

随着GPS、计算机、传感器和自动控制等技术成果的应用,疏浚作业的优化和自动化控制一直是疏浚领域的重要课题。发达国家的疏浚船舶自动化控制系统研发始终遥遥领先,先后经历了"高效疏浚—精确疏浚—监控疏浚"三个技术台阶,并率先实现由单纯监控控制向综合数据处理控制的跨越。其新建的耙吸挖泥船普遍采用全集成控制系统,将测量、导航、电子海图等子系统通过网络连接起来,使耙吸船完全实现了自动化导航、操作和疏浚,挖泥船施工效率大大提高。

但这些系统仅具有实时采集与显示疏浚设备运行状态数据的功能，协同表现有较强的随机性与时变性，难以在短时间内对大量数据进行分析与决策。2008年，上航局联合中交疏浚技术重点实验室共同承担中交集团重大研发课题——"采用人工神经网络技术实现疏浚作业的控制与优化"项目课题，开展挖泥船疏浚过程的优化控制理论与试验研究，这也是当时中交疏浚技术重点实验室重要研究方向之一。

上航局为此组建以博士与硕士为主的攻关队伍，充分借鉴国内外疏浚控制技术的先进经验，并采用实船数据对模型和与土质特性有关的参数进行验证和校准：在耙吸挖泥船的应用上，选取"新海牛"在长江口深水航道施工时的数据，经过优化后，耙吸挖泥船生产效率提高了7.20%；在绞吸挖泥船的应用上，选取"新海鲲"的疏浚参数进行优化，使其产量提高了11.85%至22.70%。项目研究成果的应用，使自航耙吸挖泥船的施工装舱满载挖泥时间平均作业时间缩短5%～7%；绞吸挖泥船的产量提高20%～30%，产生良好的经济效益。

"十一五"期，上航局总结提炼一批在工程实践和重大装备中形成的创新成果。先后进行"基于模型的耙吸挖泥船的优化控制与性能评估"和"基于人工神经网络的耙吸挖泥船参数优化与软件开发"以及"绞吸挖泥船输送过程优化"等系列技术研究，解决了挖泥船疏浚性能未知的问题，弥补了监控系统在挖泥船疏浚产量、性能评估方面的空白。技术研发实现了多个"零"的突破：在国内外首度采用瀑流关联算法建立疏浚产量神经网络模型，首次建立符合我国耙吸挖泥船特性的耙头模型、泥泵管道模型和泥舱模型，总体水平达到国内领先。2008年，"先进疏浚技术与关键装备研发与产业化"获国家科学技术进步奖二等奖。

"十一五"期，上航局坚持"科技兴企"战略，将增强自主创新能力作为提升企业核心竞争力的重要环节，不断推进技术创新，在疏浚、填筑、装备、测绘等领域取得一批核心技术和关键性成果，先后获得国家级科学技术进步奖3项，省部级科学技术进步奖12项；获批国家专利48项，其中发明专利7项；获得国家级工法1项、省部级工法6项。

第六节　凝心铸魂，引领发展

"十一五"期，上航局以内涵提质化发展为目标，进一步深化国有企业改革，进入"稳中快进"发展新阶段。这一时期，上航局充分发挥党组织的政治核心作用，紧紧围绕改革发展中心任务，不断以改革创新精神探索党建工作新理念、新思路和新方式，在思想引领、制度完善、组织和作风建设、文化品牌提升等诸多方面均开创了党建工作新局面，为实现持续平稳较快发展、建设国际一流疏浚公司提供有力保障。

一、增强核心：加强领导班子建设

（一）思想领先，坚定发展信心

面对新形势新要求，上航局坚定以实现"两个率先""建设国际一流疏浚公司"为战略目标，坚持把创建学习型党组织和加强干部队伍思想建设作为首要政治任务。上航局党委坚持将贯彻落实党中央和国家方针政策同推进企业改革发展稳定紧密结合，一方面，通过两级中心组学习、选送干部到院校学习、举办中层干部培训班方式开展学习实践，提高领导干部运用科学发展观干事创业的思想境界和水平；另一方面，坚持实事求是，组织两级领导干部深入基层一线开展专题调研，把科学发展观运用到实际工作中，有效提升企业发展对策研究水平和领导干部破解企业发展难题的能力。

五年间，上航局党委坚持思想领先、典型引路，充分发挥理论先导作用、不断创新发展观念、准确把握发展方向，营造出"争先创优建一流、奋发有为促发展"的企业氛围，为推进企业在更高层级上实现科学发展打下日益牢固的思想根基。

（二）建章立制，完善治理结构

随着全面进入现代企业制度建设规范运作的新阶段，上航局主动适应企业发展变化，把制度建设放在重中之重，积极探索党组织建设新思路、新途径、新方法。为充分发挥政治核心作用，上航局党委加强对《公司法》和国资委相关文件的学习，一方面，修订《中交上海航道局有限公司章程》，制定《中交上海航道局有限公司董事会议事规则》《中交上海航道局有限公司监事会议事规则》《中交上海航道局有限公司总经理议事规则》《关于加强领导班子建设的意见》和《公司党委议事规则》。另一方面，在健全现代企业制度的组织架构和决策程序上，实行党委和董事会"双向进入，交叉任职"，董事会负责定战略、做决策、防风险，在酝酿重大问题决策前，党委提前讨论，形成班子集体思路与决策。

五年间，上航局党委将董事会依法选择经营管理者、经营管理者依法行使用人权相结合，让干部选拔任用制度化、规范化和程序化，不断提高选人用人公信度。修订完善干部管理办法，建立一线人才培养选拔机制，优化基层领导班子配置，增强整体功能和合力；完善干部选拔交流和考核激励制度，建立干部能上能下、能进能出的良性循环机制；营造事业留人、环境留人、感情留人、待遇留人的工作氛围。对于重大决策和涉及职工切身利益的重大事项，保护好职工的知情权、参与权，更好地调动和发挥广大职工的积极性、主动性和创造性。

（三）提升素质，强化组织建设

"十一五"期间，为加强党管干部、党管人才力度，更好提升领导干部综合素质，上航局根据国资委和上级党委的要求，按照建设国际一流疏浚公司要求，结合改革发展实际，开展以"政治素质好、经营业绩好、团结协作好、作风形象好"为主要内容的"四好"领导班子创建活动和检查考核工作，着力增强谋划企业科学发展、提高核心竞争力。在政治素质好的基础上，把经营业绩好作为重要的考核指标，为全局经济又快又好发展提供组织保障。通过开展"四好"领导班子创建活动，上航局领导干部理论水平和政治坚定性进一步提高，在全局营造出大事集体议、小事常通气的工作氛围。求真务实、敬业廉洁的作风和形象进一步树立，民主集中、团结和谐局面进一步形成，上航局荣获中交集团"四好"领导班子荣誉。

这一时期，上航局两级领导班子结合实际开展"打造坚强堡垒，树立先锋形象，促进科学发展，建设一流企业"为主题的创先争优活动以及"党在心中、情系群众、奉献航道""贯彻落实科学发展观，争当两个率先先锋"等主题实践活动。

（四）求真务实，严治企业作风

"十一五"期间，上航局党委持续深入开展作风改进工作，在全局大兴求真务实之风、调查研究之风、密切联系群众之风。两级班子围绕发展瓶颈问题、重大工程难点及一线干部职工思想动态，展开调查研究，促进党建工作与生产经营的深度融合。围绕"双百亿"目标，上航局党委组织开展互学互比、赶超争先的劳动竞赛，促推重难点工程项目建设。2009年，上航局进入装备建造大年，基层党委深入一线，勇于攻坚克难，实现了"新海牛""新海马"建成，以及四艘大绞和一艘27方抓斗船的建造任务，劳动生产再掀建设新高潮。

根据中央办公厅下发的《关于进一步从严管理干部的意见》，上航局党委从严管理干部，要求各级领导干部要以身作则，弘扬正气，讲实话、办实事、求实效，在大是大非问题上不搞通融，在执行党的路线方针上不讲条件，对违反党的原则的人和事不留情面，对工作不力和作风不正的干部不姑息迁就，对出了问题的干部不包庇袒护，进一步促进广大党员干部严于律己，加强自我管理，坚持讲党性、重品行、作表率。

二、夯实基础：创新党建机制模式

"十一五"期间，上航局党委全面推进基层党建工作再上新台阶。2009年9月中旬，党的十七届四中全会胜利召开，出台《中共中央关于加强和改进新形势下党的建设若干重大问题的决定》。上航局党委迅速对全会精神进行学习传达，并根据全国国有企业党的建设工作会议精神，进一步落实抓党建的书记第一责任人以及党员领导干部齐抓共管的责任。积极探索党建长效机制，围绕中心、服务大局、强化功能，不断尝试党的先进性建设新方法和新途径，为建设国际一流疏浚公司提供坚强的思想政治和组织保证。

(一) 加强改进党建机制

"十一五"期间,上航局党委进一步突出机制创新、制度创新和方法创新:运用全局在保持党员先进性教育活动过程中积累的成功经验与行之有效的方法,将其用机制、制度等形式固定下来,坚持下去,不断巩固和扩大教育成果;将各级党组织在工作实践中好的做法经验与加强党员教育管理、加强党的基层组织建设有机结合起来,着力搭建党建平台、创新党建载体、制定党建措施;突出对党员的经常性教育管理,形成党的基层组织建设和党员教育管理常抓不懈的机制。2005年,在制定下发《局管项目部党建工作管理办法》的基础上,制定项目部党建工作考核标准,为夯实项目部党建提供制度保证和工作指引。

2009年3月至6月,上航局党委按照中央统一部署,根据中交集团党委要求,遵循"坚持解放思想、突出实践特色、贯彻群众路线、正面教育为主"的原则,围绕"提高思想认识、解决突出问题、创新体制机制、促进科学发展"开展深入学习实践科学发展观活动。2010年,上航局以"推动科学发展、促进企业和谐、服务员工群众、加强基层组织"为主要目标,深入开展创建先进基层党组织、争当优秀共产党员的创先争优活动。上航局党委紧密结合实际,以"坚持科学发展、实现两个率先,建设国际一流疏浚公司"为主题,精心组织相关实践活动。学习实践活动中,上航局党委认真查找在国际化战略实施、技术研发、装备建设、人才培养、企业管理等方面影响和制约自身发展的突出问题,并针对性地制定整改方案和应对措施,以实际行动推动企业科学发展。

(二) 创新基层党建模式

"十一五"期间,随着生产经营规模的不断扩大,上航局党委更加注重发挥项目部和船舶基层党组织的作用,积极探索党建重心下移,提高基层党组织融入中心工作的能力。

这一时期,各单位党组织将基层党建工作融入企业发展过程,把党组织的思想政治优势、组织优势和群众工作优势转化为企业的创新优势,围绕战略性工程建设、重大市场开拓、重大装备建设等,更好地发挥基层党组织的战斗堡垒作用。中港疏浚公司为确保长江口工程能提前圆满交工,精心组织、科学施工,创造单项工程投入23艘船舶、月完成工程量1420万立方米、主机运转8000小时的三个历史之最。同时开展"长江口精神"征集活动,弘扬参建员工不畏艰难、顽强拼搏的奋斗精神,为企业持续发展注入新的精神元素。东方公司以学技术、学业务、学管理为内容开展"学习年"活动,有效激发士气。"新海燕"轮在提高"两个5%"上动脑筋,实现了"用最便宜造价的船,做好最难的超长排距,取得最好的经济效益"的目标。上海交建公司加大人才队伍建设,建立激励机制。各项目党支部通过评选"每月一星"、建立党员责任区等,安排党员对重点难点工程进行一对一监管,保证了工程顺利实施。上航建设公司将"做大总包,做强专业,提升品牌"作为工作主线,基层党支部围绕工作主线开展工作,处处彰显公司品牌质量效应。温州项目部党总支创新工作思路,化解施工难题,成功应用无砂软基处理技术,优质安全地完成工程任务,得到建设单位高度评价。勘察设研公司围绕"谋规划、促发展、做先锋、创一流"的主题,创建以党员骨干为领头人的党员先锋团队,为完成年度目标任务发挥基层党组织和广大党员的作用。装备工业公司出色完成航浚1001、9002轮等船舶修理和改造项目,积极发挥装备服务保障作用。航道物流公司以重组五年庆典为契机,组织干部职工回顾总结发展足迹,振奋精神,查找不足,明确努力方向。达华测绘公司发动党员干部开动脑筋,为企业发展开拓市场,在"高新技术企业"的基础上顺利通过了上海"小巨人"企业审核,并获得政府资助,建立四合一管理体系,在上海市企业管理中达到先进水平。教育中心把提高青年教师综合素质放到突出位置来抓,在各类培训项目的实施中发挥积极作用。浚浦置业公司针对公司经营租赁工作难题,发动党员积极献计献策,提合理化建议,共同寻找对策,解决航科大厦地区餐饮服务所遇到的困难。航道医院党员通过党员责任区、党员挂牌服务等活动自觉接受广大职工和病员及家属的监督。在实施"大海外"的战略背景下,上航局党委创造性地开展海外党建工作,使船舶党支部成为船员的"主心骨"。2008年,"新海虎""航浚5002""航浚4011""航浚

3001"四艘船舶征战南美市场。巴西公司党委引导教育员工正确认识实现"两个率先"先行者的责任，激励员工安心海外工作，积极拓展市场，树立 SDC 品牌。安哥拉工程项目部在做好工程的同时积极做好外包施工船员工作，保证海外施工队伍的稳定。

三、廉洁从业：注重监督融入管理

"十一五"期间，上航局党委坚持不懈抓好党风廉政建设，以"围绕中心，融入管理，注重预防"为工作思路，从增强人员廉洁从业意识、发挥制度建设保证作用、做好改革重点工作监督等方面扎实推进反腐倡廉工作，为企业发展保驾护航。

上航局党委充分加强对领导干部反腐倡廉教育，坚持每年召开两次加强党风廉政建设大会，采用传统教育与现代教育相结合、自我教育与灌输教育相结合、示范教育与警示教育相结合的方式，不断提高教育的针对性和有效性。"十一五"期间，上航局在举办的中层干部班和项目管理人员班中列入廉洁从业专题课程，完成教育培训542人次，对350余名两级中层管理人员进行廉洁从业谈话。局党委、纪委还通过开展送课进项目，举行"做'工程优质、干部优秀'的践行者"专题讲座，利用网络平台开展警示教育，进一步扩大廉洁从业教育覆盖面。同时加强和深化廉洁文化建设，在各基层单位积极开展"清风进家门""家属助廉"等活动，培育爱岗敬业、廉洁自律的核心价值体系。通过这些措施，上航局建立起有效的干部廉洁从业教育机制，促使领导干部严于律己、正确认识和使用手中的权力。

"十一五"期间，上航局党委深入贯彻落实《建立健全惩治和预防腐败体系2008—2012年工作规划》《国有企业领导人员廉洁从业若干规定》要求，对《党风廉政建设责任制实施办法》等原有制度进行修订完善，使其更符合企业运转机制。为强化领导人员对党风廉政建设责任意识，上航局党政负责人与基层各单位（项目部）党政负责人签订党风廉政建设责任书，进一步健全齐抓共管的工作机制。大力推行"一岗双责"制度，督促党政领导切实负起"领导、教育、管理、示范"的责任，认真履行"四个亲自"方针，即重要工作亲自部署、重大问题亲自过问、重点环节亲自协调、重要案件亲自督办。

上航局党委、纪委注重将监督融入管理，切实履行监督职能。坚持加强对执行重要人事任免、企业重大决策、重大项目安排及大额度资金运作事项等决策制度的监督，加强对执行民主集中制和领导班子议事规则的监督，加强企业经营管理关键环节和重要岗位的监督。制定《中交上海航道局有限公司招（议）标管理办法》和各专业项目招（议）标评标细则，进一步加强对劳务分包管理制度执行情况的监督检查，并对公司两级单位、项目部涵盖的劳务分包、协作单位状况进行摸底和梳理；坚持预控在前，发现苗头性问题及时警示，建立健全经常性的提醒和帮助机制；每年组织对各单位、直管项目部招议标执行情况进行专项检查，对检查中发现的问题及时下达建议书，抓好落实整改。2008年建立纪检监察、审计、法务联席会议制度，共同探讨工作联动、规避风险的措施。同时，开展效能监察，促进经营管理提质增效。2008年洋山深水港工程项目总部、2009年长江口深水航道治理三期工程疏浚项目分别被中交集团授予效能监察工作先进集体和优秀项目称号。上航局获得上海市建设交通系统2006—2007年党风廉政建设"六比"活动先进单位。2010年，上航局纪委被中交集团授予"纪检监察工作先进集体"荣誉称号。

四、春风化雨：文化沁润塑造品牌

"十一五"期间，上航局企业文化建设也与这一时期"建设国际一流疏浚公司"的战略目标相匹配，更加注重企业文化的对外形象塑造与对内凝心聚力的双重作用。

在传承百年航道文化基础上，上航局党委将物质文明建设与精神文明建设融为一体，紧抓"十一五"发展战略为企业文化提供的新机遇，凸显上航局在巩固扩大市场份额、实施国际化战略、提升装备实力和加强制度创新的进程中的竞争优势和品牌影响力。2007年，唐山曹妃甸通路路基工程、洋山深水港区一期工程陆域形成抛（吹）填工程以及航道疏浚工程、长江口深水航道二期疏浚工程获"全国用户满意工程"称号；上航局获"全国用户满意施工单位"称号。2009年，洋山深水港工程、长江口深水航道工程获国家级"百项经典暨精品工程"。

上航局积极探索建立符合时代精神和具有上航特点的企业文化体系，强化企业文化对企业改革发展的沁润作用，在全局营造风正、气顺、情融、向上的企业文化氛围。以培养有理想、有道德、有文化、有纪律的"四有"职工队伍为根本任务，以加强思想道德建设为中心环节，以内抓素质、外树形象为工作重点，广泛深入地开展群众性精神文明建设活动。大力推行文明单位、文明工地、文明船舶、文明窗口等创建活动，形成横向到边、纵向到底、全员参与、分层推进的精神文明创建格局。组织编发、宣贯《企业文化手册》，充分展示航道职工精神风貌和企业文化理念；2007年开展首届"十佳航道杰出人物"评选、2008年开展"航道科技精英评选"等活动，通过宣传身边人、学习身边事，引导全体员工把自身价值追求与企业战略目标、核心价值观融为一体。2008年，施俭、沈琦获上海市"五一"劳动奖章。2009年，刘若元、周显田获全国"五一"劳动奖章，谢永发获上海市"五一"劳动奖章。

这一时期，上航局充分展示航道建设新成就、科技进步新成果、精品工程新形象，不断扩大企业的社会美誉度和影响力。编写出版《蓝土地》《企业文化故事》等图书，完成《上海航道局局史2（1989—2000）》，制作《吹泥造田进行曲》《首席专家风采》《洋山交响曲》等专题片。其中，《洋山交响曲》在2007年国资委举办的首届央企文化活动电视专题片大赛中获得金奖。2010年，举办"中交上航局105周年历史回顾展、职工文化艺术作品展"，赢得职工群众好评。

上航局党委始终强调将企业自身发展与国家社会相融通，强化国企责任担当与奉献精神。2008年，面对四川汶川大地震，上航局党委第一时间作出反应，以最快速度组织开展捐款捐物，支持灾区重建，共组织员工捐款、特殊党费、特殊团费、救灾物资合计210余万元。2010年，上航局开展"文明路口""文明在脚下"等"迎世博"志愿服务活动和扶贫帮困、义务捐献、爱心助学等社会公益活动。同年向中国航海博物馆捐赠展品20余件。全局90%的基层单位获评省、市级文明单位。

"十一五"期，依托中交集团整体上市的"春风"，上航局以强烈的发展意识和精准的世界眼光，紧抓历史机遇，持续改革创新，实现了企业"稳中快进"的跨越式发展。五年间，逐步完善现代企业制度、健全市场化经营机制、提升管理效能，企业核心竞争力明显增强，在市场经营、装备结构、技术创新、人才队伍等方面均取得较大突破。至"十一五"期末，上航局实现经营性净现金流累计36.74亿元，年均毛利率18.36%，资产负债率从65.44%降到51%，总资产从2005年68亿元增加到2010年144亿元，净资产从23.5亿元增加到66.5亿元。"建设国际一流疏浚公司"的战略目标成为员工共识，"上航局"知名度和影响力不断提升。随着中交集团亮相世界500强、真正跨入世界一流企业行列，上航局也将再次于时代新征途中，点燃民族疏浚崛起之灯簇，参与更加澎湃的历史大潮中！

中篇　重大工程
——质量与品牌的交融

第四章　励精图治　依浚兴国

新世纪以来，现代化、全球化、城市化的浪潮席卷古老的神州大地，带来勃勃生机的崭新图景。强劲而迅猛的经济贸易发展动力，对国家港航基础环境提出更高要求。为中国港航事业建设提供强力支撑，成为中国航道人的时代使命。在这样的背景下，上航局扛起振兴民族疏浚产业的大旗，积极参与新世纪基建热潮。

本章精选上航局在 21 世纪最初十年里在国内市场上具有里程碑意义的 6 个重大工程，它们不仅是上航局全力服务国家建设的体现，也是在全国享有普遍美誉的实例：长江口深水航道治理是中国民族疏浚的世纪难题，上航局在长江口筑起"水下长城"，通过十年努力打通水深 12.5 米的"黄金水道"，为长江经济带乃至全国的经济腾飞奠定基石；"西煤东运"是中国能源经济的主要战略之一，上航局的十年坚守确保了黄骅港这条水上大动脉的畅通，构筑起"西煤东运"的重要枢纽港口；上航局参建的连云港和宁波北仑两个深水大港，极大地提升了东部沿海港口群的规模能级；上航局先后接手河北曹妃甸人工岛和天津临港围海造地工程，为渤海湾增设两颗璀璨的"明珠"。依托这些代表性工程，上航局不仅成为中国港航基础设施建设的中坚力量，也奠定了自身在国家疏浚领域的领跑者地位。

第一节 世纪梦想 十年功成
——长江口深水航道治理工程

一、世界难题：承担"打开长江口"重任

"巍巍长江口，百年拦门沙"。长江口是世界著名的巨型多沙河口，江面茫茫无边、沙洲冲淤不定、河势动荡变化。自徐六泾以下，平面上呈喇叭形，崇明岛将长江口分为南、北二支；长兴岛和横沙岛又将南支分为南、北二港；九段沙将南港又分为南、北两槽，形成长江口"三级分汊，四口入海"的总格局。

长江口年均入海径流量为9240亿立方米，年均入海沙量为4.86亿吨。流域来沙至长江口入海时，其较粗部分沉积在口外三角洲，细颗粒则被带到外海。长久以来，在河口地区水动力条件下，咸、淡水交汇，产生细颗粒泥沙絮凝沉降，在入海汊道的部分区段就形成了水深远较其上、下游浅的"拦门沙"，从苏北启东嘴至上海南汇嘴江面横向90千米，纵向长达40~60千米，面积近5000平方千米，接近当时上海市陆地面积的大小。

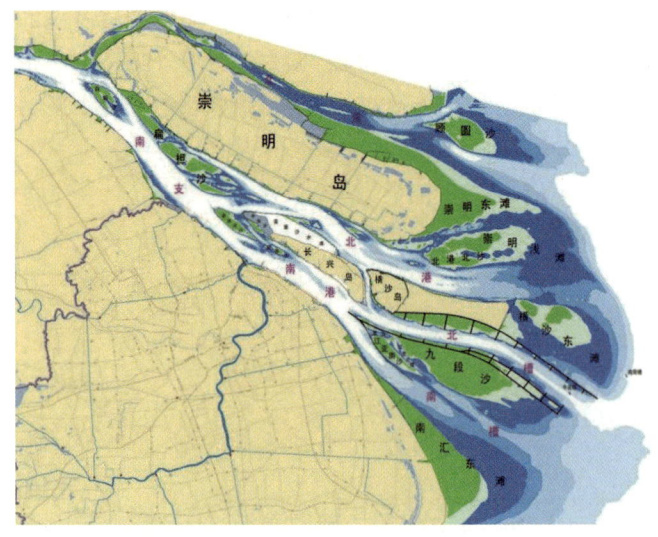

长江口河势图

近代以前，无数轻舟小船能安全地与长江口的"拦门沙"擦底而过。随着现代船舶航运走向大型化，"拦门沙"碍航的问题逐渐显现出来，稍大的船舶只能减载通行，因增加了运输环节，大幅降低了经济效益。经年累月形成的巨量泥沙堵住了长江的"嗓子眼"，成为上海航运乃至长江三角洲更快发展的桎梏。随着改革开放的推进，长三角地区船舶载重总吨位逐渐超过欧洲内河总体运力规模，尽管长江干线的全长为欧洲主要河流莱茵河的两倍以上，其货运量却不到莱茵河的十分之一，远远不能满足当时上海港及南京港以下110多个万吨级以上泊位船舶的进出需求。20世纪末，长江口航道的现状已无法满足经济迅猛发展的需求。治理长江口航道势在必行。

长江口宽达90千米的分汊河口给建设者出了难题：长江河流水势复杂多变，沙滩冲淤不定。治理这么长的河道，先修哪儿、修多长，都会带来某一区段水流量、流速的改变，进而影响后续工作。在这种境况下，传统的清淤装备和工艺都不适用，工程实施风险极高、施工难度空前。根据时任上航局下属设研院院长周海回忆，不少具有丰富河口治理经验的荷兰、美国权威专家都曾来长江口考察。他们看了之后不由得感慨道："这哪里是河口，分明是海口！"毫无疑问，长江口深水航道的治理是世界级水运难题。

事实上，长江口深水航道治理的想法由来已久。早在新中国成立之前，孙中山先生在《治国方略》中便提出治理长江口的宏伟构想；新中国成立后，长江口航道治理工作的规划构想持续推进，上航局则是推动这一工作的重要力量。20世纪50年代，上航局会同南京水利科学研究所（现"南京水利科学研究院"）、华东师范大学开展大规模的现场同步水文测验和地形测量，取得第一批丰富的现场资料，在长江口规律的认识上迈开坚实的第一步。此后，上航局持续勘察长江口水域，采用多种研究手段，进行多学科的、系统的长期研究，取得丰硕的成果，基本摸清长江口的发育模式和河床演变的一般规律，初步掌握长江口的水流动力、泥沙、风浪等基本要素，初步明确细颗粒泥沙絮凝及拦门沙成因等问题，为制定长江口综合治理规划、航道治理规划及实施拦门沙治理积累了宝贵的资料和经验。

二、锲而不舍：为长江口航道治理"练兵"

1992年，党的十四大作出了"以上海浦东开发开放为龙头，进一步开放长江沿岸城市，尽快把上海建成国际经济、金融、贸易中心之一，带动长江三角洲和整个长江流域地区经济的新飞跃"的重大战略决策，长江口深水航道攻关专题被列入国家"八五"科技攻关计划。在交通部的直接领导下，上航局为该专题的第一承担单位。经过与其他承担单位一年半的通力合作和艰苦努力，上航局创造性地提出在长江口总体河势基本稳定的条件下，可选择"北槽先期进行工程治理"的重大论断，并制定整治工程（建设相配套的导堤丁坝）和疏浚工程相结合的治理方案。为此，上航局专门成立研究组，在时任局长马正平、分管生产副局长及总工程师的直接领导下推进长江口深水航道治理水工结构型式研究。面对长江口自然条件复杂、没有成套施工工艺的情况，研究组通过调研国内外各类海工、水工和河道治理的相关技术，制定出专门的软体排铺设和深水袋装砂铺设方案。1997年9月，国务院召开工程汇报会，认可上航局提出的南港北槽方案。长江口深水航道治理的"蓝图"就此确定，进入实施阶段。

不过，由于长江口深水航道治理工程中整治建筑物规模浩大，施工区域自然条件较恶劣，且设计中拟采用的导堤结构方案缺少可借鉴的经验，因此在工程全面实施之前，上航局决定从北导堤中选取具有一定代表性结构的A标段作为试验段工程先期进行施工。长江口北导堤试验段（A标）工程于1997年下半年开工，标段位置始于横沙东滩3千米长石堤东端处，并向东延伸至5.3千米。试验段施工内容主要有铺设软体排护底2.3千米，使用砂肋和砼联锁块两种压载模式；袋装砂袋堤心600米；干砌块石护面、浆砌块石护面及模袋砼护面各200米。对此，上航局项目部凭借太仓工程建设经验，创新性地使用袋装砂堤心斜坡堤和半圆形混合堤结构进行筑堤。经过项目团队的不懈努力，试验段工程终获成功，共筑导堤800米，铺设护底软体排2.3千米，初步确定上航局长江口深水航道治理方案的可行性。

通过长江口北导堤试验段（A标）工程和太仓工程的历练，上航局参建长江口深水航道治理的工程方案、施工技艺、技术装备和人才队伍日趋成熟。长江口深水航道治理工程——这项基于几代中国人不懈推动的跨世纪工程,终于拉开建设序幕。1998年1月27日,工程在上海浦东新区外高桥沿江大堤宣告开工,时任交通部部长黄镇东主持开工典礼。上航局这支斗志昂扬的队伍,怀揣百年民族疏浚梦想奔赴长江口。

三、"水上长城":长江口北导堤的建成

治理长江口,整治建筑物工程率先进行。建设南北导堤、丁坝等整治建筑物,以达到导流、挡沙、减淤的目的,为后续深水航道的开挖和维护创造良好的条件。北导堤N标段项目由上航局承建,1998年7月1日开工。北导堤N标段全长24千米,其中包括丁坝4座。主要结构形式为大型袋装砂堤心、模袋砼压顶、钩连块体护面的斜坡结构。

北导堤N标段位于横沙东滩附近,是长江口深水航道治理工程整治建筑物的重点。要在长江口的茫茫水域中筑建一座名副其实的"水下长城",谈何容易。工况条件方面,施工水域开敞,远离陆地,河床底质松软易动;从施工要求看,导堤结构新颖,有些工艺尚处于试验和摸索中;而在工期节点上,必须在一年半内完成,国内水运工程建设史上前无古人;全部工序均需要依靠船舶作业,除去风浪潮等自然条件影响,年水上作业天仅有150至180天。恶劣的自然条件,紧迫的工期要求,全新的施工工艺,压力可想而知。上航局举全局之力,局长挂帅,成立长江口工程指挥部,调集金牌项目经理和具有多年现场施工管理经验的生产技术骨干组建项目部,开赴横沙,全面应战长江口深水航道治理一期工程。

长江口水域宽阔,风大、浪高、流急,在水深2～10米的施工条件下,要实现安全、优质、高效的斜坡堤施工,就必须改进关键技术。建设团队在北导堤工程中创造性地采用新型护底材料和结构,使用土工布做成数千平方米的大型软体排,再在其上压载混凝土预制联锁块或内灌砂的土工布砂肋袋,采用专用船机设备铺入江底,形成软体排护底,相当于在河床铺上一层"被子",起到隔离、反滤、削弱河床冲刷等

作用，保护堤身结构稳定。在软体排铺设的基础上，率先采用在先导工程中运用成熟的袋装砂堤心斜坡堤和半圆形混合堤结构进行筑堤。袋装砂堤心斜坡堤结构以抗浪性能好且砼量较省的钩连块体作护面，堤心则以长江口就地可取的粉细砂充填在土工织物袋内，造价较传统抛石堤大为降低。半圆堤结构则具有优异的力学性能，可减小波浪水平力，地基应力分布均匀，对地基承载力要求低，施工期抗浪稳定性好，水上作业工序简单。这两种堤身结构设计既能适应长江口自然条件及多砂少石的特点，又能将新型工程材料与传统堤型结合起来，大大提高了施工效率。

勇于实践，敢于探索，在工程实施过程中，建设团队探索出多层复合沙袋施工工艺，开发了软体排铺设、袋装砂充灌和模袋混凝土充灌等专业船舶，取得了开体驳抛投砂枕的

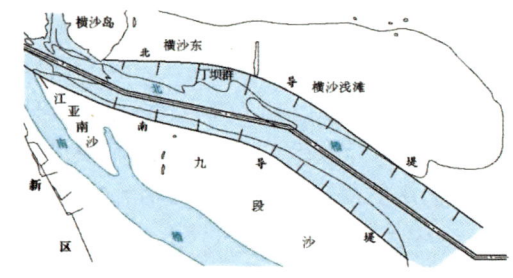

长江口深水航道南北导堤平面示意图

长江口北导堤鸟瞰

试验成功。2001年5月31日，长江口深水航道治理一期工程北导堤顺利竣工，比设计工期整整提前了一年。

2002年4月起，二期工程克服重重困难，使得北导堤最终成型——闪耀着上航人智慧结晶的北导堤，从长江口蛟龙出水，横空出世。这条总长49千米的长堤，为后续长江口建设构筑起坚实的屏障，被在现场视察工作的时任全国政协副主席、原水利部部长钱正英赞为"中国的水下长城"。

被誉为"中国的水下长城"的北导堤

四、三步跨越：12.5米深水航道的全线贯通

按照国务院确定的"一次规划，分期实施"的原则，长江口深水航道治理工程分三期持续推进。工程采用整治与疏浚相结合的方案，建设分流口工程、双导堤、丁坝等建筑物，在整治工程发挥导航、挡沙和减淤作用的前提下，辅以疏浚工程并维护深水航道。

长江口深水航道治理工程各期实施主要时间节点

实施阶段	目标航道水深	开工	交工验收	竣工验收
一期工程	8.5米	1998年1月27日	2000年7月20日	2002年9月22日
二期工程	10米	2002年4月28日	2005年6月16日	2005年11月21日
三期工程	12.5米	2006年9月30日	2010年3月14日	2011年5月18日

2002年9月，长江口深水航道治理一期工程通过竣工验收，改变了万吨级船舶需要候潮进港的历史，为上海港集装箱吞吐量突破500万标准箱立下汗马功劳，使上海港吞吐能力和集装箱吞吐量世界排名迅速前移。

2002年4月，长江口深水航道治理二期工程正式开工。上航局承建南导堤 SIIA 标段。南导堤 SIIA 标段全长 11.7 千米，其中丁坝 2 座，促淤潜堤 8.1 千米和续建丁坝 4 座。

相对一期工程，二期工程远离陆岸，工况条件差，浪高流急，投入的船舶等设备多，项目部采取全方位、全天候的动态管理。为提高施工质量和效率，项目部想方设法进行技术攻关。利用自身技术力量开发完工程船舶 GPS 定位系统软件，做到定位准确无误。先后编制"软体排理论坐标计算程序"和"导堤理论坐标计算程序"等管理软件，为工程文件的创建、施工船舶的进点提供理论依据。工程建设过程中，施工人员不断创新施工工艺，提高施工效率。比如，对袋装砂充灌工艺进行优化，将以往需人工绑扎的砂袋单层袖口改造成双层袖口，既高效又安全；将单层砂袋充灌改为多层砂袋充灌，将工效提高近 40%。在此基础上，成功完成复合砂袋施工的试验，将砂袋充灌施工与反滤布施工两道工序合二为一，实践证明，这种施工方法成堤质量好、效率高。

与此同时，恶劣的天气条件时刻影响着施工进度。2002 年 12 月，一场寒潮大风使海底地基发生 1～4 米的突发性沉降，原本整齐的大堤遭到破坏，工程不得不停工。经过大量的现场调查、测算和分析，专家们得出结论：海底地基土在大浪的作用下发生软化，工程结构被破坏。这样的案例世界各国均极少遇到，正如日本专家所认为的，这是个"当今世界上最尖端的技术问题"。经过项目团队三个月紧张的实验、分析、推算以及模拟波浪重复荷载作用的地基土动/静三轴实验，一条创新的思路诞生了：把海底地基易软化的软黏土中的水排出，加固地基土以提高抗软化能力。由此，加固海底地基的"空心方块"被设计出来。一度停工 11 个月的工地再次热闹起来，"豆腐块"上稳稳地筑起了一道水上长城。上航局与三航局在长江口南导堤上的顺利会师，标志着整治建筑物项目重大节点目标的攻克。

2005 年 11 月，长江口深水航道治理二期工程通过竣工验收，航道水深由 8.5 米增加到 10 米，为上海港货物吞吐量持续增长提供了保障。2005 年，上海港全年货物吞吐量达到 4.43 亿吨，比上年增长 16.9%，首次超过新加坡港跃居世界第一大港，集装箱吞吐量位列世界第三。

2006年9月，长江口深水航道治理三期工程正式开工。时任交通部副部长翁孟勇视察长江口三期工程时明确指出：三期工程成功与否，疏浚是关键。"一丈不通，万丈无用"，"10000-1=0"便是长江口深水航道治理工程的计算公式。

然而三期工程开工不久，工程建设就遭遇"拦路虎"：回淤量超过预期。面对滚滚而来的泥沙，项目部通过大量的物模试验、数模分析，首次建立起径流、潮流、波浪和盐水等多种复杂因素共同作用下的长江口全沙（悬沙和底沙）数学模型，先后对100多套减淤方案进行优化完善，最终选取增加11座丁坝的长度、缩窄北槽上中段河宽，加大水流输沙能力的第101套方案。方案一经实施，驱沙成效显著。

为更好地完成长江口深水航道治理三期工程，上航局还为工程度身建造当时中国最先进的疏浚船"新海牛"与"新海马"。这两艘"姐妹船"以其独有的多波束扫海系统发射声波"照射"航道，依据接收反射的回波测定航道的深度和形状，实时识别施工效果，推动施工决策。这些先进的疏浚技术，极大提升了长江口深水航道治理三期工程建设的效率和质量。

长江口深水航道治理三期工程开工典礼

2010年3月，长江口深水航道治理三期工程通过交工验收，并于2011年5月通过竣工验收。长92.2千米、水深12.5米的长江口深水航道按国家规划要求实现全线贯通。至此，中国水运建设史上最大的航道工程历经40年研究和13年建设取得成功，中国人"打开长江口"的百年梦想终得圆满。

长江口深水航道治理工程实际主要建设内容

实施阶段		一期工程	二期工程	三期工程	合计
分流口	南线堤（千米）	1.6	—	—	1.6
	堵堤（千米）	0.73	—	—	0.73
	潜堤（千米）	3.2	—	—	3.2
南导堤（千米）		30	18.077	—	48.077
北导堤（千米）		27.89	21.31	—	49.2
护滩丁坝（千米）		0.5	—	—	0.5
促淤潜堤（千米）		—	8.087	—	8.087
长兴潜堤（千米）		—	—	1.84	1.84
南坝田挡沙堤（千米）		—	—	21.22	21.22
丁坝	数量（座）	10	14	11	35
	总长（千米）	11.19	18.9	4.621	34.711
航道疏浚长度（千米）		46.13	59.5	92.268	92.268
航道长度（千米）		51.77	74.471	92.268	92.268
疏浚量（万立方米）		4386	5921	21849	32156

值得一提的是，由于长江口是一个生态十分敏感的水域，上航局在长江口深水航道治理工程中高度重视生态保护。据统计，一期工程环保投入费用为930.045万元，二期工程环保投入费用为1062.09万元，三期工程的环保投入更是达到2159万元。在施工中，上航局等参建单位对长江口水质、生态环境、渔业资源等进行密切监测，先后在长江

口进行多次放流,包括3千余尾中华鲟幼鱼,近4万只中华绒螯蟹以及花白鲢、黄颡鱼、翘嘴鱼、暗纹东方等多种重要经济鱼类,开创了中华鲟全人工生态养殖和长江口生态修复放流先河。同时,上航局还通过底栖生物群落整体移植工程构建了我国第一个人工牡蛎礁,使大型底栖动物数量由原来的6种增加到30多种,鱼类增加到50种。对此,世界自然基金会专家们亦表示认可与赞赏:"长江口深水航道建设中关于自然保护的一些探索和实践,具有开创性和代表性,为世界河口城市的航道建设提供了有益借鉴。"

长江口深水航道治理工程在具有丰富河口治理经验的美国专家、日本学者、荷兰技术顾问眼里是一项"根本不可能成功"的工程。法国的塞纳河航道整治到13.6米水深,耗时45年;美国的密西西比河航道整治从2.7米水深整治到13.7米深,耗时160年。而以上航局为代表的建设者们仅用13年时间就交出了一份漂亮的答卷,两条如长龙般的"水下长城"一举锁住深水,12.5米深水航道畅通无阻。

五、"黄金水道":长江经济带腾飞的"引擎"

"一寸水深一寸金",如果将长江誉为"黄金水道",那么长江口深水航道治理工程便是一把开启"黄金水道"的"金钥匙"。正如时任交通运输部副部长徐祖远所说:"长江口深水航道的建设就好比建造一个马力充足的引擎,有了这个引擎,长江'黄金水道'这条巨龙可以再次高飞了。"

长江口深水航道治理工程显著提高了长江航运能力,使得长江口进出船舶航次和装载量大幅提高,极大释放了长江航道的运输潜能,取得的直接经济效益巨大。在长江口深水航道开通前,5万吨级以上船舶满载无法进出长江口航道;相比而言,深水航道开通后,完全可以满足第三、四代集装箱和5万吨级船舶全天候双向通航的要求,使得第六代大型远洋集装箱船舶、10万吨级满载散装货船可以乘潮通过长江口,江海直达的梦想得以实现。随着2010年三期工程的竣工,当年上海港的货物吞吐量达到6.5亿吨,相比2000年增长了3倍之多,稳居世界第一。长江口深水航道治理工程的成功实施,不仅进一步巩固了上海港在亚太地区集装箱运输中的枢纽地位,而且促进了上海国际航运中心的形成和发展。

长江口深水航道治理一期工程获得2003年度交通部水运工程质量奖、2004年获得中国土木工程詹天佑奖,2005年获得国家优质工程金奖;二期工程在2007年获得交通部水运交通优质工程奖,2008年获得中国土木工程詹天佑奖和国家优质工程金质奖;三期工程亦获得国家优质工程奖。对于上航局来说,长江口深水航道治理这项史无前例的大型工程真正成为"立局之本",铸牢了上航局的优质品牌。

长江口深水航道治理工程是我国规模最大、环境最为复杂、技术难度最高的水运工程。上航局求真务实、开拓进取、自主创新,依据河势变化实施科学的动态管理,形成包含诸多创新成果的长江口深水航道治理工程成套技术。2006年5月,该技术成果通过包括钱正英、潘家铮等九位院士在内的专家组的鉴定,专家组成员一致认为该项科技成果是我国河口治理和水运事业的伟大创举,也是世界上巨型复杂河口航道治理的成功范例,居于国际领先水平。该成套技术被迅速应用到洋山深水港、青草沙水库、横沙东滩圈围等一系列重大项目中,受到日本、荷兰、德国、俄罗斯、美国等国际同行及国内水利、土木等相关行业专家的极大重视。长江口深水航道治理工程成套技术不仅推动和保证了上航局的高速发展,而且大大提升了水运工程全行业的技术水平,推动我国航道建设治理技术走向世界前列。

长江口深水航道治理工程自实施以来,始终伴随着争论、怀疑,也遭遇了台风频袭与强骤淤的挫折,但是一代又一代上航人始终秉持"水深线就是生命线"的理念,战风斗浪,筑就"水下长城",全力保障长江黄金水道咽喉的畅通,展现出奋进开拓、探索创新、产业报国的良好精神风貌,铸就了不灭的"长江口精神"。

第二节　海上通途　西煤东运
——河北黄骅港工程

一、挥师北上：在新市场上崭露头角

渤海之滨的黄骅，原名新海县，为纪念革命烈士黄骅而更名。20世纪80年代之前，这里是一片不毛之地，零星几个小渔村的渔民世世代代在这片贫瘠的土地上谋生。1984年，《人民日报》刊登了一篇划时代的文章——《陕北有煤海，质优易开采》。为充分挖掘西部丰富优质煤炭资源，党中央关于建设国家"西煤东运"第二大通道的战略决策在1992年正式下达，黄骅港因其得天独厚的天然优势——陆运距离最短，建设与运输成本最低，幸运地被划入建港备选地址之一，为自身发展带来了历史性转机。

"西煤东运"的决策是黄骅港建设的开端。由于黄骅港所在地为淤泥粉砂质，且距离黄河入海口仅230千米，近岸海域泥沙含量较高，在当时的技术条件和实践经验下，这样的地质条件在行业内被称为"建港禁区"。然而，经国内专家、学者多次现场勘察和科学论证，证实了黄骅建设运煤大港决策在技术上的可行性。1997年，经国务院批准，由神华集团投资建设黄骅港煤炭码头，黄骅港成为"西煤东运"线路的关键枢纽之一。

在这项关系"西煤东运"落地的重要工程之中，上航局全程参与项目建设，为黄骅港建港以及航道拓宽、增深和维护作出突出贡献。承接黄骅港工程，是上航局正式挺进北方地区的"号角"，也是对上

河北黄骅港系列工程

航局自身实力的一次大考,成败至关重要。

二、攻坚克难:推动黄骅港航道升级

2001年工程初始阶段,上航局先以租船方式进入黄骅港航道维护疏浚工程。当时黄骅港的航道水深只有5.4米,且整个航道处于反复回淤的状态。面对粉土板结密实难挖、大风骤淤量大、冰凌影响面广等困难,上航局项目部攻坚克难,并在短时间内取得成效。鉴于初期的有效工作,2003年起,黄骅港航道疏浚工程改由上航局总承包,负责整个工程的施工。从租船业务到施工总承包,从黄骅港一期、二期航道维护疏浚工程到黄骅港航道拓宽增深工程再到双向航道工程,在建设黄骅港的十年中,上航局共投入"新海牛"等9艘大型耙吸挖泥船和多艘绞吸挖泥船,成功实施"浅滩耙绞联合"的特殊施工工艺,为黄骅港航道畅通保驾护航。

2001年1月1日,黄骅港一期航道维护疏浚工程刚开工就遭遇了寒潮,施工海域全是浮冰。进出的煤船冲撞挤压导致碎冰层层叠加,冰层厚度最大达80厘米。庞大的冰群随波逐流挤压浮筒,使得航标数

黄骅港航道维护疏浚工程合同签字仪式

次出现位移。恶劣的工况极大考验着建设团队。为了不影响工期,项目部毅然决然多次组织船舶进入口门段试挖。为了确保工程顺利推进,想尽办法改进工艺:耙头钢丝套上原木,防护冰层横向力使其损伤断裂;疏浚船加强海水冷却系统的检查和清理,防止碎冰堵塞水管确保主机运转正常。

除了恶劣的天气,建设者还要应对黄骅港的"铁砂"难题。黄骅港的细粉砂既黏又硬,淤积时若不及时清除,板结后坚固如"铁砂"。为此,建设团队迅速进行施工机具的改造和开发,各种针对"铁砂"的新型耙头、耙齿相继诞生,"航浚4009"率先完成测试,"航浚4006""航浚5001"完成新型耙头和消能箱的换装,"航浚4008"采取加焊挡板的"贴地法"及增加耙齿数量,改进安装部位等措施,提高耙头能力。鉴于黄骅港航道进出港船舶频次高、船舶通行与航道疏浚施工干扰大的情况,项目部率先使用VTS船舶交通管理系统,24小时保持与港口调度的信息互通,及时掌握进出口港煤船动态,最大程度提高挖泥时间利用率。

2005年12月10日,黄骅港一期航道维护疏浚工程竣工验收,航道水深达到11.5米,在不候潮的情况下,5万吨的煤船可以自由进出港。2006年7月,黄骅港二期航道维护疏浚工程竣工验收,航道水深达到12.3米。

2007年6月底,上航局承担黄骅港航道的拓宽与增深工程。施工初期,由于边坡开挖区域上层土质多为淤泥,易于开挖,拓宽段30米范围内平均水深在10天内就达到了11.73米。但随着拓宽段的逐渐增深,个别区段浚挖土质含沙量增大,挖掘难度增大,进度受阻。经过参建船舶的全力奋战,2007年8月21日,黄骅港拓宽增深工程实现航道底宽170米、航道水深13米的设计标准,顺利通过竣工验收。这标志着黄骅港告别5万吨级煤船进出"一船一批"制的历史,对于黄骅港的发展意义重大。

黄骅港双向航道工程自2006年开始实施。南拓宽工程是在黄骅港原航道底宽170米基础上向南增宽30米,航道导堤里段外段同时施工。北拓宽工程需要向北增宽35米,施工分为重点区段开挖和贮泥坑具备抛泥条件两个阶段。经历南北拓宽工程之后，黄骅港航道于2009年4月实现底宽235米的设计标准。2011年10月，这一全长43.48千米、水深14米、底宽270米的"双向水上高速通道"顺利建成，开启了黄骅港发展的新纪元。

在黄骅港双向航道工程施工过程中，项目部归纳总结出不少具有工程特色的施工工艺，例如将浅区施工工艺、泊位清淤施工工艺、流态复杂区施工工艺等灵活组合运用，实现疏浚效率最高、成本最低、工期最短的管理目标。此外，项目部还尝试了耙绞联合施工工艺等创新设计，施工成效显著。同时，针对黄骅港回淤的密实粉土粉砂，项目部研制出DN900系列耙头，并在此基础上对高压冲水喷嘴、吸口长度、使用材料和焊接工艺做进一步改进，显著提高施工效率。2006年4月，上航局成立专题科研小组对黄骅港土质工况条件进行研究，总结出一整套航道疏浚的技术和方法，汇编成《淤泥粉砂质海岸长航道疏浚关键技术研究和应用》。该技术达国内先进水平，荣获2010年度中国水运建设行业协会科学技术二等奖及河北交通行业科技成果一等奖，为我国淤泥粉砂质海岸的港口建设和回淤治理提供了理论支撑和技术指导。

三、夙愿得偿："建港禁区"终成世界煤港

"昔日泥潭觅蟹踪，讶叹荒滩跃巨龙。"在上航建设者的不懈努力下，黄骅港在十年时间里，从被称为"建港禁区"的烂泥海滩蜕变成渤海之滨的世界级煤炭综合性港口。统计数据显示，项目建成后，黄骅港完成港口吞吐量1.13亿吨，正式跨入亿吨大港之列。同时，黄骅港的装运能力逐年攀升，为神华集团"矿、电、路、港、航"一体化产业链的全面实施提供保证，进一步畅通我国"西煤东运"的海上战略大通道。

黄骅一役，是上航局挺进北方市场的揭幕战，更是攻坚战。在黄骅港工程优良质量、精湛工艺的示范下，上航局顺利拓展北方疏浚市场版图，先后承接曹妃甸系列工程和天津临港工业区围海造地工程，逐渐打响了上航局在北方疏浚业务市场的品牌。

河北黄骅港系列工程

第三节　耀世关口　海州新貌
——连云港港航道系列工程

一、航道扩建：开启老市场的新局面

"倚山傍海，自古一派金瓯；山海相辅，造就耀世关口。"连云港，古称海州，因面向连岛、背倚云台山，地处海州湾西岸，地理位置优越、交通发达，成为我国南北、陆海过渡的交汇点和对外贸易的重要口岸。

连云港建设深水大港的论证工作由来已久。20世纪70年代，顺应"全国大建港"的热潮，连云港港进入大发展时期。20世纪90年代，作为江苏省唯一的出海口，连云港港发展大幅度提升。随着全球化的发展和国际贸易需求量的增加，1992年12月1日，国家在连云港开辟出一条横贯亚欧两大洲的铁路大通道。这一"新亚欧大陆桥"东起中国连云港，西至荷兰鹿特丹，全长10 900多千米，途经哈萨克斯坦、俄罗斯、白俄罗斯、波兰、德国、荷兰等7个国家，辐射30多个国家和地区。此后，随着新亚欧大陆桥铁路运输的开通，连云港以"东方桥头堡"的特有魅力在国内外产生巨大的影响。开通大陆桥，建设东方桥头堡，迈开对外开放的大步伐，构成了连云港港崛起的新框架。建设深水港区、提升泊位等级、加快集装箱泊位建设等成为新世纪连云港港口建设的重点。

连云港一直都是上航局的"固有市场"。早在20世纪50年代，作为上航局前身的上海区疏浚队就承担了连云港港油轮码头工程疏浚任务，成为连云港港口建设的重要力量。70年代初，在周恩来总理"三年改变港口面貌"的号令下，上航局拉开了征战连云港港的帷幕。半个多世纪以来，上航局为连云港港口建设作出重要贡献。2000年，上航局一举中标连云港港5万吨级航道扩建工程，开启新一轮连云港市场的开拓进程。

2000年4月，连云港港5万吨级航道扩建工程开工。该工程施工总长度15.325千米，疏浚深度10.5米，施工范围包括连云港港外航道、庙岭甲乙段航道、庙一港池掉头区、煤码头泊位区。外航道疏浚工程量613.7万立方米，其余区域疏浚工程量205.8万立方米，其中吹填157万立方米，施工期为195天。上航局派遣"航浚1001""航浚1002"前往施工区域，在较短时间内就将外航道水深疏浚至9.5米，及时解决了大型船舶进出港的难题。连云港港5万吨级航道扩建工程的顺利开展，为后续工程建设赢得良好开端。

连云港5万吨级航道建成后，港口年吞吐量在2000年年末达2000万吨。然而，随着港口船舶的大型化和第四代集装箱船舶来港的增加，连云港港亟需进行7万吨级航道的增扩改造。2001年，连云港建港指挥部与上航局在5万吨级疏浚施工合同基础上续签7万吨级航道扩建工程的补充合同，并于同年7月初开工，在原航道设计走向及底宽的基础上增深至11.5米并向外航道外段延伸5.15千米。

施工初期，工程一度面临回淤难题。而当时交通部为确保长江口深水航道治理工程的施工，在连云港工程施工的4500方耙吸挖泥船被频繁调遣，导致外航道施工能力受到很大影响，施工进度缓慢，航道回淤增加，回淤量最高累计达268万立方米。由于施工工期长、施工区域大，外航道部分区段、庙一调头区及庙岭乙段航道施工及浚后回淤情况突出，尤其是庙一调头区，平均回淤在0.6米以上，项目部决定采取"分层施工"的方式：即先将上层淤泥土清除挖走，以减少施工回淤；然后针对浚后回淤泥土稀薄的特点，采用1500方耙吸挖泥船及750方链斗挖泥船合作施工，使进港航道通航水深逐步加深，为大型船舶的进出创造有利条件。

2002年12月30日，连云港港7万吨级航道扩建工程全面竣工。

江苏连云港港深水航道系列工程

经测量,工程施工范围内水深达到11.5米,7万吨级船舶可以单向全天候通航,7万吨级以上至15万吨级船舶可乘潮进出港口。7万吨级航道开通后,连云港港口全年完成集装箱吞吐量首次突破20万标准箱,年内全港完成货物吞吐量3316.2万吨,创港口历史最高纪录。2004年,连云港港7万吨级航道工程荣获交通部水运工程质量奖。

二、泊位升级:筑造庙岭集装箱港区

连云港港7万吨级航道建成通航后,港口接纳大型船舶能力明显提升,通航船舶的数量连年增多,船型也不断增大。为进一步提高港口发展的可靠性和稳定性,提升航道通航能力,2003年6月7日,在连云港港7万吨级航道工程的收尾阶段,上航局正式进点庙岭三期工程,投入集装箱船舶的大型泊位建设。

连云港港庙岭三期工程位于庙岭二期东侧,是连云港港大发展的标志性工程。庙岭三期疏浚工程量490万立方米,分为码头桩基、驳岸基槽,泊位、港池调头区两大部分,共四个节点进行施工。建成后的连云港港将具备第五代集装箱泊位能力。为推进工程建设,上航局分期投入大耙、小耙、链斗、大绞和抓斗等工程船舶24艘。2004年6月16日,庙岭三期疏浚工程提前完成大部分施工任务,30#泊位区和港池调头区已能满足大型集装箱船靠泊和通航条件。

连云港第五代集装箱船舶应急航道拓宽工程工程规格

施工地段	设计长度（米）	设计底宽（米）	设计边坡	设计水深（米）
庙岭航道乙段	1500	180	1:5	11.5
庙岭航道甲段	2000	160	1:7	11.5
主航道内段	3008	167	1:10	11.5
主航道外段	14 490	160	1:10	11.5

与此同时，为了保证港口运输船舶的正常进出港及其航行安全，庙岭三期工程还配备了应急航道扩建工程。作为三期工程的配套工程，该工程是在原有航道基础上对两侧进行拓宽，航道原设计深度不变。2004年6月中旬，应急航道扩建工程建设完成，贯通10米水深，满足使用要求。6月18日，随着巴拿马籍"中远樱花"号稳稳靠岸，30#泊位正式投产。"中海集团"制造的第五代集装箱船"新连云港"与"新宁波"也驶入连云港港口，停靠在30#泊位，这是连云港港历史上首次通航和停靠船长超过280米的第五代集装箱船舶。

三、海上高速：航道等级的不断跃升

2003年，连云港提出"力争2008年吞吐量突破1亿吨、跻身全国集装箱十强港和全球集装箱百强港"。为继续改善连云港港航道条件、提升港口吞吐量和泊位等级，建设连云港港15万吨级航道扩建工程被提上日程。

上航局继续承建了连云港港15万吨级航道一期拓宽工程。该工程自2004年5月1日开工，需要将原先近190米宽的航道在11米水深、近190米宽的航道拓宽至230米，疏浚总工程量603.74万立方米，包括施工期回淤工程量。航道被划分为庙岭航道和外航道两部分，庙岭航道由链斗船施工，外航道由耙吸船施工。值得一提的是，工程建设中疏浚船均采用差分定位系统（DGPS）精确定位，减少了不必要的超深超宽疏浚废方。这些环保措施有效减少了工程对环境的污染，保护了施工水域的水质、生态和渔业资源。

2005年3月31日，连云港港15万吨级航道一期拓宽工程顺利通过验收。至此，第五、第六代集装箱班轮以及15万吨级散货船可满载进出港，连云港集装箱年运量首次突破100万标准箱，跃居中国沿海十大集装箱港口和全球百强集装箱港口行列。新生的连云港港充满活力，发展势头迅猛强劲。面对如此骄人的发展速度，时任连云港港口集团副总裁、建港指挥部指挥丁绍文表示："没有上航局的支持和贡献，就不会有连云港港口大发展的今天。"

15万吨级航道落地之后，30万吨级深水航道建设接踵而至。2007年，时任中共中央政治局常委、国务院总理温家宝在视察连云港港口时指出："连云港是我国连接东西南北的纽带，在区域经济协调发展中具有重要的战略地位。"为抓好国家实施江苏沿海开发的战略机遇，连云港港15万吨级航道正式通航使用后，江苏省委省政府启动了连云港港30万吨级深水航道建设，按"一次立项，分期实施"的原则，先试挖一年，后分两期建设[①]。2010年6月24日，连云港港30万吨级深水航道建设工程正式启动。作为工程的主要建设者之一，上航局先后承建了航道疏浚一期和二期工程的共计5个标段项目，投入"新海豚""新海鹤""新海燕""新海虎8"等9艘船舶参与工程建设。该项目创造了在淤泥质海岸航道建设中等级最高、开挖厚度最深、开挖里程最长、疏浚量最多的四个"国内第一"，形成的一批国家水运行业革新通用技术，为我国其他开敞海域淤泥质浅滩"浅水深用"建港项目提供了先进的技术借鉴。

四、旧埠焕新：打造东方深水大港

连云港是一座从海洋走来的城市，也因海洋经济的繁荣走向了新时代。作为中国沿海主枢纽港和集装箱干线港，连云港港开通了日韩、东南亚、欧美等60条近远洋航线，通达世界160多个国家和地区的1000多个港口，每年承担新亚欧大陆桥90%以上的国际过境运输量，拥有集装箱、铁矿石、散粮、煤炭、焦炭、液化化工等专业化泊位，

---

① 一期工程于2011年建成25万吨级航道，二期工程于2013年进一步浚深至30万吨级。

最大码头等级30万吨，配套30万吨级深水航道，以港口为核心的海铁、海公、海河、海空等综合运输网络四通八达。

自2000年起的十多年里，上航局见证了连云港港崛起为"亚欧大陆桥"与"东方桥头堡"的深水大港，为连云港港升级至"中国亿吨大港"作出了历史性贡献。与此同时，连云港港系列工程的建设也为上航局进一步巩固和拓展黄海、环渤海湾的北方疏浚市场提供了较大空间。通过连云港港这座桥头堡，上航局得以顺利进军日照港、营口港等北方疏浚市场。

第四节 "海丝"枢纽 再展雄姿
—— 宁波舟山港系列工程

一、甬港新象：从镇海港到北仑港

"海定则波宁"，宁波港是中国最古老、最悠久的港口之一，从唐代开始就凭借优良的港口条件成为中国重要的对外贸易口岸。据考证，郑和船队的出洋、停靠、修整等航海活动都与宁波港密不可分。第一次鸦片战争后，中英签订《南京条约》，宁波正式对外通商开埠，各国商人蜂拥而至，上海至宁波航线一度成为中外航运企业最热衷、竞争最激烈的航线之一。但由于密迩沪埠、工业不够发达等因素，开埠后宁波港与上海港差距逐渐拉大，最终成为上海港支线港。新中国成立后，宁波海运业渐趋于衰败，到20世纪70年代，宁波港的定位仍只是一个低吨位、小流通的内河港。

1973年7月，国务院港口建设领导小组考察并决定在镇海建设新港区，以承担浙江地区的物资进出、分流上海港货运量。自此，宁波正式实施镇海港区万吨级泊位煤码头、化工码头、杂货码头等项目的改造升级。1978年1月，国家在镇海港甬江口东侧选址建造深水港区——宁波北仑港。北仑港有舟山群岛为天然屏障，港域内水深流顺、不冻不淤，有南、北两条深水航道，是屈指可数的深水良港，亦是集

宁波港镇海港区4#泊位改扩建项目陆域吹填砂工程合同签字仪式

装箱中转码头筑建佳地。由此，宁波港逐渐完成由内河港到河口港，再到海港的历史性转变。

镇海港和北仑港的两次港口历史性升级都离不开上航局的参与。早在宁波镇海新港区建设初期，上航局就在宁波设立交通部上海航道局第二航道工程处，1975年6月和1978年3月分别承接镇海新港区航道一期和二期疏浚工程，并且自20世纪80年代起，长期承担交通部下达的甬江航道维护施工指令性任务。进入21世纪之后，上航局陆续承接了宁波港工程镇海港区4#泊位改扩建项目陆域吹填砂工程及改扩建工程、宁波镇海港区5万吨级液体化工泊位堆场工程等。在宁波港工程镇海港区4#泊位陆域吹填砂工程中，上航局共完成124万立方米的吹填量，形成陆域总面积达74.7万平方米。经过多年建设发展，镇海港区成为装卸中转煤炭、国际集装箱等货物的多功能、综合性港区。

2001年9月，上航局中标北仑港四期集装箱码头工程中的陆域形成吹填工程；2003年2月，中标北仑港区国际集装箱二阶段新建大堤及陆域形成工程。2005年承接大榭招商国际集装箱码头4#、3#泊位船舶调头及靠泊水域疏浚工程。该工程施工量大、工期短、施工区域不规则、有效挖泥时间短，且施工位置处在码头前沿，码头照常运营，对施工干扰极大。为此，项目部科学划分施工区块，合理安排施工顺

宁波镇海港区5万吨级液体化工泊位堆场工程

宁波港北仑港区四期集装箱码头工程

序，先组织"航浚1006"集中在泥层厚度大、水深浅的西侧边沿区域施工，在水深满足条件后安排"航浚4011"进点大范围施工。工程提前53天完工，疏浚工程量达240万立方米。在承接疏浚工程后，上航局还承担了大榭招商国际集装箱码头工程围堤及陆域形成工程，吹填工程量达160万立方米。2006年，承接北仑港四期—五期5—9#泊位堆场吹填工程；2007年承接北仑港五期集装箱码头项目中码头8—9#的道路堆场吹填工程，共计完成吹填工程量151.3万立方米，形成陆域面积66万平方米。

随着港口建设系列工程的持续推进和港区相关配套设施一次次升级，北仑港的集装箱运输装卸开通了内河集装箱支线，并与国际深入接轨。相较于经上海港中转，运抵北美、欧洲的集装箱经北仑港中转的运费大幅降低，北仑港无疑已成为国际集装箱江海联运中转的最佳选择点和当之无愧的国际深水中转大港。

二、打通门户：虾峙门口外30万吨级航道贯通

2006年起，宁波港和舟山港合并，正式启用"宁波舟山港"名称。宁波舟山港实现一体化发展后，一群港口变成一个港口群，资金、技术、人才和资源不断优化融合，2006年港口吞吐量已突破700万标准箱。2008年更是超过1000万标准箱。与此同时，相关配套工程如火如荼展开，宁波舟山港迎来了自开港以来集装箱码头基本建设投入力度最大的时期，舟山虾峙门口外30万吨级航道疏浚工程就是当时重要的项目。

虾峙门口航道是宁波、舟山对外开放的海上门户和主要通道，由虾峙门口内、口外两段组成。自门口外航道，经虾峙门向内可到达宁波舟山港的定海、沈家门、梅山、北仑、镇海等港区，与杭州湾沟通，由此连接上海港；向外可东接国际航线，可达世界各大港口。此外，虾峙门口内航道自然水深优良，最小水深在30米以上，是我国当时最深的天然进港航道。美中不足的是，口外航道最小水深18.2米，只能满足15万～20万吨级船舶乘潮通航，20万吨级以上船舶则需减载乘潮进港。这段航道就像一道"门槛"，一定程度上制约了宁波港口的进一步发展。进入"十一五"后，虾峙门航道船舶年通过量呈快速上

宁波舟山港虾峙门口外30万吨级航道疏浚工程

升趋势，这使得本就属于狭窄水道的虾峙门航道更加拥堵，交会、追越等情况频繁出现，难以满足宁波舟山港日益增多的大型船舶的进出需要。

面对新港区发展的关键难题，宁波舟山港决定打开门户，拓深虾峙门航道。2007年6月，上航局中标虾峙门口外30万吨级航道疏浚工程S1标段。该工程是国内首次采用30万吨满载作为设计船型在外海大风浪、旋转流、大流压角（超规范）等条件下设计建成；同时也是当时国内首次进行的深水航道大规模疏浚工程，挖深大，技术难点多，施工难度大。对此，上航局派遣自航耙吸挖泥船"航浚4012"等船舶赴虾峙门航道施工，克服水流湍急、台风多发和通航船舶密集等困难，成功将航道水深由原先的18.2米增深到22.5米，共计完成疏浚工程量1751.51万立方米。

2008年1月12日上午，虾峙门口外30万吨级航道建成仪式在舟山定海举行，这标志着我国首条一次性开挖成槽的30万吨级深水航道正式投入使用。自此，30万吨级船舶可以随时从外海直抵宁波舟山港。虾峙门口外的航道疏浚对充分发挥宁波舟山深水港口资源优势、提高综合效益有着不可估量的价值。

此外，为进一步加快推进宁波舟山港口一体化，浙江省委、省政府推动实施金塘大浦口集装箱码头围堤及陆域形成工程，上航局以最高分一举中标。2008年4月25日，该工程顺利竣工，总吹填面积为177万平方米，吹填工程量约为344万立方米。

三、荒岛蝶变：梅山保税港区建设

在打开新格局之后，建设保税港区成为宁波舟山港发展的重要课题。保税港区是沟通国际、国内两个市场的重要桥梁，其物流功能和优惠政策既可为外商进入中国市场创造条件，也能为国内企业参与国际市场竞争架起便捷的桥梁。2008年2月，宁波梅山成为我国第五个保税港区，同时也是浙江省唯一的保税港区。自此，梅山进入全面开发阶段。

上航局是梅山开发建设的先行者。按照先期规划，梅山保税港建设两座10万吨级集装箱码头，而上航局承担保税港区集装箱码头陆域基础工程，为梅山保税港基建扛下了至关重要的战略性任务。该工程于2008年3月28日开工，项目部克服砂源短缺、大风迷雾以及交叉施工等困难，加强施工管理，及时组织吸、运、吹砂等船舶进点，在短时间内就形成日产量超万方的施工能力，共完成吹填量300万立方米、插排水板1240万米、加固老堤1150米，展现出得到业内广泛认可的"梅山速度"。

此后，上航局相继承接梅山港区一期、二期、三期吹填工程等项目。其中，2009年2月16日开工的二期吹填工程是梅山岛开发"三步走"规划中的重要一环。为了让梅山管委会能尽快完成其他配套工程，项目需在当年6月19日前完工，意味着工期要提前半个月，在116个日历天中完成吹填317万立方米并新建围堰1736米。面对艰巨的施工任务，施工人员全力以赴，观吹砂船、站管架头，指挥管线抢修、指导区域吹填，保证吹填与围堰同步高速推进。2009年6月13日，梅山二期吹填工程Ⅰ标段施工任务圆满完成，提前19天完工，再创"梅山速度"。至2010年10月，相继完成宁波梅山保税港区一、二、三期吹填工程，陆域形成总面积达761.5万平方米，为梅山岛开发建设提供了宝贵的土地资源和发展空间。

作为首家参与梅山岛开发建设的水运施工单位，上航局扎根梅山，用一项项工程见证了梅山的"蝶变":最初踏上这片土地,是真正意义上的从零开始——"没有桥也没有路,上岛走在田埂上,滩涂外加晒盐场,茫茫一片芦苇荡……"数年突飞猛进的开发,使得这个昔日仅占地26.9平方千米的梅山岛发生翻天覆地的变化,一步步从梅山保税港区发展到梅山国际物流产业集聚区,逐渐成为浙江经济与世界经济互联互通的"桥头堡","宜居宜业宜游,观海亲海享海"的国际化滨海新城。

四、"海丝"枢纽:为"世界大港"打下根基

从一个低吨位、小流通的内河小港,到泊位配套齐全的多功能、综合性现代化港口,宁波舟山港完成一次次蜕变。截至2010年,宁波舟山港拥有6000多米长的集装箱泊位群,配有70多台最大外伸距达65米的集装箱装卸桥和配套齐全的大型集装箱堆场,可满足1万标准箱以上的超大型集装箱船作业要求。

作为基建央企,上航局在助力宁波舟山港区建设的同时,也由港及市,参与宁波、舟山的城市发展,积极参与市政、水利等民生工程,持续服务着宁波、舟山周边地区的经济建设发展。在携手合作中,上航局凭借优良的工程质量赢得口碑,其下属上航建设公司多次获评宁波市龙头企业、宁波市长质量奖提名、宁波市先进基层党组织、宁波百强企业等称号。

数年来,上航局作为宁波舟山港的重要建设者之一,见证了其从东部沿海传统港口走向世界大港的发展过程,助推宁波舟山港一步步走向"世界大港"的发展道路,凭借出色的工程业绩,为民族疏浚企业与现代港口城市的相互推进、共同发展塑造了典范。

第五节　渤海明珠　熠熠生辉
——河北唐山曹妃甸系列工程

一、廿载筹划：开发"钻石"码头曹妃甸

进入21世纪以来，渤海湾区城市群进入高速发展阶段，催生了港口建设的热潮。按照国务院颁布的《长江三角洲、珠江三角洲、渤海湾区域沿海港口建设规划》，河北省唐山市曹妃甸被定位为我国能源、矿石等大宗货物集疏港，新型工业化基地，商业性能源储备基地与国家级循环经济示范区。"面向大海有深槽，背靠陆地有浅滩"——曹妃甸这座露滩面积仅有4平方千米的小岛具有国宝级的黄金深水岸线资源及实施大规模围海造地的滩地资源。由曹妃甸向渤海海峡延伸，有一条水深27米的天然水道直通黄海。水道和深槽的天然结合，成为曹妃甸建设大型深水港口无与伦比的优势。除此之外，曹妃甸腹地的煤炭、石油、铁矿石、原盐等资源丰富，产业的区域配套能力较强。面对我国南北资源互补、经济融合的走势，曹妃甸港区的开发建设将构造新的区域优势，在"北煤南运"的大通道建设中起到重要作用，为我国北方开辟新产业空间打造新的经济增长点。

从开发建设伊始，曹妃甸工程就被列入河北省"一号工程"、国家"十一五"规划和首批循环经济示范园区。2005年起，作为奥运会用地的首都钢铁厂从北京的石景山搬迁到河北曹妃甸，向着国家发改委提出的"按照循环经济理念，结合首钢搬迁和唐山地区钢铁工业调整，在曹妃甸建设一个具有国际先进水平的钢铁联合企业"的目标前进。首钢搬迁实现从"山"到"海"的跨越，也推动了曹妃甸地区打造环渤海地区新型工业化基地支撑区的深入规划与建设。2008年，国家正式批准《曹妃甸循环经济示范区产业发展总体规划》，标志着曹妃甸的发展作为国家战略正式启动，曹妃甸进入全面、迅猛的大发展阶段。

2003年起，为挺进北方市场，上航建设者茫茫数载，扎根建设曹妃甸，将这片人烟稀少的海滩打造成北方工业发展重要基地，为开发首钢和奥运用地、推动环渤海一体化贡献民族疏浚企业的力量。

曹妃甸工业区围海吹填陆域形成工程

二、开辟通途：袋装砂技术修筑通岛路基

曹妃甸通路路基工程是开发曹妃甸港区的起步工程，由于曹妃甸与大陆岸线隔海相望，因此该工程需要在曹妃甸至大陆岸线之间构筑一条长18.4千米、宽19.25米的路基，连接深水区和后方陆域交通。有了这条通道，各路建港大军便可以向岛内运送建港物资、实施陆域形成作业，其重要性不言而喻。2003年3月23日，曹妃甸通路路基工程举行开工仪式，时任河北省委书记白克明等省市领导亲临施工现场，对工程开工表示祝贺。

上航局下属设研院承接了曹妃甸通路路基工程的设计工作。由于该工程预算控制严格，采用常规的抛石路基无法满足当地报批要求。因此设研院在接到任务后，详细调研曹妃甸当地自然、水文、地质等情况，经过多次模拟试验，决定采用袋装砂结构作为路基施工方案。

2003年年初，项目部克服非典暴发的不利影响，积极组织人员按时开工。曹妃甸施工条件恶劣，经常遭遇寒潮大风和暴雨侵袭。当时的曹妃甸是一片荒芜的海滩，建设者在无房、无电、无淡水的条件下作业，艰苦程度可想而知。低潮时是最佳作业时间，但交通船无法靠泊，施工员指导、监督施工必须下船。他们蹚过齐腰身的水才能上堤，少则一公里，多则几公里，水底滩面高低不平，一路步履维艰。为了突破施工材料在北方地区抗击极寒等恶劣自然环境的技术瓶颈，项目部通过系统的技术工艺革新与新型材料应用，开展"复杂环境下袋装砂筑堤关键技术研究"，攻克了系列技术难关，使曹妃甸通路路基工程成为环渤海地区乃至北方地区首个大规模成功采用"袋装砂棱体"构筑海堤的工程。同年8月，软体排铺设全线完成，成功实现曹妃甸系列工程第一节点目标。

就在大堤即将全线贯通之际，10月中旬，曹妃甸工地遭遇了五十年一遇的特大风暴潮。三分之一的路基遭严重毁损，剩余路基也被大浪冲击得残缺不全，更为严重的是，还有200多名民工没来得及撤离施工现场。危急情形下，在中央和省市委领导的帮助下，上航局迅速组织救援船队，当地渔民孟凡帝兄弟等挺身而出，毅然驾驶渔船冲入狂风恶浪之中，寻找并接回被困人员，确保了全体施工人员的生命安全。之后，项目部迅速制定复建方案，开始抢修残损路基。由于北方冬季极端寒冷，吹砂筑路很难继续实施。在征得业主同意后，项目部改用推填山皮土造路代替吹砂，工程进度大大加快，路基工程全面恢复施工。2004年5月5日，通路工程大堤龙口顺利合龙。5月30日山皮石路面贯通，简易通车；7月中旬单幅硬化路面通车；8月底全线双幅通车。这条风雨通岛路，记录着曹妃甸向海发展的生动历程，也记录着上航局建设者与唐山人民的深厚情谊。

2004年10月20日，经过578个日夜的艰苦奋斗，曹妃甸通路路基工程胜利竣工，工程质量等级被评为优良。自此，一条北起林雀堡、南抵曹妃甸的跨海大堤成为曹妃甸后续工程的奠基石，把海岸和沉睡千年的曹妃甸小岛连接了起来。

三、围海造地：吹填纪录的刷新

随着曹妃甸通路工程和25万吨级矿石码头的竣工投产，曹妃甸进入全面建设阶段。为满足首钢、唐钢联合建设钢厂工业区建设用地要求，围海造地需求迫切。为此，唐山曹妃甸疏浚造地有限公司实施曹妃甸钢铁围海造地工程（以下简称钢铁围海造地工程）。

钢铁围海造地工程是当时国内单体吹填面积最大的工程。2005年初，上航局中标钢铁围海造地一期工程三标段，整个工程分围堤和吹填两个部分进行，最终形成陆域面积3.45平方千米。2005年春节期间，上航局先遣部队来到这片人烟稀少的海滩，开始推动全长1966米的北侧连接堤项目。3月初开工的时候，到处冰天雪地，北风呼号，建设者在齐腰深的海水中艰难地行进，在落潮时铺下一张张排布，然后放上软体排，灌注桩棱体。为提高施工效率，项目部采取流水交叉立体化施工，内外棱体齐头并进，围堤与吹填同步进行。经过52个昼夜的奋战，北侧连接堤终于在2005年4月底实现提前贯通。作为钢铁围海造地工程第一条全线贯通并试通车的堤段，北侧连接堤可满足大型载重汽车双向通行，这为后续工程的人员、设备、材料进场提供了交通便利条件。

钢铁围海造地工程的重头戏是围区的吹填施工，而东、西侧堤的工程进度则直接影响吹填工程。2005年6月29日东侧堤4号龙口成功合龙。7月16日，西侧堤决战三号龙口战役打响。西侧堤长5.95千米，是曹妃甸钢铁基地的防汛大堤，3号龙口就处在西侧堤中间。中午12时合龙开始，大堤南北两侧两支施工队伍同时从龙口两侧往中间铺设袋装砂棱体。随着袋装砂棱体一层一层地铺设，龙口逐渐缩小，过流海水越来越急，建设者果断采用打滚袋和打反袋相结合的方法继续施工。这一措施果然奏效，随着白色棱体从水中升起，汹涌的海水变得平缓。项目部一鼓作气继续加高加固内棱体。7月18日11点30分，西侧堤外棱体全线贯通。随后"新海豹""航绞1008""航绞1007"等施工船组成大小配套、功能齐全的合作团队，开展立体化的吹填施工。

2006年初，曹妃甸钢铁围海造地工程第三标段的吹填项目完工。上航局提前7个月全面完成三标段3.45平方千米的陆域吹填任务，在曹妃甸建设史上再创佳绩。

提到W8陆域平台，在曹妃甸的上航建设者既熟悉又自豪。W8是曹妃甸围海造地工程第三标段三条大堤的交汇点。在这里，向东可通过北侧连接堤与通岛路相连；向南可挺进东侧堤；向西可迈向北侧堤，然后在北侧堤西端朝南拐进西侧堤。东、北、西这三条堤围成了上航局的陆域形成吹填区。时任中共中央总书记、国家主席胡锦涛，中共中央政治局常委、全国人大常委会委员长吴邦国等党和国家领导人先后踏上W8陆域平台视察，对曹妃甸建设工程给予高度评价。在远离故乡的渤海之滨曹妃甸，上航人艰苦拼搏，谱写了新时代精卫填海的篇章，助力曹妃甸成为河北省国家级沿海战略核心。

四、超长排距：填补远距离吹填技术空白

2008年6月，上航局承接曹妃甸工业区仓储区围海造地工程，这是在北方地区承接的首个长排距工程，最大排距超过20千米。该工程围堤总长8.17千米，围海造地面积8.62平方千米，具有吹填排距远、工程量大、工期紧等难点。尤其是有约三分之二的吹填量，即使是国内最大绞吸挖泥船的排距也无法满足要求，必须通过接力泵站或接力泵船加接排泥管线才能完成。因此，远距离吹填输送成为该工程的最大难点。

为了解决超长排距在吹填施工中遇到的设备、工艺等技术瓶颈，上航局立项"超长排距大型绞吸挖泥船与接力泵船串联施工技术研究"课题。其间，项目部创造性地运用了"大口径管道泥浆输送水力消耗模拟计算方法"，并制定"超长排距施工工艺"和"超长排距系统操作规程"，以确保仓储区围海造地工程顺利实施。实施过程中每一步都要精确设计，比如沉管铺设时的走向与整条管线压力变化的测算、生产性停歇时间与吹填区管线布设时间的协调。根据区域地形的总体方案设计和现场施工工艺研究，取砂区、吹质区位置的合理匹配与控制平整度，全力减少超方亏方……确保稳定的工程质量，实现效率的最大化。

在2个月时间内，项目部完成近50千米的前期水下排泥管线铺设工作。2009年3月2日，"新海鲛"顺利出砂，长达11.20千米的排泥管线全线贯通，曹妃甸仓储区围海造地工程全面开工。除既有一、

二号线外，大型绞吸船"新海豹"与接力泵船"航绞接二号"轮串联组成三号线参与施工，一个半月内完成吹填工程量约137万立方米。

2009年8月30日，仓储区围海造地工程的隔堤龙口成功合龙。仅仅9个小时后，北侧堤龙口也成功合龙，两条全长2486米的隔堤和2870米的北侧堤全线贯通。当晚，"新海豹"的管线顺利出砂，曹妃甸地区管线距离最长、施工难度最大的吹填工程顺利开工。10月中旬至12月底，"新海燕"与"航绞接一号"串联组成四号线加入工程建设。参与超长排距施工的三号线和四号线发挥组合优势，每月施工土方量各自都达到近百万立方米。工程竣工时，曹妃甸工业区仓储区围海造地工程共完成吹填工程量3837.2万立方米。

2010年4月，仓储区西部围海造地工程开工。为了提高吹填工程的施工效率，项目部利用原有的"新海燕"和"航绞接一号"组成联合体，将管线延长至仓储区西部工程吹填区，施工排距达到20.836千米，创造了当时世界超长排距最新纪录。该技术在曹妃甸国家重点工程中的成功应用，巩固了上航局绞吸船技术水平在疏浚行业内的领先地位，表明我国疏浚技术正在大步走向国际前沿。

五、海油陆采：筑造人工岛

多年来上航局积极参与环渤海湾经济区的开发建设，在完成曹妃甸围海造地工程的同时，冀东油田公司在唐山南部的南堡浅海区勘探发现了一定规模储量的油田，决定采用建造人工岛的方式进行开发。上航局作为中石油集团的战略合作伙伴单位，对造岛并不陌生，早年的浚浦局便有建造复兴岛等围填造陆的项目经历。作为疏浚行业经验颇丰的"国家队"，上航局参与设计并承建了冀东南堡油田1号人工岛工程的全部项目。

2006年6月21日，冀东南堡油田西线进海路及1号人工岛开工。考虑到吹填区排泥管延伸频繁导致接管工作量大，排泥管线密布导致排泥管搬移量巨大等难点，项目部采取种种举措优化施工工艺：根据吹填区砂质情况，选用挖掘机辅助排泥管进行搬移和拼接，大大加快排泥管的拼接速度。因地制宜设计制作"砂地雪橇"，由挖掘机拖运，一次可调运 6 至 10 节 6 米长的排泥管，既节省劳动力又提高船舶的施工效率。经过建设者半年多的顽强拼搏，工程建设成果喜人：7 月底进海路贯通；9 月底环岛路贯通；11 月上旬人工岛吹填完工；12 月上旬桥梁完工，提前完成主体工程的目标。2007 年 3 月，河北环渤海区域遭遇强风暴潮的袭击，海上最大风力达 12 级，当地供电供气系统、海上作业和海水养殖场均遭受较大损失。此时的 1 号人工岛还没建设防浪墙，但经受住了这场强风暴潮的考验，进海路和人工岛的堤身丝毫无损。接着，项目部仅用 44 天就完成 5.1 千米的防浪墙施工，工程质量得到业主和监理的一致好评。

一年间，昔日荒芜的滩地已经建起一条包括两座跨距 42 米通水桥的 1.657 千米进海路，连接着国内第一座"海油陆采"人工岛。小岛能建 12 座井口槽，油气处理能力达 400 万吨/年。此后，2 号、3 号人工岛先后完工，其中 2 号人工岛是首次运用袋装砂技术建造、国内海油陆采面积最大的人工孤岛，它改变了钢结构平台的海上采油模式，降低了成本、提高了安全性。建设 3 号人工岛时正值冬季，渤海湾的冬天大风频繁、雨雪冰冻不断，海上有效施工日极短，项目搁浅了近三个月。浮冰堵塞码头航道，严重影响交通船通行。只能等到海面冰层只有十几公分厚时，400 匹马力的交通船才能"破冰"航行。有时候交通船连续几天无法出海，坚守在岛上的施工人员只能在零下十几度的天气和八九级的大风里，依靠事先储备的淡水和食品艰难度日。在极其艰苦的条件下，建设者冒着严寒抓紧时间进行山皮石道路和抛石理坡的施工，顺利完成所有工程任务。

正是凭着愈挫愈勇的意志和团结拼搏的精神，上航局将冀东油田工程建设成中国石油的精品工程和海油陆采的示范工程，在石油海洋海岸工程领域的探索实践中取得初步成功。2007 年 5 月 1 日，时任中共中央政治局常委、国务院总理温家宝专程视察上航局建造的 1 号人工岛，对这一精品工程给予高度肯定，对建设者们表达亲切慰问。冀东油田的开发建设，是继曹妃甸工程之后上航局在唐山建设发展史上又一项具有里程碑意义的重大工程。

冀东南堡油田1号人工岛航拍

六、"渤海明珠"：无名小岛的蜕变之路

渤海湾，潮涨潮涌，曹妃甸这座昔日的无名小岛发生了翻天覆地的变化。2005年12月，唐山曹妃甸港区开港通航。2010年开始，以首钢京唐钢铁公司为代表的一批批大项目落户，掀起了曹妃甸产业聚集和开发建设高潮，各投资项目展露雏形，曹妃甸现代产业园区建设初具规模，曹妃甸这颗"渤海明珠"愈发璀璨夺目。

作为曹妃甸第一批拓荒者，上航局建设者以人品打造精品，以诚信打造市场，将昔日的不毛之地打造成了金光大道，充分展现了顽强拼搏的奉献精神和一流央企的良好形象，并助力这座小岛成长为中国北方最大的深水港口和最具竞争力的钢铁、重化工产业基地。2005年12月16日，在河北省曹妃甸工程建设表彰大会上，上航局被河北省委、省政府授予"曹妃甸工程建设奖"。此外，上航局唐山曹妃甸地区工程项目总部分别荣获中华全国总工会"工人先锋号"称号和河北省"五一"劳动奖状。

第六节　滨海新城　航运重镇
——天津临港工业区围海造地二期工程

一、逐鹿津门：最大规模围海造地综合工程

作为渤海之滨的重要港口，天津东临渤海、北依燕山，拥有发展港口的天然地理优势。不过，由于早期港城之间距离过远，天津无法充分发挥其港口优势。伴随着改革开放后国际国内经济贸易快速发展，调整天津城市发展布局、进一步加强港城关联，成为天津的战略发展方向。2006年，《国务院关于推进天津滨海新区开发开放有关问题的意见》提出："推进天津滨海新区开发开放，是在新世纪新阶段，党中央、国务院从我国经济社会发展全局出发作出的重要战略部署。"进入21世纪以来，在数项政策的推动下，天津滨海新区成为渤海湾建设的一方热土，天津港发展迎来全新的历史机遇。

天津临港工业区是滨海新区建设的率先起步区。早在20世纪90年代，作为天津特大型乙烯项目的投资建设选址，天津临港工业区的建设便已形成雏形。进入21世纪，天津市将港口建设与临港产业发展相结合。随着"工业东移"战略的实施，在临港这片昔日的滩涂盐碱地上吹填造陆、开发新工业用地的计划被正式提上日程。

天津临港工业区位于天津市滨海新区海河入海口南侧滩涂浅海区，其土地开发规划共分为三期，分别对应着化学工业、造修船业和现代装备制造业三大不同产业板块的用地建设。作为围海造陆而成的港口与工业一体化产业区，天津临港工业区建设三期工程共计划围海造陆80平方千米，是当时全国最大的城市围海造地工程。

2006年，天津临港工业区建设开始推进，项目招标工作开展。上航局凭借着袋装砂工艺这一独特优势以及长江口、洋山深水港、唐山曹妃甸等相关工程经验，采用排水板加通长袋加筋法进行围堤基础加固处理，成功拿下项目设计施工总承包，由此顺利承接临港工业区围海造地二期工程的建设任务，目标是助力天津打造一座全新的"海上工业新城"。

天津临港工业区二期围海造地工程

作为临港工业区建设的三期重点工程之一,天津临港工业区二期围海造地工程(以下简称天津临港工程)包含2个疏浚工程、9个吹填区、14条围堤、14条隔堤共39个单位工程,工程量大、工期紧、施工强度大是其工程的主要特点。2006年12月13日,上航局挥师北上,逐鹿津门,天津临港工程正式开工建设。

二、筑堤新解:软泥滩涂上首试"袋装砂"

2006年12月,北方渐入冬季,上航局先遣部队率先进入天津临港工地。要在这片滩涂上建起当时国内吹填面积最大的陆地,项目部面临的第一关便是"海上筑堤"。天津临港工程围堤共划分14个单位工程,堤心均采用"袋装砂结构",总长度63千米。

在袋装砂围堤施工方面,上航局已有十多年的经验积累。传统的袋装砂围堤工艺大多应用于承载力较高的砂或粉砂质地基上。然而,由于天津临港工程所处区域属于淤泥质地基,地基的差异给围堤建设带来了众多技术难题。除此之外,受地理位置条件的影响,围堤施工还面临着区域水深较深、气候条件差等难题。针对天津港口土地淤泥质的特点及其他施工难点，项目部在采用传统袋装砂充灌堤芯筑堤技术的同时，对高强度围吹条件下的筑堤技术进行相应改良，应用深水袋装砂软基快速筑堤技术，利用大型铺排船在围堤底层铺设细砂垫层，代替原本中粗砂垫层，使施工标高、平整度更易控制。最终，围堤建设效果良好，施工效率也显著提高。在因风浪造成的年施工作业天数不足三分之二的恶劣环境下，项目部克服多项技术难题，短短6个月，在渤海湾这个原本低于海平面2米的滩面上实现成功筑堤，顺利实施堤顶标高5.5米、堤长6.52千米的防波堤工程，堤身断面从出水到完成加高防护仅用3个月时间，为后续工程打下良好基础。

在围堤建设持续推进的同时，龙口合龙环节也接踵而至。作为围堤工程阶段性节点，龙口合龙是围堤工程能否顺利完成的重要工序，施工中如何合理选择龙口位置、龙口宽度、合龙顺序、合龙工艺都成为工程成败的关键。天津临港工程共有9个围区，为进一步降低龙口合龙难度，项目部根据施工时各围区的难易程度，对吹填区域以减少龙口围区库容进行调整，将T5、T6区合为一个区，同时吹填。

起初，对围堤工程中的龙口合龙环节，项目部采用单龙口袋装砂平堵加立堵工艺。随着后续围区面积不断增加，此种合龙方式下袋装砂易被水流破坏冲走，合龙难度加大。经过仔细研究，项目部对合龙工艺进行改进，创造性地提出"双龙口合龙"的设想：即设置一个主龙口和一个副龙口，通过增加过水面积来提高分流效果。2009年，"双龙口合龙"的方案在天津临港工程T4区龙口合龙中首次成功运用，收到明显效果。该方案既解决了工程技术难题，又大大节约了成本，为后续龙口合龙工作打下良好开端。

"双龙口合龙"初战告捷，使得上航局建设者信心倍增。在此之后，项目部以"双龙口合龙"方案为基础，根据不同围区龙口特点，不断优化合龙方案：合理设计龙口面积、控制加载速率；在多线同步吹填的情况下，充分发挥技术优势，成功完成后续多个工程龙口合龙任务。

7号堤龙口是天津临港工程围堤建设中最大的一个，围区面积达

539万平方米，合龙难度极高。在制定合龙方案时，项目部并没有拘泥于一种方式，而是在对7号围区现场进行考察和计算研究后，在原有"双龙口合龙"方案的基础上做了进一步改进，从时机的选择、龙口的位置以及人员、材料、设备安排等多方面制定详细的施工方案。经过一天一夜的连续作业，2009年9月28日中午11点，随着最后一车石料抛卸完成，7号堤龙口成功实现合龙，确保了工业区主干道的及时贯通，也为T5区和T6区围区吹填的按期完成奠定基础。

2007年至2010年间，上航局先后完成天津临港工程9个围区的合龙任务，至此，天津临港工程的围堤建设任务顺利完成。

三、精卫填海：百船协同实现超大面积作业

吹填工程是围海造陆工程的重点。传统的围海造陆工程通常是等围堤形成之后再吹填，采用此种方式施工，可减少土体流失量和施工干扰。考虑到工程施工量大，工期紧，项目部结合天津临港工程特点，对吹填施工与围堤施工采取平行作业、同时施工的模式，做到"掩护一块、成陆一块、使用一块"。

2007年8月起，5万吨级航道与10万吨级航道工程分期开工。为了就地利用施工区域疏浚土进行吹填以降低施工成本，天津临港工程的航道疏浚结合吹填工程与围堤施工平行作业。为此，上航局先后调集近30艘大型耙吸挖泥船投入施工，并根据吹填区与取土区距离的不同，灵活调配作业船舶：近距离采用绞吸船挖、吹工艺，远距离则采用耙吸船挖、运、吹工艺。随着天津临港工程10万吨级双向航道实现全线贯通，航道疏浚工程产生的6000多万立方米疏浚土被全部填入围海吹填区，实现了疏浚资源的最大化利用。

天津临港工程的吹填施工则划分为T0至T8共9个吹填分区，与围堤、疏浚工程共同推进。2007年4月2日，T0区吹填工程率先开始施工。根据项目部总体安排，天津临港工程吹填顺序由西向东，由南向北逐步推进。分部分项的操作模式极大增加了工程的协调难度，给项目指挥统筹能力带来了考验，因此，加大对船舶装备的投入、提高船舶的施工效率，是确保吹填工程进度的关键。上航局先后调集新建

的10艘大型绞吸挖泥船以及11艘大型耙吸挖泥船投入施工,加上铺排船、测量船及各类运输船舶。工程高峰时,共有200余艘船舶奋战于沧海之滨,海面上蛟龙舞动、海滩内泥浆飞溅,数条大型绞吸船的出砂口喷射出巨大的砂幕,其场面之恢宏、其成陆之快速,都足以让每个建设者心潮澎湃。

为进一步降本增效,"新海鳄""新海鹰"等绞吸船在确保船舶设备安全运行的前提下,合理采用水下泵施工,并根据可能出现的不利情况提前设计施工方法。然而,理论付诸实践的过程并非一帆风顺。开始时,施工过程中时常出现绞刀扭矩过大,泥浆浓度过高的问题。为了攻克这一难题,施工技术人员反复试验,最终探索出 –10 米以下泥层确定桥架下放深度,控制进关量、调节横移速度,保持平稳高泥浆浓度的取土工艺,有效降低了施工成本,确保了工程进度。

北方地区寒冷的气候条件也是施工中面临的又一大考验。为了克服冬季影响疏浚吹填的困难,项目部打破停工卧冬的惯例,建立冬季施工安全管理体系,对所有船舶的各类管线进行防冻保暖包扎。更换

天津临港工程吹填现场

低凝度的液压油、润滑油，还对工作场所、寝室、机舱增添保暖设备，发放防冻防滑物资和冬季劳动保护用品，专门从上海调去2600匹马力的远洋拖轮参与避风，保障各项施工正常进行。

2011年，在经历多次寒潮冲击后，"百船奋战"最终迎来胜利的曙光。9月底，T7、T10区吹填工程成功收尾。其中，天津临港工程最大吹填区——T7区完成吹填面积539万平方米。这项上航人倾注心血、持续推动的天津临港工程吹填建设宣告完成。

四、变废为宝：大规模"软着陆"的施行与推广

为平衡总体土方，项目部在天津临港工程中采用航道疏浚土作为吹填土。这种方法既节省航道疏浚的运输抛泥费用，又解决了该区域砂源不足的难题，同时相较于疏浚土外海抛卸也更为环保。天津地区的航道疏浚土以淤泥质黏土为主，地基承载力差，因此，吹填形成陆域后还需进行特殊的专业地基处理来提高地基承载力，以满足后续企业用地要求。

多年以来，上航局钻研地基处理领域相关工艺技术，逐步建立起以真空预压软基处理为主的地基处理技术体系。在温州民营经济科技产业基地滨海园区丁山垦区2标工程中，尝试对无砂垫层真空预压技术开展系列研发，成功实现了在"浅层无砂垫层真空预压技术"方面的突破。基于地基处理领域的技术优势，自2008年起，上航局先后中标天津临港工程9个吹填区后续一系列真空预压地基处理工程。面对天津临港吹填淤泥土土质更差、处理难度更高、地基深层超过20米等难点，施工技术人员在原有"浅层无砂垫层真空预压技术"的基础上，试验开发大面积"深层无砂垫层真空预压技术"，并成功运用在天津临港地基处理项目。"深层无砂垫层真空预压技术"的开发为上航局进一步开拓天津地基处理市场，承接后续真空预压软基处理工程奠定了技术基础。

2008年，上航局签下天津临港工业区造修船基地造船区C、D区地基处理工程，产值近1亿元，是上航局在天津地区实施的首个软土地基处理工程。2010年7月，竞得天津临港工业区三期2区、9区、

天津临港工程地基处理现场

11区、12区真空预压工程,地基处理面积约86.7万平方米。在一系列地基处理项目中,上航局多次优化地基处理技术,创新性地开发了"膜下真空预压联合堆载法加固软土地基"等新型地基处理方式,进一步提高了地基的整体承载能力,有效增大了加固深度,缩短了施工工期。2012年7月底,随着临港工业区华锐风电真空预压地基处理工程的完工验收,上航局在天津临港工业区承接的9个地基处理项目全部完成。

一份份合同的签订、一块块陆地的崛起,见证了上航局在地基处理领域一路开拓的艰辛和努力。上航局用实力交出一份满意的答卷,在地基处理行业树起响亮的上航品牌,培养出一批地基处理技术人才,带动了自身在该行业的快速发展。

五、津门基石:从盐碱滩涂到国际航运核心区

昨日的沧海,今日的桑田。随着天津临港工程竣工验收,碧波万顷的渤海湾上,一个21世纪碧海蓝天新港岛浮出海面。历时5年,上航局在天津临港工程中共完成围海造地总面积32.7平方千米,突破当

时单个工程最大围海造陆面积纪录；总吹填量达到3.72亿立方米，可以填平26个西湖；疏浚工程开通5万吨级、10万吨级双向航道33.3千米，完成14段外围堤、14段内隔堤和3段防波堤的建设，总计63千米。除此以外，在该工程中，上航局还实现了大面积软基处理技术的突破，软基处理施工总面积达到458.6万平方米。

这片与大海"争"来的土地，成为带动天津港口发展的主力港区。作为北方国际航运中心和现代先进制造研发基地，天津临港工业区同全球160多个国家和地区的300多个港口有着密切的业务往来。全国五分之三的煤、四分之一的盐、六分之一的油、七分之一的矿都要从这里走向世界。作为滨海新区的八大功能区之一和天津港的五大港区之一，天津临港工业区已成为全国重要的现代化工、修造船、装备制造业基地及港口物流、研发转化基地，成为天津经济发展的又一新增长点。借助优良的工程绩效，天津临港工程为2009年上航局实现企业总产值过百亿的目标立下了汗马功劳。

天津临港工程的顺利完成，进一步巩固了上航局在北方乃至全国疏浚市场的行业口碑，为上航局在天津乃至北方地区赢得许多荣誉：2008年、2009年上航局天津临港工程项目部被临港工业区管委会授予"重合同守信用单位"称号；2009年被天津海事局授予"安全诚信项目部"称号；2010年被滨海新区区政府授予"滨海新区建设模范集体"称号。

21世纪初的十年，上航局在持续承担各项重大工程、推动国家港航事业建设的过程中，也为自身构筑出崭新的发展图景。这样一种新图景，不仅勾勒出从东部沿海传统市场延伸到渤海湾区域北方新版图，在全国范围内建立起行业口碑的发展脉络，也展现出上航局业务从传统以疏浚为主转变为"疏浚、围堤各占半壁江山"的经营格局。上航人紧跟国家战略，解放思想、敢为人先、审时度势、开拓进取，以精湛的技艺与丰硕的成果践行了基建央企应有的责任与使命。

第五章　擘画蓝图　建基沪港

上航局始终与上海相互成就、共生共荣。一方面，上航局自黄浦江疏浚而生，上海现代化和国际化的城市根基孕育了上航局的发展基因，推动上航局在漫长的世纪发展历程之中始终引领着民族疏浚产业的方向；另一方面，作为立基上海的疏浚之师，上航局始终紧跟上海城市的发展战略，"舟楫为舆马，巨海化夷庚"，为上海矗立于全球化、城市化的时代浪潮之中，持续向国际化大都市发展而贡献力量。

本章遴选了21世纪最初的十年间，上航局在上海城市建设进程之中具有显著贡献的3个代表性工程，分别映照上海持续迈向国际化大都市的三大层面。现代都市的根基是错综复杂的经济贸易运输网络，想要在新世纪的全球化浪潮之中抢得先机，则需要形成具有国际顶尖承载和运营能力的深水港口。上航局积极响应上海国际航运中心建设的战略，承建洋山深水港工程，汇集当时最为精锐的疏浚力量，研发深水软体排等一系列创新工艺，成功筑起上海国际航运的门户。巨大的人口规模与复杂的城市空间格局，给现代都市的民生供水工作带来严峻的挑战。为应对上海水源地匮乏的问题，上航局承建长江口青草沙水库工程，因地制宜制定施工方案，以拼搏的态度与科学的决策实现800米大龙口合龙，建起上海最大规模水源地。充分利用土地资源、为城市布局改善创造空间，是现代大都市为未来转型升级、永续发展的重要命题。上航局基于上海发展现实，持续建言献策、推动横沙滩涂开发与长江口航道疏浚土利用战略的构想落地，并且通过十年耕耘，建立起农业生态岛的"后花园"，为上海走向全球城市贡献央企力量。

第一节　航运中心　世界港口
——洋山深水港系列工程

一、时代使命：从浦江到深海

20世纪90年代，国际集装箱运输成为国际航运的主要运输方式。在这样的发展趋势下，如果一个港口不能争取到枢纽港的地位，就会在竞争中沦为枢纽港的"支线港"或"喂给港"。当时，韩国釜山、日本神户等港口都在力争成为亚太地区的航运中心，并着手建设第六代集装箱专用码头，处在这种形势下的上海港面临着前所未有的竞争压力。作为背靠长三角这一中国经济最发达地区的腹地港，上海若要成为集装箱运输干线的一端，而不是其他港口的支线港，就必须建设具备大型集装箱快装、快卸能力的深水港。

1996年1月，党中央、国务院决定加快推进以上海为中心、以苏浙为两翼的上海国际航运中心建设。然而，上海港本身没有建立深水港的条件。上海港属于候潮港，大型船舶要候潮进港，因此候潮时间会对船舶运输效率产生影响。此外，上海港受长江口"拦门沙"影响，进港航道水深不足。因此，若想提升集装箱深水泊位的吞吐能力，上海国际航运中心深水港的建设必须跳出黄浦江、越过长江口，到大海建深水港已成为上海港发展的必然。

洋山深水港建设方案在此背景下应运而生。按照规划，洋山深水港位于中国浙江省舟山市嵊泗县境内大小洋山岛海域，该海域位于杭州湾口，毗邻上海南汇芦潮港，与国际海运航线相距仅45海里。同时，此海域潮流强劲，泥沙不易落淤，海床长期稳定，能确保船舶航行及靠离泊安全，是建设国际深水港的合理港址。2000年，经过五年多大量、细致、周密的选址论证和建设前期准备，大小洋山最终被确定为上海国际航运中心集装箱深水枢纽港的新港址。2002年，洋山深水港工程正式开工。

洋山深水港工程是中国首个在外海岛屿建设的超大型港口工程，是中国港航事业的前沿试验。尽管经过行业专家周密论证，但是深海

洋山深水港系列工程

建港仍然充满种种未知，难度可想而知。上航局本着服务上海国际航运中心建设的责任感，全程参与了这一具有充分挑战性的重大战略工程。在规划阶段开始，上航局就积极开展了为期一年多的前期设计施工、船机改造、砂源准备，形成了初步的方案。2002年4月26日，上航局作为洋山深水港一期陆域形成工程第一家参建单位正式进场，拉开洋山深水港建设的帷幕。自此，上航局作为洋山深水港的重要奠基者之一，与这个崭新的大港结下根深蒂固的情缘。

二、首道屏障：北围堤的筑造

洋山深水港一期工程包括港区工程、东海大桥、芦潮港辅助配套三部分，上航局承担的是港区项目，负责航道设计、疏浚和港区陆域形成。一期工程主要从镬盖塘往西发展，2005年形成岸线为1600米的5个集装箱泊位，设置在小洋山—镬盖塘这一主要过水通道之间。为了解决涨落潮沟的问题，需要在港区的北侧建设一道挡水、挡土的建筑物，这就催生了洋山深水港一期工程的重点项目——北围堤。

北围堤即先在北面造一条围堤，结合后续工程筑成一条堤坝，拦住北面潮水，然后在围堤的南面造一块130万平方米的陆地，在其上修建道路和集装箱堆场。围填区海水最大流速达每秒2.23米，如果不筑堤，不管抛下去的是石头还是砂袋，短短1秒钟就会被海水冲出去一两米远。该地水深、流急、浪大，施工难度最大，且在平均水深15米、最深处达39米的大海上建成130万平方米的陆地，在国内尚属首次。因此，北围堤是洋山深水港一期工程中最关键的一段，也是这片深水港域第一道至关重要的屏障。这是一个集科研、设计、施工于一体的试验性工程，被称为北围堤试验段工程。从某种意义上说，如果北围堤出不来，深水港的建设或许只能停留在规划和蓝图上。因此，作为洋山深水港系列工程的"试验段"，北围堤工程只能成功，不能失败。

　　筑堤的第一步是摸清海床情况，进行软体排铺设。软体排是用复合材料布体制成的，铺软体排是为了保护大堤底部，如果直接把大堤筑在海床上，海浪无数次地冲刷堤坝的底部，有可能损毁堤脚。软体排上还要铺上砂肋，其作用是固定软体排。根据交通部规范，3米左右水深可以采用砂肋软体排工艺，长江口深水航道治理便采用了这一工艺，然而洋山平均水深达22米，铺设砂肋软体排风险较大，难度极高。为此，上航局专门修造"航驳3001"等大型专用铺排船和砂袋充灌设备，并针对施工水域流速、深度、地形的变化，改进排布的材质，增加搭接量，采用新型压载方式，确保工程进度和质量。2002年4月28日，上航局"航驳3001"成功铺下北围堤的第一张软体排。在此之后，经过近两个月的时间，北围堤的42张软体排铺设完工。项目部共对软体排进行了18次潜摸和5次排位检测，潜摸结果表明软体排排体着底均匀、基本上无堆积和皱褶现象。2002年6月中旬，软体排铺设顺利结束，这是国内首次成功实施20米以上深水软体排铺设，也是洋山深水港工程建设的三大革命性创举之一，上航局借助技术工艺上的创新性改良打破了历史纪录，为实施复杂、高技能的一期陆域形成抛（吹）填施工创造了有利条件。

　　软体排铺好后，堤心的填筑决定着围堤整体的稳定性。想要在水深流急的洋山水域筑堤，项目部没有可供参考的现成经验，一切靠摸索。

从小洋山到镬盖塘共 1370 米，按照实际方案要做 1000 多米的袋装砂堤，300 多米的抛石堤。但在试验过程中，随着堤身慢慢加高，抛石堤出现了塌方，袋装砂堤却纹丝不动。且北围堤需要具有渗水保砂的功能，于是，项目部及时改进装备，因地制宜地变堤心充灌为吊放砂袋，采取"堤保砂，砂护堤"的对策。通过这个试验堤，深水港建设指挥部最终确定后续围堤工艺均采用袋装砂堤。

虽然袋装砂堤能最大限度地保障围堤的稳定性，但也带来了新的难题：袋装砂的抛填施工过程十分艰难。填海的砂袋，最小的一袋 20 吨、最大的近百吨，北围堤区域内水流湍急，施工人员需在波涛汹涌的海面上将这些庞然大物准确无误地抛填在指定作业区，筑起"海底长城"绝非易事。从最底下铺设的软体排开始，每一步施工都经过精确的测量和计算，通过 DGPS 根据水流方向、速度，测算好位置，再定位铺设施工。2002 年 12 月初，北围堤断面全线已平行抬高至 -2 米。难题随之接踵而至：溜肩和沉降发生；风浪袭击频繁；施工船舶锚缆的跨堤对堤断面有影响……项目部迅即采取措施：重点从堤身继续加高转向护脚、护面结构的施工，采取单向推进，一次出水等措施。为加强堤身保护，抓紧进行反滤层、护面结构以及镇脚石的施工，抬高护面块体，上置浮箱解决过堤锚缆问题。在项目部的不懈努力之下，胜利的曙光终于出现：2003 年 2 月 25 日北围堤合龙，2003 年 6 月 25 日，北围堤顺利完工，耸立的北围堤挡住海水冲刷，回淤的泥沙又加固了围堤。建成后经过近一年的观测，北围堤累计位移最大值只有 17 厘米。在北围堤项目中，上航局在国内首次实施了 20 米以上深水软体排铺设施工方式，在堤身结构施工中实行"平行抬高"工艺，筑起 1.3 千米长的北围堤，相当于在海水中建造 10 层高的大楼。北围堤的竣工，推动了整个一期陆域的形成，袋装砂和深水软体排筑堤技术在洋山深水港工程中一炮打响，日最大抛砂袋施工量超过 1.5 万立方米，创造国内深水软体排铺设和深水筑堤之最。上航局为洋山深水港筑起最为关键的第一条大堤，取得中国深水筑堤史上具有突破性的技术创新成果。可以说，没有北围堤，就没有洋山深水港一期工程的成功建成。

随着主体北围堤的建成，东侧北围堤开始建造。该堤全长 1883 米，

洋山深水港一期工程北围堤合龙和一号试验区成陆庆功表彰会在"上浚一号"举行

施工区域平均水深 10 米,最深处 15 米,工况条件比北围堤试验段更差。东侧北围堤与深水港堤相通,环环相扣,至关重要,建成后,能有效改善一期码头前沿水流和装卸作业泊船条件,且为中港区陆域形成工程构筑起北边界,是天然液化气 LNG 项目的重要连接通道。2004 年 6 月 26 日,东侧北围堤第一张软体排铺设成功。施工人员通过工艺创新,成功采用预制袋装砂工艺,用大型吊机船吊放 5 米 ×10 米的预制大砂袋,翻板大砂袋水下自动脱钩,一举攻克施工瓶颈。袋装砂堤心抛填和充灌 70 万立方米,石料抛填 180 万立方米。2005 年 4 月 28 日,大堤龙口在风雨中成功合龙,东侧北围堤全线贯通。东侧北围堤的建成来之不易,2005 年 3 月遭受最大风力 11 级大风的风暴袭击,已出水的堤身遭到冲击,项目部抢险护堤小组冒着寒风和暴雨守护大堤安全。同年 8 月,台风"麦莎""卡努"先后袭击,东侧北围堤依然巍然挺立。

值得一提的是,洋山深水港一期工程建设也加快了上航局船舶装备的升级步伐。应洋山深水港工程的建设需求,上航局审时度势,前瞻性地建造"新海龙""新海豹",改建"新海象""新海鲸""新海狮"等重型装备,投入洋山深水港一期工程建设。"新海龙"是当

中篇 重大工程

"新海龙"在洋山港施工

时世界上最先进、自动化程度最高的大型自航耙吸挖泥船,与"新海龙"一同前往洋山深水港作业的"新海鲸"则是用26000吨散装货轮改建而成的大型耙吸挖泥船。这两艘新型主力船的加盟为洋山深水港一期陆域形成工程建设提供了强有力的装备保证。2002年11月22日,新海鲸首次试抛。施工高峰期同时有170余艘大小船舶参与施工。通过在洋山海域实施"大型装备、联合作战"的施工模式,上航局在2002年完成填筑500万立方米,2003年完成总填筑量2600万立方米、形成陆域面积130万平方米,为洋山深水港区建设成功奠基。

在洋山工地,有着"定海神针"之称的"上浚一号"在工程建设中发挥了重要作用。这艘船是开工前上航局向中海集团购置的一艘7500吨的客轮,能抗八九级大风。洋山外海深水作业,环境恶劣、四面凭海,亟需这样一艘既能供现场指挥调度又能施工人员提供休息场地的船舶。2002年4月30日"上浚一号"抵达洋山,成了洋山深水港工程的现场调度船和上海市洋山深水港工程建设港口分指挥部的指挥船,同时也是上航局洋山深水港工程项目部所在地。业主单位、监理部和相关单位、上航局等12个常驻单位的160多名施工人员一同生活、工作在这条船上。"上浚一号"前面，连接小洋山与镬盖塘岛的北围堤蜿蜒延伸、几近"合龙"；在130万平方米的一期陆域形成海域上，"新海龙""新海象""新海鲸"繁忙而有序地相继抛砂作业。"上浚一号"是洋山深水港一期工程陆域形成项目的标志，它见证了深水港初期建设的过程，上海市政府将这条船命名为"功臣船"，"功臣"二字承载着上航局为洋山深水港工程作出的独特贡献。

2005年12月10日，中国最大的集装箱深水港——上海国际航运中心洋山深水港区（一期）顺利开港，洋山深水港保税区同步启用。时任中共中央政治局常委、国务院副总理黄菊出席开港仪式。洋山深水港一期工程的建成是上海建设国际航运中心的重要里程碑，它标志着上海港已经从一个内河港变成一个拥有深水泊位的海港，为上海国际航运中心建设奠定了重要的硬件基础。在洋山深水港一期工程中，上航局作为主力施工单位之一，承建了北围堤、陆域抛吹填、东侧北围堤、进港外航道、港池疏浚五大工程项目，创下国内围海造陆规模和吹填方量之最。

三、倍道而进：深水吹填工艺创新

洋山深水港一期工程完工后，港区拥有5个7万～10万吨级集装箱泊位，陆域总面积为153万平方米，年设计吞吐量为220万标准集装箱。为进一步扩大港区陆域，提高洋山深水港吞吐能力，洋山深水港二期工程在总结一期设计施工经验的基础上，按照"统一布置、分开经营"的方式进行规划。洋山深水港二期工程位于小洋山的南侧，东端与一期工程相连，码头岸线长1400米，前沿水深16米，要建设4个7万吨级集装箱泊位，陆域面积88.83万平方米，设计年通过能力为210万标准箱。上航局在洋山深水港二期工程中承建的施工项目主要包括陆域形成吹填、码头后沿的抛石棱体及反滤结构、抛石棱体上部的"L"形挡土墙建设。2004年11月1日，洋山深水港二期工程陆域形成项目正式开工。

由于地处小洋山岛前沿陆域，洋山深水港二期纵深相对较小，港区陆域欠规整，成陆地基存在山体基岩和深层淤泥，工况条件复杂。

尽管做了充分的施工准备，但是受到寒潮等恶劣自然条件的影响，洋山深水港二期工程的有效工作日大大减少。为此，改良施工方案、提高工作效率，保证项目整体节奏的持续推进成为关键。项目部在抛石棱体北侧先实施标高为-3米的袋装砂内棱体，不仅能作为抛石棱体减压层，还能尽早形成吹填的南侧边界，为第一级吹填创造条件。在二期内棱体施工期间，正逢东侧北围堤施工高峰时期，施工设备相对紧张，为了不影响整体施工进度，项目部创新性地采用"翻板抛袋""网络抛袋"和"水下充灌"等施工工艺。翻板抛袋和网络抛袋工艺适用于袋装砂工程量大、堤心成型断面大、水流风浪条件差的深水区域；水下充灌是指利用船机设备在水深4至6米区域进行水下砂袋充灌。洋山深水港二期工程是国内首次尝试在8米的水深情况下采用水下充灌工艺的项目。项目部通过精准测量控制标高、改进袋体结构、优化袖口布置等措施，确保了该工艺的成功应用。

为提高施工效率，上航局因地制宜建造了专为袋装砂工艺服务的船舶设备，配备了"洋山一号""洋山二号""洋山三号"进行抛填袋装砂施工，并作为陆上充灌袋装砂施工配套船舶，通过多个工作面进行施工，保证工期要求。值得一提的是，"洋山一号"多功能工程船与先前建造的"长江口一号"相比，具有一大显著优点，即"大翻板"可放置于甲板上，便于远距离调遣施工。"洋山二号"和"洋山三号"具备袋装砂充灌及抛投、吹砂上岸等功能，在洋山深水港工程深水袋装砂的抛填施工中起到了关键作用。

除了大量投入新型船舶设备，上航局还成功开发出"耙吸疏浚监测平台V1.0"。二期疏浚施工区域水下地形高低落差幅度大，大量天然鹅卵石对施工干扰大，施工船舶运用"V1.0"中的平面定位、耙头深度、装载土方三个子系统进行精细化施工，记录施工时的两耙头轨迹、深度和时间信息。驾驶员通过控制耙头轨迹线在施工区内的均匀分布，可以防止漏挖和超挖，从而达到均匀增深，控制平整度的目的，使洋山深水港二期工程港内水域疏浚项目顺利推进。

2006年5月31日，洋山深水港二期工程陆域形成项目提前完工；2006年10月15日，港内水域疏浚项目完工。洋山深水港二期工程的

2006年10月，洋山深水港二期工程竣工

建设破解了上海港缺少深水岸线和深水泊位、集装箱吞吐能力严重不足的瓶颈制约，符合国际航运船舶大型化、集约化的趋势。由此，上海港吞吐规模和运作层次显著提升，港口参与国际航运的竞争力极大增强，服务长三角、服务长江流域乃至服务全国的辐射力进一步增强。

四、巧解砂荒：取长江而填洋山

上航局洋山深水港一期、二期工程的顺利实施，为促进上海加快成为国际航运中心、跻身世界领先的集装箱枢纽港奠定了基础。为顺应航运业稳中向好的发展趋势，洋山深水港三期工程接踵而至。

洋山深水港三期工程是洋山深水港区中天然水深条件最好、规划泊位吨级最高的集装箱港区，是上海港唯一设计船型达到15万吨的集装箱码头。洋山深水港三期工程建设规模巨大，码头总长2600米，共计7个7万～15万吨级集装箱泊位，港区陆域面积达5.9平方千米，设计吞吐量500万标准箱，总投资172亿元，于2005年4月28日正式开工。上航局在洋山深水港三期工程中承担了港区陆域形成和疏浚工程，其中，港区陆域形成工程划分为东、西两个区域，工程成陆总面积398.6万平方米，吹填总方量约6514万立方米；疏浚工程共分为进港主航道、港内航道、三期二阶段三个部分。

洋山深水港陆域形成不仅对砂的需求量大，而且质量要求也很高。在三期工程开工前，由于前期工程实施近3000万立方米开采后，洋山深水港附近水域的原有六个取砂区基本无砂可采，砂源极度紧缺，即将影响工程进度和质量。此外，填海造陆对砂资源的质量要求较高，并非所有砂都可用来造陆。按照建成后的码头地基承重技术要求，必须使用粒径 0.075 毫米以上，且砂粒含量不低于 85% 的砂源。要将深水大港从这粒径 0.075 毫米以上的细砂中建起，就要在茫茫大海中寻砂，这绝不比在浪里淘金容易。

上航局在洋山深水港工程中承担了大量填海造陆任务，因此，解决砂源紧张问题对工程推进至关重要。从 2001 年起，项目部就投入大量人力物力，以小洋山岛为圆心，在半径 50 千米的海域内"大海捞砂"。为此，上航局还专门从国外引入先进的海底勘探设备"参量阵地质浅剖仪"。为确定砂源方案，更是大力投入相关人员力量，委托有关单位采用浅层取样、浅剖与深钻相结合的方法，持续推进寻砂工作的开展。通过不懈摸索与科学论证，专家认为对长江口的砂进行有序开采不会对河势带来不利影响，反而有益于减少航道回淤，可谓一举两得。根据对砂源区的勘探、分析以及对取砂工艺的比选，最终确定将长江口作为洋山深水港陆域形成用砂的主要来源，岱山、徐公岛和洋山等地砂源作为辅助。

在三期工程施工中，项目部主要采用小型吸砂船进行取砂，选用舱容 1000～2000 立方米的运砂驳运至现场，对吹填砂进行吹填前取样检测分析，确保整个施工过程的进场砂质始终处于受控状态。为更好地对深水区域的砂源进行开采利用，上航局沿用"货改耙"经验，将旧的散货船改造成适合洋山深水港工程工况条件、具有深水吸砂抛砂功能的大型多功能深水疏浚工程船。2005 年 1 月，大型多功能深水疏浚工程船"新海狮"交付使用，为工程顺利推进发挥重要作用。

在西区陆域形成吹填过程中，项目部经过精心组织对砂源地进行重新选择和调整，加大运砂力量的组合，为完成西区节点目标赢得宝贵时间，也为东区的吹填施工积累了经验。两年多的工程实践，证明了寻砂决策的前瞻性、科学性，有力保证了三期工程的总体进度、质量。2008 年 11 月，洋山深水港三期疏浚工程竣工验收。2009 年 9 月，洋山深水港三期工程顺利竣工。至此，洋山深水港北港区全面建成。

洋山深水港系列工程

时任中共中央政治局委员、上海市委书记俞正声,时任上海市市长韩正在洋山深水港主体工程全面建成仪式上向以上航局为代表的全体工程建设者表示慰问和感谢。

五、造梦深海:全球航运的东方枢纽

在上航局等参建单位的不懈努力下,洋山深水港一、二、三期工程陆续完成,2009年9月16日,北港区全部工程宣告竣工。在洋山海域矗立起来的深水大港,为我国由航运大国向航运强国的转变创造了基础条件。洋山深水港的建成,使上海成为名副其实的东北亚集装箱枢纽港和世界第一集装箱港,是新世纪以来上海国际航运乃至经济贸易进入繁荣发展的基石。

洋山深水港的建成,是上航局作为基建央企助力上海国际航运中心建设的重要体现。作为我国深海建港的先锋试验,洋山深水港工程的建设难度前所未有,在没有任何历史资料可供分析借鉴的情况下,上航局边摸索边实践,从深海里为洋山深水港造出超过8平方千米土地,

相当于1000多个标准足球场，新大陆海拔11米，海底打桩最深39米，最终完成了这一国内外罕见的深海陆域吹填工程。洋山深水港刷新了世界港口建设纪录，是世界首个建在外海岛屿上的离岸式集装箱码头，其建造难度堪称行业顶级。因此，上航局参与攻克洋山深水港这一难题，相当于帮助上海国际航运中心建设啃下了一块最难啃的"硬骨头"，可谓意义重大。

同时，借助洋山深水港建设，上航局也充分展现了我国疏浚产业的雄厚实力，证明了中国港口规划建设能力已经基本能够实现"全球无禁区"。上航局也通过洋山深水港工程建设中过硬的施工技术和优良的施工质量打响了企业品牌：洋山深水港工程先后获国家优质工程奖、中国土木工程詹天佑奖、中国建设工程鲁班奖。通过近十年深耕，上航局为上海国际航运中心建设交出了一份优异的答卷。凭借着在洋山深水港工程中所奠定的船舶装备、技术工法以及人才队伍的根基，上航局后来在海内外顺利承接了更多重大工程。洋山深水港工程也成为上航局在21世纪初十年当之无愧的"发展之源"。

第二节　源头活水　申城问渠
——青草沙水库工程

一、取江入沪：破解上海城市供水难题

城市水源短缺曾是上海在城市现代化发展进程中亟需解决的难题。上海北靠长江、南濒杭州湾、西连太湖、东邻东海，拥有丰富的过境水。但由于地处长江流域和太湖流域的下游，上海地表水水质污染严重，原水水质相对较差。20世纪80年代，上海的城市供水以开发和利用黄浦江上游水源为主。受上游和沿岸污染影响，黄浦江水质在20世纪末开始变差，并且当时上海城市供水在黄浦江上游的取水总量已占多年平均流量的30%，接近国际公认的警戒线。如果进一步扩大黄浦江上游水源的取水规模，一方面将导致上游水位降低，加剧中下游污水上

溯使水源水质恶化；另一方面也可能引起河势变化，对黄浦江的水生态环境造成严重的破坏。此外，伴随上海城市化的高速发展与人口规模的急剧增长，既有民生供水系统已不能满足全市供水需要。解决这座特大城市的自来水供应问题，寻找和开发新的水源地，成为当时上海的"当务之急"。

青草沙是长江口长兴岛中的一个冲积小沙洲，在该区域将青草沙圈围在内，建造一个总面积约70平方千米的大水库，是建设上海市水源地的理想方案。上海市政府早期就组织过上航局在内的10余家单位对青草沙水源地进行前期规划和研究。经过多年分析论证，"扩大长江水源开发、建设青草沙水源地"的重大战略决策于2006年1月被正式列入《上海市国民经济和社会发展第十一个五年规划纲要》。"在长兴岛北侧青草沙建造水库，从长江江心取水"的青草沙水源地建设，关系到上海全市的供水安全和饮用水水质，成为备受社会各界关注的民生工程。

青草沙水源地原水工程由三大主体工程和九大子项组成，其中三大主体工程包括：青草沙水库及取输水泵闸工程、长江原水过江管工程、陆域输水管线及增压泵站工程。考虑到长江口水源地开发的特点，施工难度极高的青草沙水库工程需要具备相关工程经验的建设单位来支持。上航局成为承接这一工程的理想选择：在此之前，上航局多年在全国各地独立承接了包括上海地区在内的多个超大型围堤造地和筑堤项目，其中，金山保滩暨岸线整治工程和奉贤碧海金沙项目均为水库项目，工程结构型式与青草沙工程项目基本类似。同时，上航局早年参与了上海市政府部门致力于研究青草沙水库建设的可行性研究，对工程概况和特点较为熟悉。因此，由上航局作为主要参建单位承担青草沙水库建设施工，成为青草沙水库工程业主的共识。

2007年，上航局成功中标"青草沙原水工程"的三大工程之一——青草沙水库及取输水泵闸工程（以下简称青草沙水库工程），该工程由青草沙水库、上游取水泵闸、下游水闸、输水泵闸组成。12月26日，上航局与上海市城市建设投资开发总公司、上海青草沙原水工程有限公司正式签署青草沙水库工程的QSK-C1标段施工合同，工

青草沙水库工程

程以总承包的模式进行。青草沙水库工程同步开工。自此,青草沙水库从工程蓝图逐渐转变为现实。

二、步步为营:潮汐河口实现深水筑堤

在建设青草沙水库的初期,长江隧桥还没有开通,上海与长兴岛间交通非常不便,搭乘渡船也常受到气候影响。开工初期,正值冬季,项目部全体成员前期均驻扎在这片还未开发的荒岛上。除了艰难的生活和施工条件,建设者还面临着施工技术高难度挑战。长江口水沙运动、水动力条件及河床演变的复杂程度世界罕见。青草沙水库位于长江口南北港河段,是长江口最不稳定的河段。该水域暗沙较多,且滩面为粉砂土层,受长江径流和外海潮流双重动力作用,河床变化难以准确预测,特别是长江大洪水和强风暴潮影响,极易引起大的河势变化。

作为我国第一座建于如此动荡变化的潮汐河口江心上的大型水库,青草沙水库的建造,从围堤到龙口建造、合龙,每一步都至关重要。一旦施工顺序安排不当,极可能引起局部水动力条件突变,进而造成局部河势的剧烈调整,给后续施工带来严重不利影响。围堤施工也必然对水域周边流场造成影响,导致河床形态发生变化。如何科学合理地安排工程的实施顺序,继而避免施工过程中出现滩地冲刷和河势急

变,成为青草沙水库工程施工研究的关键技术问题。

当时国内外学界、业界对于江心河口地区建造大型水库的研究几乎是空白的,因此,项目部因地制宜地编排施工方案,对"青草沙水库筑堤施工顺序及进度控制"展开深入技术攻关,并确定"全面开工、多点作业、以点带线,低滩护底先行、高滩轮廓先成、深泓潜堤领先,港汊段龙口依次封堵、深泓段超大龙口决战合龙"的筑堤实施顺序。由于河势与滩势变化是持续的过程,工程建设必须注重动态管理。对此,项目部在青草沙施工区域建立现场观测系统,配备先进的测试手段,开展工程区域的水下地形和水文动态跟踪监测,并组织参建单位和专家利用河床演变分析、数理模型研究动态跟踪预测,及时掌握水库堤线附近河床冲淤及水、沙运动变化情况。

青草沙水库工程另一个难点是软体排护底铺设。青草沙水库堤基上部土层主要为砂质粉土、淤泥质黏土。围堤建设时,需在深水、高流速状态下采用专用铺排船,对堤身及两侧进行软体排护底施工,施工难度巨大。为顺利完成护底软体排铺设,项目部针对性展开"青草沙水库工程护底装备与施工技术研究",完成国内首次"大型超强复合砂肋软体排"用于特大型水库工程的室内试验,取得超强软体排加工和铺设设备及工艺成果。此外,上航局为青草沙水库工程建造了两艘铺排船——"青草沙一号""青草沙二号",完成软体排铺设,并形成高强软体排加工、铺设,船机设备选型等整套工艺标准,为此后同类工程施工提供施工技术、设备参考。以"青草沙一号""青草沙二号"为代表,上航局率先建立起国内唯一具有实施大规模深水、高流速状态下护底软体排铺设能力的深水专用铺排船队。

三、"华山独道":800米大型龙口合龙

被寄予厚望的青草沙水库工程,堪称中国水利史上龙口合龙难度最大、施工条件最为复杂的水利工程。龙口合龙是水库建设和滩涂圈围的关键工序,其成败关乎着青草沙到底能否圈住水,顺利建成水库。2008年11月6日,青草沙水库工程副龙口提前合龙。至此,整个青草沙水库全长48千米的大堤只剩下宽度达800米、滩面最深达11米的

主龙口段，等待合龙贯通。

在青草沙水库工程前，国内大型龙口截流合龙最激动人心的案例当属2002年三峡水库的导流明渠截流。常规的水利工程龙口水流瞬时流速一般不超过每秒2米，三峡水库大坝合龙时，瞬时流速最大达到每秒7米，因此当时采用"先筑导流渠进行部分江水分流，减少龙口流速流量，后对龙口进行大块石或预制混凝土块体抛投实施截流"的方式，这对国内外的水利工程都产生极大影响。青草沙水库堤坝的合龙则更难于三峡大坝合龙：800米的主龙口、每秒可达8米的流速，还要综合天文、地理、潮汛、寒流等各种因素。

为克服这一前所未遇的世界性难题，上航局联合南京水利科学研究院和上海船舶研究所开展物理和数学模型试验研究。在工程初期就成立青草沙龙口合龙工艺研究小组，设立"青草沙水库及取输水泵闸工程施工关键技术研究"课题，开展二维数学模型建设、方案设计、受力分析等研究工作。通过试验研究，上航局提出中国筑堤史上没有先例的"安放型钢框笼抛石截流合龙"的设想方案，即"先安放型钢框笼抛石坝截流，后土方闭气合龙"。比起大型混凝土块体结构，该方案采用的截流施工工艺可大大降低施工成本。为了保证框笼建造的质量和标准，上航局对框笼进行改造设计，并委托局下属草镇船厂等单位精心加工生产。

2008年11月18日，青草沙水库主龙口合龙进入决战阶段。为应对世界第一大龙口罕见的施工难度和强度，上航局专门成立龙口合龙现场指挥部。由于施工现场环境复杂，施工区域不但受附近的大桥和缆塔限制，还常受到风、雾和寒潮影响，项目部决定抢抓寒潮间隙，高强度组织施工，提前进行框笼安放。12月初，首先进行龙口护底铺设。由于水库龙口宽度过大，铺设方案无法保证龙口的断面安全。为确保龙口结实可靠，项目部决定采用网兜石以及混凝土方块安放的方式，让网兜石错位排列，层与层交错紧密安放，以满铺整个龙口断面。网兜石安放数量大，精度要求也随之提高。安放前，技术人员首先用多波束探测仪进行测量，精确掌握网兜石安放区域的水深情况，然后根据网兜石安放底面的标高进行施工网格的划分，保证网兜石安放高度的统一性。与此同时，项目部还专门设计专用的 GPS 定位系统，以清晰定位吊机和网兜的运行轨迹，进一步确保水下安放位置的准确性。

网兜石安放及龙口两端的堤头保护构筑完成后，800 米的主龙口已具备框笼安放和抛石截流的条件。12 月 9 日，项目部陆续开始框笼的安放和抛石试验。在框笼安放过程中，受寒潮影响，前期进展缓慢。为不影响工期，项目部全体施工人员日夜奋战，累了便蜷缩在集装箱或在工程小车内打个盹。就在还剩最后 3 个框笼的时候，现场实测风力达到 6 级以上，施工严重受阻。如果此时停止施工，已安放的框笼有可能被水流冲走，安全性受到挑战。而此时天气预报会有新一波寒潮来袭，更加影响工期。危急关头，现场指挥部启动预案："抢时间，全力实施剩余框笼的安放。"12 月 26 日凌晨，在连续奋战"抢工"几小时后，项目部赶在寒潮来之前完成剩余框笼安放，确保了青草沙主龙口合龙中的第 77 个框笼准确就位，比原计划提前了 13 天。框笼安放完成后，工程进入最后的抛石截流环节。抛石截流初期需要块石约 16 万立方米左右，为确保材料供应，项目部未雨绸缪，提前建立石材储备基地，在工程现场用大型挖掘机转运备料约 10 万立方米，并安排 70 余艘自卸运石船至现场待命。

12 月 31 日下午，抛石截流总攻之战打响，可以说，这是青草沙水库工程建设以来最惊心动魄的一天，现场场面异常浩大，直升机航拍，上海电视台现场直播。湍急的江面上，70 条自卸运石船一字排开，满载块石、整装待发。抛石作业分为三轮，运石船根据预先规划好的抛石位置依次上档进行，机器轰鸣、吊机起落，每条船根据框笼编号和每次抛石量对号入座。一旦运石船卸空，立刻调头，到采石场或者附近的料区装石头，然后回到合龙现场，等待下一次抛石截流的命令。在第一轮次抛石任务结束后，第二轮次的 25 条船紧接着到达 800 米龙口前开始抛石，紧接着是第三轮次……在经历了几个潮水的连续作业，2009 年 1 月 3 日凌晨，抛石到达了框笼 3.5 米标高，成功实现截流。瞬间，江面、岸际一片欢腾。青草沙水库全长 48 千米的大堤成功连成一体，一条"长龙"跃出水面。时任中共中央政治局委员、上海市委书记俞正声和时任上海市市长韩正高度肯定上航局在青草沙水库工程中的表

青草沙水库800米超大龙口合龙现场

上航人挑灯夜战，实施青草沙水库800米超大龙口合龙抛石截流

现。在得知青草沙水库正式合龙后，韩正市长当即发来贺信，向全体工程建设者表示祝贺。

随着青草沙水库800米超大龙口一次性成功合龙，上航局刷新了当时国内围垦史上的合龙纪录。在后续施工中，安放型钢框笼抛石截流坝高从3.5米加高至5米，将800米龙口的渗流量控制在了300立方米/秒之内，成功抵挡了8级大风和4.5米的大汛。

四、惠泽申城：建成最大的河口江心水库

历时五年，上航局承建的青草沙水库工程QSK–C1标段顺利建成。青草沙水库工程建成环库大堤总长48千米，水库总面积达到近70平方千米，大小约10个西湖，是世界最大的河口江心水源水库。除体量大的优势外，青草沙水库地处长江口江心，不受陆域排污干扰，水质优良。

在青草沙水库建设初期的土路上，曾插着一面巨大的红旗："让上海老百姓喝上放心水。"这一目标在上航局等青草沙水库建设者的努力下成为现实。青草沙水库基本建成并投入运行后，该水库设计有效库容为4.35亿立方米，设计总库容为5.24亿立方米；日供水规模达到719万立方米/天，承担了上海市近60%的用水需求；在水库蓄满水时，可在不取水的情况下保障全上海连续68天的原水供应，服务范围涵盖了浦东、黄浦、徐汇、南汇等十多个区，受益人口达到1100万人。为上海市建设现代化国际大都市和上海市经济建设可持续发展作出重要贡献。上航局参与承建的上海青草沙水源地原水工程先后获得中国水利工程优质（大禹）奖、上海市市政工程金奖、中国建筑工程质量

青草沙水库工程

最高荣誉——"鲁班奖"、国家优质工程金奖、全国优秀水利水电工程勘测设计金奖等多项国家级、省部级奖项,成为上海市百年重大民生工程。

第三节 沪畔沃壤 得之荒涂
——横沙东滩滩涂整治系列工程

一、促淤圈围:推动横沙滩涂资源开发

上海是一座建立在滩涂上的城市,其不断淤涨的滩涂不但带来了土地和岸线,也为城市发展创造了更多机遇。20世纪下半叶以来,长江来砂量逐渐减少。根据长江水利委员会水保局观测,大通站1949—1984年年均输砂量为4.86亿吨,1985—1999年年均输沙量3.53亿吨,年均输砂量减少约1.33亿吨,减少了27.4%。因此,充分利用长江口丰富滩涂资源,进行促淤圈围和合理开发利用与保护,成为保障上海土地资源可持续发展的重要而又有效的途径之一。21世纪初,上海市政府发布《上海滩涂资源开发利用与保护规划(修编)》,提出"十五"和"十一五"期间促淤720平方千米、圈围367平方千米的计划,通过滩涂资源的动态平衡和有序开发保障上海城市经济社会的可持续发展。

横沙岛是长江口流域继崇明岛、长兴岛之后的第三大岛屿,占地52平方千米,以东相连着广袤的水下沙体即横沙东滩,面积可达460平方千米左右。横沙东滩位于长江出海口,扼守我国海岸线与长江黄金水道的T字形交点,通江达海,区位优势明显,岸线资源丰富,南靠长江口北槽12.5米深水航道,北贴北港5万吨级分流航道,因此成为上海开发滩涂资源的重要建设基地。此外,由于横沙东滩与外高桥港区南港南岸水域距离约30千米,与洋山深水港水域距离100多千米,横沙东滩滩涂整治完毕后可形成上海国际航运中心的港口群,三足鼎立、功能互补。将横沙东滩与长兴岛用短距离隧道或桥梁连通后,即可经沪崇苏陆上大通道直抵上海浦东和苏北。因此，无论是从拓宽城市布局还是发展港口、航运及临海经济的角度，横沙东滩均可成为上海下一个"浦东"。与此同时，横沙东滩还是一块尚处于促淤成陆的区域，可以完全避免城市功能调整、改建过程中带来的损失和浪费。可以说，开发横沙东滩，尽其优势、合理高效地规划利用，将会促使上海城市、经济发展再次飞跃。

在滩涂资源开发的进程中，如何建设资源节约型、环境友好型社会，更好地利用疏浚土资源也成为政府和疏浚领域共同关注的问题。在欧美、日本等发达国家，疏浚土利用率普遍较高，且疏浚土利用的方式多样，包括吹填造陆与生态环境修复和保护。国内外疏浚土资源利用的丰富经验对横沙工程具有较高的借鉴意义。根据规划，横沙东滩促淤圈围面积为112平方千米，在其东侧有大片滩涂可供开发，面积约为370平方千米，亟需大量疏浚土。而当时长江口深水航道治理工程留下的疏浚土的资源利用问题尚议而未决。据测算，长江口流域每年产生疏浚土1亿立方米左右，如果全部利用可在横沙产生经济价值40亿元。这些疏浚土若就近吹填上滩，既可加快横沙东滩的滩涂资源开发利用，也可减少深水航道疏浚土的二次回淤现象。

对此，上航局积极响应上海市政府的战略规划，迅速投身于横沙东滩滩涂资源利用的进程。2009年10月，上航局凭借过硬的业界口碑、先进的技术设备以及扎实的施工建设经验，成功中标横沙东滩促淤圈围三期工程围内吹填项目（以下简称横沙三期工程围内吹填项目）。也是从这一年起，上航局成为横沙建设的重要力量，为上海开发长江口区域、打造海洋新城持续发力。与此同时，上航局还充分利用长江口深水航道治理工程中的疏浚土进行促淤圈围、发展滩涂生态，创造了显著的环保效益，实现了资源的优化利用。

二、创新方案：利用疏浚土　围造新横沙

横沙三期工程围内吹填项目属于横沙三期后续工程，位于横沙岛尾东端已经圈围的区域。圈围区域东西走向长约3千米，南北走向约6千米，设计标高3米，设计吹填工程量2488万立方米，造陆面积1731

万平方米。这是交通运输部长江口航道管理局与上海有关部门和单位共同确定的疏浚土综合利用的起步工程，也是国内首次大规模利用长江口深水航道疏浚土发展滩涂生态的项目。2009年12月，横沙三期工程围内吹填项目正式开工。

长江口地区常年受风浪流影响，工程吹填效率缓慢。为加快横沙三期工程围内吹填项目的陆域形成，上航局选派有着长江口施工丰富经验的管理人员入驻横沙东滩，与长江口工程参建单位共同编制科学合理的施工计划，精心组织耙吸挖泥船、绞吸挖泥船施工。项目部在二号、三号围堤中修筑了3560米长的袋装砂临时隔堤作为排泥管线延伸通道，将管线出口直接延伸至围区中间，保证吹填施工的效率和质量。其间，先后投入"新海龙""新海凤""新海牛""新海马""新海鳄""新海鹭"等十余艘船舶进场，根据三个围区工况自南向北逐步推进，进行成陆吹填施工和通道的有序开挖。项目部在8个月内完成全部5条沉江管铺设和耙吸艏吹100万方的施工任务。横沙三期工程围内吹填项目总面积达1731万平方米，三个围区工程均达到验收质量要求。

横沙岛原面积约50平方千米，项目部完成吹填后，将横沙岛的面积扩大了1/3。施工期间，项目部将长江口三期工程每年产生上亿立方米的疏浚土"变废为宝"，既有效解决了就近吹填土资源不足的难题，又减少了疏浚土对海洋环境的不利影响，同时大大降低了工程造价，取得了良好的经济效益和社会效益，也为此后上海在长江口区域更大范围内利用疏浚土发展滩涂生态积累了丰富经验。在横沙三期工程围内吹填项目中，上航局采用的大型耙吸挖泥船艏吹施工获批国家水运工程二级工法。项目部在2010年获得上海市重大工程立功竞赛优秀集体称号。横沙三期工程围内吹填项目的圆满完成，成功打造了绿色疏浚、环保疏浚的企业品牌，为上航局陆续承建横沙后续系列工程打下了基础。

三、提升格局：四联体螺母块铺设南大堤

交通运输部长江口航道管理局与上海市发展和改革委签署《共同协调推进长江口航道疏浚土综合利用工作备忘录》，确定在已完工的

上海横沙东滩促淤圈围五期工程通海大道

横沙三期工程吹填造陆项目基础上,继续实施长江口航道疏浚土综合利用,建设横沙东滩促淤圈围五期工程(以下简称横沙五期工程)的方案。横沙五期工程完工后,可在后续圈围土地的南侧形成重要的交通运输通道,快速、高效地促进横沙东滩滩涂资源开发,进一步加快长江口相关功能区域的形成。

横沙五期工程地处长江口河口段,工程建设内容是依托长江口北导堤,新建南大堤19.24千米,内坡为螺母块体护面结构。上航局和下属勘察设研公司组成的联合体中标该项目,并与上海滩涂造地有限公司签署战略合作书,就此开启该工程的建设。

在横沙五期工程设计阶段,上航局采用潮流数模、二三维潮流泥沙数值模拟、物理模型试验以及波浪模型等先进的技术手段,为工程建设提供合理可行的对策措施。此外,横沙五期工程设计还开发了四联体螺母块、预设吹泥上滩套管等创新技术。

由于横沙五期工程远离陆域,离岸距离最远超22千米,物资运输困难,施工条件较差、难度高。施工过程中,吃水深的大型施工船难以进入现场,而吃水浅的小型船舶由于抗风浪、水流能力差,也无法适应现场工况，这使得整体施工进度迟缓。如何克服恶劣施工条件的干扰、顺利实施后续分期工程并科学合理地利用疏浚土造陆，成为摆在上航局建设者面前的难题。为此，项目部在横沙五期工程施工中践行了"主堤先行、整体开发"的构想：选择通道先行，即依托长江口北导堤，形成总长约19.24千米的通海大道，进而建设东西向南大堤。南大堤项目则与正在实施的长江口三期工程通力合作，快速推进横沙东滩土地形成和开发、促进疏浚土综合利用。

南大堤为双棱体护面结构，工作量繁重。此时恰逢上海世博会召开，海上运输船舶交通管制力度的加大给块石材料供应和结构施工带来了阻碍。为了如期完成既定的南大堤两个阶段度汛断面节点目标，上航局迅速响应，与海事部门进行沟通协调，确保了材料的顺利供应。此外，针对工程施工过程中面临的商品混凝土供应紧张、"用工荒"、低温影响路面摊铺等问题，项目部通过现场自拌混凝土来解决砼供应不足的问题；使用机械设备来解决人力不足的难题；对出厂沥青采取保温措施并安排专人维护道路交通，形成"车来倒料、摊铺碾压"的流水作业线，以解决低温状况下沥青砼摊铺难以碾压密实的问题。在全体人员的通力合作下，项目部于2010年12月28日完成全部路面施工任务。

横沙五期工程最大的亮点之一便是南大堤采用的四联体螺母块工艺，这一工艺具有施工方便、造价低、施工效率高等优势。四联体螺母块的整体式预制与安装工艺，是上航局项目部根据横沙五期工程特点，结合前期河海大学模型试验和有关专家的讨论验证，最终敲定下来的施工方案。四联体螺母块体结构由四个单孔螺母块组成一个整体，使得相邻块体间的接触面由原单个块体的6面提高到14面。该工艺的应用，大大缩小了堆场面积，提高了预制构件的安装速度和施工的机械化程度，螺母块护面减少安放次数约90次/仓，安放效率提高约60%，比单个螺母块节省费用约20元/立方米。项目部在南大堤内部的螺母块体施

四联体螺母块护面

工中，共构造大约48万个螺母块体护面结构，总方量约4.8万立方米，节省大量施工费用。

横沙五期工程改变了横沙单一依靠水路运输的施工条件，建成重要的交通运输通道，为后续大规模圈围工程开展提供便利。南大堤稳固了北槽上段的北边界，控制了北港主槽的摆动和北槽下口边界的稳定，改善横沙东滩区域水流及波浪条件，有效提升其促淤效果；此外，南大堤隔断了吹泥上滩的泥沙向长江口深水航道漂流的通道，促进了长江口航道的稳定，有利于推进北港拦门沙航道的开发利用，也为北槽深水航道整治的疏浚土成为横沙东滩吹填土提供现实条件。根据测算，横沙五期工程实施后到六期工程实施前，围区内落淤量及自然回淤量约2500万立方米。

2009年11月23日和2010年6月3日，时任上海市委副书记、市长韩正，时任上海副市长沈骏先后实地视察横沙五期工程，关心工程进展，慰问工程建设者。横沙五期工程的建设，加快了横沙东滩两侧40多千米新岸线资源的开发利用，为上海市增加后备土地和岸线资源奠定坚实基础，对于缓解上海城市发展与土地资源紧缺矛盾、拓宽上海城市发展战略空间、长三角区域经济的转型升级有着重大且深远的意义。横沙五期工程获评上海市水务金奖工程和上海市水利工程金奖。

四、建言献策：促成横沙发展战略构想

城市建设用地紧张是特大城市发展过程中的典型问题。伴随着人口规模的不断扩张和城市建设的持续推进，上海城市本就有限的建设用地必然会日趋紧张，长期发展中还可能会出现消耗殆尽的状况。基于这样的考虑，上航局凭借多年来的工程规划和建设经验，敏锐地嗅到了长江口区域与横沙东滩尚待挖掘的巨大发展潜力，多次向上海市政府建言献策，就横沙资源开发和远景规划贡献企业智慧。

时任上航局局长宗源远以上海市人大代表的身份，多次就长江口相关区域发展、横沙东滩资源开发的战略构想提出专题提案：建议在长江口北导堤北侧充分利用长江口深水航道治理疏浚弃土和坝田淤积泥沙加快开发滩涂资源，形成约180平方千米陆域及30千米深水岸线资源，使之成为上海国际航运中心和临港产业发展的重要基地。这一方案若能成功实施，既可有效利用上海城市空间中的岸线和腹地资源，亦可和长兴岛联动、加快崇明区经济发展。上海市相关部门和领导高度重视该提案，并组织行业内相关专家展开调研。

2008年7月，在研究形成共识的基础上，上海市建交委发布横沙东滩规划专题报告，提出要加快对长江口疏浚土和吹填土泥沙资源化利用、区域滩涂生态治理的总体规划研究。此后，由建交委牵头，上海市发展改革委、规土局、交港局等多次就上航局提出的《长江口相关陆域战略研究大纲》进行专题讨论，并决定根据滩涂生态治理实施规划里的近、中、远期功能分区，对横沙东滩持续保护利用，就近利用长江口的疏浚土吹填上滩。上航局作为横沙规划决策的重要推动者，持续参与了横沙工程的实际建设。

在横沙东滩土地资源日渐充实的同时，横沙土地远景规划亟待成文。2010年1月，上航局提出《充分认识横沙东滩资源优势加快成陆，为上海新一轮发展提供战略布局新空间》的提案，建议上海市政府为横沙东滩可能建设的上海新港发展做好前期准备。此后，上航局又联合多位知名专家给时任上海市委书记俞正声和上海市市长韩正写信，提出《关于建设上海海洋新城和深水新港的构想》。上航局提交的提案和构想得到了上海市委、市政府的重视，市长韩正批复要求交港局、规土局及城规院组织有关专家对横沙东滩未来规划进行更加深入的研究。在进行深入研判后，上海市规划和国土资源管理局发布《关于横沙东滩资源利用和规划建议有关情况的函》，明确了"可持续发展的带状生态城镇"的理念，提出岛域北部形成以高端服务业为主，低密度开发相辅的城镇发展空间；岛域南部为港口建设预留用地和岸线功能，南北板块之间以农林混合带相隔离，形成生态屏障并兼顾农林用地需求。此后，横沙东滩沿着建设深水新港和可持续发展生态城镇的定位深入发展。

五、沧海桑田：国际都市的农业生态岛

"横卧江心绝佳处，沙鸥翔集景玲珑"。沧海桑田，横沙东滩实现巨大蜕变的背后是上航局的默默开垦和倾情付出。数年来，横沙工程通过促淤圈围和长江口深水航道治理疏浚土再利用，累计完成圈围面积105平方千米，相当于再造两个横沙岛。随着滩涂整治系列工程的建设落实和规划前景的细化明晰，横沙东滩的战略定位逐渐由"国家级休闲岛"上升为城市发展的重要战略空间和更具发展持续性、借鉴性的现代农业产业园。作为崇明世界级生态岛建设中的"横沙零碳岛"，横沙岛以不施化肥、不用化学农药生产"两无化"为抓手，全力建设上海现代农业产业园，成为响应长江经济带"共抓大保护、不搞大开发"，坚持山水林田湖草沙一体化保护和系统治理的生动实践。

上海这座国际化大都市在21世纪迅猛发展所带来的机遇与挑战，成就了上航局作为民族疏浚产业引领者的地位。上航局在上海所出色完成的每个重大工程，在港航领域内都具有极具意义的标杆性地位：在洋山深水港的北围堤之上，上航局展现出中国疏浚力量在建设离岛深水港的能力与气魄；在青草沙水库的800米龙口面前，上航局证实了超大龙口一次性合龙的技术能力与攻关决心；在横沙岛填筑起来的肥沃土壤之中，上航局合理利用疏浚土，为解决土地资源问题种下希望的种子。在21世纪的上海，上航局以敏锐的战略意识、卓越的技术水准与专业的职业态度，不断突破既有认知与限制，持续开拓民族疏浚企业发展的新道路。

第六章　走出国门　扬帆海外

　　跨入21世纪，改革开放的春潮越发澎湃激荡，中国以越发宽广的胸怀拥抱世界。作为对外交流合作的桥梁之一，中国港航基建企业走出国门，在遥远的国度播种友谊、书写荣光。天道酬勤、厚德载物，上航人凭借追求卓越的信念，成为代表中国疏浚率先出征的精锐力量。

　　本章遴选的上航局3个典型海外工程，横跨地球的三大洲，真实展现了上航局坚定"走出去"的步伐和实力，树立了中国疏浚的良好品牌：上航局参建的巴基斯坦瓜达尔港，不仅是中巴经济走廊的明珠、亚欧经贸的重要枢纽和平台，更为中巴经济和友谊注入新的内涵。在巴西港口的建设之中，上航人顽强拼搏、全力以赴，在紧急关头挺身而出、全心奉献，为巴西乃至美洲港航市场的繁荣作出贡献。在非洲市场，上航局承建安哥拉首都罗安达的最大海港，以高效的施工进度和优异的工程质量，顺利完成港口建设，有效改善安哥拉乃至非洲的航运格局，帮助安哥拉人民追求繁荣发展的美好明天。

第一节　战略合作　驰援南亚
——巴基斯坦瓜达尔深水港工程

一、奋楫启航：承建"风之门"海上枢纽

在瓜达尔港建成以前，巴基斯坦有两个重要的港口：卡拉奇港和卡西姆港。两者均靠近印巴边界。1964年，巴基斯坦基于国际形势及自身发展的研判，提出建设瓜达尔港口的战略设想。瓜达尔是巴基斯坦西南部俾路支省马克兰地区的一个港口小城，中文译名为"风之门"，风能资源丰富。瓜达尔港是水深超过15米的天然深水良港，紧扼红海、霍尔木兹海峡通往东亚以及太平洋地区数条海上重要航线的咽喉，是中亚地区通往印度洋的最近出海口，也是亚非欧地区海上交通运输的枢纽。从国防安全角度，瓜达尔港可作为巴基斯坦战时出海通道，对于打破外界水上封锁，加强海疆防卫，增强国防力量均有着重要的战略意义。

早在1996年，上航局在中港集团的组织下开始跟踪瓜达尔项目并开展前期工作，并于1999年成功中标了陆域形成和疏浚施工项目，但因为巴方的原因，工程被短暂搁置。在2001年中巴建交50周年之际，时任国务院总理朱镕基应邀访问巴基斯坦，并与巴基斯坦总统穆沙拉夫正式签订中国援建瓜达尔深水港的协议。我国领导人对这一中国政府援外史上最大项目给予高度关注和重视，作出"抓紧进行，保证质量"的批示。在交通部的牵头下，上航局参与巴基斯坦及瓜达尔港的现场考察与资料收集，包括国民经济发展情况、港口特点、施工条件及相关行业规范标准等，并高效地拿出了初步方案。

2002年3月22日，瓜达尔工程开工典礼在瓜达尔渔港码头成功举行。时任国务院副总理吴邦国与巴基斯坦总统穆沙拉夫为开工典礼奠基碑揭幕。由此，上航局在这片名为"风之门"的土地上奋楫启航，启动中巴重要海上通道港口的建设。

瓜达尔一期工程需要在瓜达尔沙岬东滩、突出于海中山体的北侧进行吹填造陆、开港池航道，建设3个2万吨级的多用途深水泊位和

中篇　重大工程

巴基斯坦瓜达尔深水港工程

与之配套的其他陆上工程，使瓜达尔港具备5万吨级集装箱船全天候通航能力。由中港集团实施项目总承包管理，上航局主要承担港池、泊位、航道的疏浚和码头后方的陆域形成。

参与中国首个援外项目，上航局深感责任重大，2002年1月中旬组建项目部，2月1日，装有航绞1005、航艇9轮、航供水401轮及排泥管线、土工布、泥浆泵、发电机集装箱和生活物资的半潜驳"重任2"离沪远赴巴基斯坦。经过一个月的海上航行，"重任2"抵达瓜达尔锚地，仅用4天时间就完成卸船任务；3月2日，参加工程第一批建设者共33人抵达瓜达尔；3月12日，第一台泥浆泵开始充填砂袋；3月16日，"航绞1005"试挖成功……

二、自力更生：用智慧和汗水"智"造港口

在瓜达尔一期工程的疏浚项目上，项目部遇到一道实实在在的"难题"：水下施工时发现存在较大体量的礁石。这些"拦路坎"关系着后续疏浚项目的推进，必须展开定点清除。起初，"航绞1005"尝试一点点挖除，由于礁石相当坚硬，"航绞1005"不仅没啃动，反而损

"新海豹"轮在瓜达尔港施工

坏了绞刀头。2002年12月,集斗轮、绞刀于一身的大型绞吸挖泥船"新海豹"进场,经过数日奋战,终于挖除港池礁石群,完成200多万方吹填量。2003年初,在港池西北角开挖时又碰到了地质资料中从未有过的礁石。此时"新海豹"已经退场,挖除工作只能靠"航绞1005",这艘有着30年船龄的小型绞吸挖泥船。经过近两个月的艰苦作业,以绞刀齿磨损及折断66只、绞刀液压管爆裂3根、管线橡胶管爆裂4条的代价,挖除礁石12.3万方。

国外施工不比国内,岸基支持资源缺乏,遇到难题需要建设者自己想办法解决。于是,项目部鼓励船员开展"技术革命",多提合理化建议。比如,土工布缝制工艺的一个小改动,就大大减少了护坡的维护时间;筑堤砂源没有,就在陆上建砂库;陆上通道没有,就采取泥浆泵接力方式;水深大,则采取就地取材改装简易铺砂袋船,每20米设一个中心导标,确保深水定位的准确;季风期涌浪大,砂袋易损坏,一再探索新的护坡方式,从小砂袋压坡、搭链式压坡,到单边小砂肋压坡;当地光照强烈,改用防老化土工布……

瓜达尔项目有数千米的泥塘围堰需要在水下施工,最浅的地方低潮位时水深有1米，深处水深近3米。工期紧，任务重，怎么办？项目部决定自己造铺排船。画图纸，找材料，经过一番努力，几个浮箱焊接起来的瓜达尔一号辅排船"1.0版本"诞生了。投入生产，效果良好。但是由于船体小，大的砂袋无法铺开，于是项目部租来一条方驳改造成铺排船"2.0版本"。这样利用铺排船铺设底层砂袋，人工下水铺设上层砂袋，施工进度明显加快。

前方施工人员绞尽脑汁开展"技术革新"，项目部后方人员为改善生活条件想尽办法。瓜达尔属热带沙漠气候，除了沙就是盐碱地，这里水贵如油，蔬菜极少。项目部在营地外的花圃开辟菜园。从附近山上挖土运下来，从附近养鸡场拉来鸡粪作肥料，洗菜淘米水用来浇菜，每天早晚各浇一次。就这样小心翼翼守护着，种下去的小葱和萝卜始终不发芽，只有鸡毛菜长势良好，播下去20天就可以收一茬。为了改善生活，项目部还建了豆腐房。上航人以积极乐观的心态应对艰苦恶劣的工作生活条件。

三、工艺创新：岸坡开挖首次采用绞吸船

岸坡开挖是码头建设中的首道工序，通常由抓斗船施工。瓜达尔工程中，项目部用绞吸船进行航务工程领域大规模的岸坡开挖，在当时国内尚属首次。2003年4月，"航绞1005"开始进行码头岸坡开挖。因为是新工艺，刚施工时，开挖过程中的垃圾都集中在绞刀头吸口处的格栅内，船员清理垃圾要钻到绞刀头架子内，这样既麻烦又不安全。于是大家动脑筋想办法，将绞头吸口处的格栅移到泥浆入口的三通管处，让垃圾聚集在三通管内，清理垃圾只需在机舱内打开三通管的压盖就行，这样一来既安全又能节省时间。同时，"航绞1005"还安装了上航局自主研发的绞吸挖泥船工况监控系统，能准确显现绞刀头的三维位置，"航绞1005""如虎添翼"，复杂岸坡开挖的新工艺一举成功。

6月10日，"航浚1007"进点参与4.5千米进港航道的施工。为了深挖降本潜能，提高施工效率，船员们在对地质进行分析后，决定尝试加装耙齿，从开始时加装3只犁形耙齿，到加装5只犁形耙齿，

再到加至9只犁形耙齿。实践证明切泥效果和挖掘能力大大提升。考虑到锰钢板加工的刀齿容易磨损的情况，船员对绞刀齿进行改装，改装后降低了磨损，减少了耙头维护时间。同时还自行维修海水总管内部及增压器，改装"中冷器"等，种种创新举措有效提高了施工效率，且节约人工费94万美元。

克服种种困难之后，"航浚1007"单船完成打通进港航道的重任。根据统计，在瓜达尔工程中，"航浚1007"共疏浚土方量800.66万立方米，主机安全运转27 339.28小时，船舶时间利用率达到90%以上，创下了原中港集团同类施工船舶的最高纪录。2004年12月，瓜达尔一期工程中的航道疏浚项目提前完工，"航浚1007"完成了在4.5千米进港航道的疏浚任务。交通部和商务部质量检查组均对航道疏浚工程质量给予充分肯定。

四、临危不惧：周全措施应对危机事件

瓜达尔工程位于邻近伊朗边境的俾路支省，该省有300多个政党派别，民族主义者势力很大，宗教斗争不断，当地政治势力与巴政府关系不断恶化，民众与巴政府间的隔阂亦较大。因此，当地成为巴基斯坦境内恐怖主义势力的"重灾区"，这为上航局的工程建设带来了不可预测的危机。

2004年5月3日上午8时30分，瓜达尔发生了震惊世界的"5·3恐袭事件"：同在瓜达尔工程参与建设的兄弟单位中交一航院中北监理所12名工程师乘坐的班车在瓜达尔遭到汽车炸弹的袭击，中国工程师3死9伤。这一事件惊动了当时的国际社会，中、巴两国主要领导人以及两国政府主管部门均对瓜达尔项目的情况高度关注。

面对突发的危机事件与严峻的安全形势，上航局采取一系列应对措施：事发当天上午9时15分，瓜达尔项目部紧急召回野外施工班组人员，让巴方雇工全部离开项目现场，所有在场船舶24小时加强值班，禁止任何当地船只靠近；5月4日、5日，上航局党政领导迅即召开专题会议，了解现场情况，研究应对措施，落实安抚职工家属事宜；并与项目部共同制定《应对恐怖袭击的紧急措施》，紧急召集局有关单

位和相关部门通报情况、布置工作；5月8日，时任上航局局长宗源远赶赴瓜达尔现场，慰问项目部全体员工。

为了彻底消除安全隐患，上航局与巴基斯坦当地政府协商，推动对瓜达尔工程安保工作的重新部署。工程增加多支安全保卫力量，加强对中国专家和港口项目的保卫：所有重要岗哨换由海军陆战队值勤，中国员工如需外出，必须提前一个小时向警方申请；中国专家的出行车辆由警车和随行警察保护。针对上航局施工的特殊性，巴方还调来三艘海军巡逻艇，加强海上施工的安保工作。上航局瓜达尔项目部周围均由巴基斯坦军队守卫，人员因工作需要离开项目区域，均在巴基斯坦装甲车护送之下才能成行；提供补给的油水车，由海军陆战队进行爆炸物彻底检查后才可进入补给港区。

项目部进一步加强外事纪律的管理，取消了每周定期日用品的采购计划，所有日常材料和生活用品的采购，各船先开好清单，安排可靠的巴基斯坦朋友外出采购，尽一切可能减少中方员工的外出。同时，项目部在缅怀牺牲战友的同时争分夺秒加快施工进度，并提出争取比合同工期提前3个月竣工的计划，以缩短驻留时间争取更大的安全空间。

在周密的危机应对措施下，上航局毅然推动瓜达尔工程的继续开工，"航浚1007"和"航绞1005"继续施工。施工现场100多名工程技术人员没有一个退缩。在突发事件面前，展现出了上航人勇毅坚韧的精神风貌。

五、海上堡垒：构筑中巴海运重要枢纽

2004年12月25日，巴基斯坦瓜达尔一期工程全部竣工并具备投产运营条件。在此基础上，上航局又承接了一期工程的附加疏浚工程：进行泊位、港池调头区、航道的增深拓宽，由航链701轮船组承担施工任务。按照合同约定，疏浚工程必须在2007年2月完成，如拖延一天则罚款25万卢比，约4200美元。为此，项目部给航链701轮船组下达"死命令"。

"航链701"是一艘效率为750立方米/小时的链斗挖泥船。按惯

例，凡完成160万方工程量后必须进厂大修，何况是常年在外征战的老船。考虑到当地缺乏岸基支撑，全船便把着力点放在管、用、养上，全力做好设备的正常养护，有效地延长关键设备的使用寿命。工程建设总是一波三折，码头约70米处有个直角区域，耙吸挖泥船进不去，链斗挖泥船挖不到，最适合施工船是抓斗挖泥船，可当地租不到，从国内调遣费用高，工期也不允许。怎么办？船长黄洪康经过反复计算，主动请战。他带领船员把船头前约1.8米的小平台割去，使船可向码头多进1.8米，并采用"丁"字形作业法，在船尾一方面用自航驳动车顶住，增加前进动力；另一方面，用两只锚吊住，防止冲力过大撞坏码头，同时充分利用斗桥的深度和潮差，又使船向挖槽多进了3米多，终于攻破施工难题，圆满完成码头施工任务。

2007年2月，瓜达尔深水港一期工程附加疏浚工程顺利完成。自此，一座现代化的深水港矗立在波涛汹涌的阿拉伯海北岸。通过规划建设和逐步完善的路网结构，瓜达尔港与巴基斯坦其他大城市连成一体，并进一步延伸至中亚内陆国家和我国西部地区，成为地区互联互通的重要节点。瓜达尔港与建成后的中巴铁路向中东延伸，可以使中东地区的能源源源不断输往我国，我国的工业产品也可以快捷出口到中东国家。瓜达尔深水港保证了我国进口中东油气的稳定和安全，为加强中巴之间交通、能源、海洋等领域的交流与合作、打造中国－中东的战略物资运输线和经济大动脉发挥着重要作用，成为中巴海运通道的重要枢纽。

2007年1月10日，46个国家的驻巴大使和高级专员赴瓜达尔港参观，推动港口经贸合作。各国外交使节对瓜达尔港的建设表示赞许，纷纷在码头与上航局疏浚船合影留念。瓜达尔工程的成功，也成为进入新世纪以来上航局海外项目的又一标杆，其工程的形象被永久印在巴基斯坦面额5卢比的纸币上。此后，上航局根据国外市场的新变化，不断采取灵活应对措施，在海外机制、运作模式、经营方式上大胆创新，不断创造海外市场的良好局面，积极推广上航疏浚的行业品牌，持续扩大海外市场版图。

巴基斯坦瓜达尔深水港工程"航浚1007""航浚1005"正在施工

第二节 拉美港区 合作共赢
——巴西亚苏港、桑托斯港系列工程

一、壮大规模：远赴巴西吹响"集结号"

南美洲东濒大西洋、西临太平洋，以巴拿马运河为界同北美洲相分。由于拥有天然的海陆分布优势，南美洲的海上贸易在国际上占据着相当重要的地位，是全球海运贸易的重要中心，往返南美洲的海上航线占世界贸易总量的15%。随着连接大西洋和太平洋的巴拿马运河的建设，南美海上贸易量急剧增加，各国的贸易商品由此出口到欧洲、中东和亚洲。因此，南美港口的建设对该地区国家的发展至关重要。

依托太平洋和大西洋交错密织的海运线路，南美洲港口也成为各大型港航公司的必争之地。作为中国疏浚行业海外拓展的先行者，上航局是首个进入国际疏浚市场的中国疏浚企业。1982年5月，上航局参与国际竞标，成功中标墨西哥托波洛班波港航道疏浚项目，正式进入美洲疏浚市场。随后，上航局又陆续在哥伦比亚、委内瑞拉等著名港口和河流承接航道疏浚及陆域吹填工程，逐渐开拓南美疏浚市场。1996年年底至2000年，上航局3艘舱容4500～6500方的自航耙吸船在委内瑞拉主要疏浚区域施工。十年来，上航局在美洲市场累计完成产值共计约6300万美元。

1999年，上航局提出开拓巴西市场的新目标。巴西港口众多，拥有近7500千米的漫长海岸线，是南美最大的疏浚市场。然而，巴西的疏浚市场开放后，业务一度被荷兰、比利时等欧洲国家垄断。在上航局锲而不舍的努力下，情况有了转机：1999年12月，上航局先是承接了巴西港口城市累西腓一个为期一年的工程，接着又转战圣弗朗西斯科、桑托斯等港口进行疏浚。此后，上航局领导专程赴巴西进行市场开发和工程回访工作，首次与业主进行谈判，争取到塞布提巴航道基建疏浚工程，自此上航局正式进入长期由欧洲公司垄断的巴西疏浚市场。

对上航局来说，巴西市场的开拓潜力巨大。尤其是进入21世纪后，受经济全球化影响，巴西进出口贸易量急速上升。2000—2008年，巴西港口货物吞吐量年增长比率维持高位。然而，与不断上升的对外贸易量相比，落后的港口、公路、铁路等基础设施建设水平成为阻碍巴西货物运输的一大因素。为了快速跟进经济全球化的步伐，巴西港口扩建工程全面展开，扩大港口规模成为当时巴西港口发展的主旋律。

在巴西，上航局之前一直以"租船"的形式承接业务，没有正式"户口"，发展一度受限。在长期的经营之中，上航局锲而不舍，积极拓展经营思路，进行改革尝试。2001年，上航局在巴西里约热内卢注册成立属地化公司——巴西公司，并以此为中心统管上航局南美市场，把阿根廷、智利、乌拉圭等疏浚业务都纳入巴西公司统一承接和管辖。巴西公司的实体化转型和当地的船舶注册，成功改变了上航局过去在巴西"无户口"的打游击经营模式。同时，上航局通过巴西公司进一步探索和改善经营环境，采集相对准确的市场信息，逐步而稳定地提高经营效率和经营效益，实现了在南美疏浚市场的可持续发展。

二、乘风破浪：先进大耙会战亚苏港

2007年下半年，巴西矿业物流公司和英国英美矿业公司合资成立里约矿业物流公司，与上航局进行工程谈判并派专人进行考察。紧接着，上航局与里约矿业物流公司顺利签订巴西亚苏港疏浚和吹填工程（以下简称亚苏工程），工期20个月。

亚苏工程是上航局提出国际化战略后承接的以疏浚吹填为主的综合性承包工程，工程位于巴西里约热内卢州亚苏港，主要包括航道、调头区、港池泊位的疏浚及吹填和吹填区围堰和陆域形成，疏浚量1795万立方米，吹填工程量280万立方米。

2008年1月18日，当时全国舱容最大的自航耙吸挖泥船"新海虎"开赴巴西里约热内卢亚苏港。2月16日，"新海虎"抵达巴西，顺利通过巴西所有清关手续，并拿到了里约海军颁发的为期2年的巴西水域施工许可。3月4日，"新海虎"下耙施工。

在亚苏港施工，最近的港口也在100千米以外。海面经常大风浪

巴西亚苏港疏浚和吹填工程

天气，常常出现8级大风和高达3米的涌浪。施工现场离最近的码头有10海里，乘交通船要颠簸2个小时才能抵达。吹填施工期间，亚苏港地区的粗砂土质令吹砂作业十分艰难。针对吹距远等难题，项目部重新组织了调度和施工方案。相继增派"新海凤"与"航浚4011"前往施工。经过不断努力，项目部成功破除"吹砂"难题，亚苏工地的第一方砂"喷薄而出"。除此之外，面对亚苏港清淤处理的问题，"新海凤"与"航浚4011"在施工过程中积极调整淤泥处理工艺，以耙头放低、提高抛泥频次的方式增进抛泥效率，显著提高了疏浚效果。

除去"吹砂难"外，巴西地区严格的环保法规也给亚苏港施工带来难题。巴西的野生动植物资源极为丰富，是世界上环保法规最多和第一个将环保内容完整写入宪法的国家。巴西海岸是海龟产卵的重要保护地，海龟蛋和海龟均受法律保护。每到海龟产蛋的季节，当地海龟保护协会人员每天都会到海边巡查，确定海龟蛋的位置并做好标记，竖起指示牌，提醒人们绕行，更不允许有重物通过。然而，由于需要铺设陆上管线输送泥砂，项目施工位置与海龟产卵地产生了冲突。为此，项目部要求"不惜代价，保护海洋动物"。"不惜代价"意味着项目部要作出"牺牲"。挖泥船停止施工，施工人员停下管线铺设，等候海龟从海里爬上岸产蛋。如此一来，"新海虎"和其他船组等候了3个多月，长时间的停工大大虽影响了工程进展，造成了工程损失，但参建人员尽全力保护海龟周全的做法得到当地环保组织的高度认可。

巴西环保法律的严格还体现在对当地植被的保护上。巴西地区以热带雨林气候为主，森林植被茂密。在亚苏工程中，吹泥管线铺设还必须穿过岸滩和吹填区之间的原始植被。然而，根据环保法律，任何施工不得破坏原有植被，不能惊扰野生动物；且河的两端不允许填埋，河上杂草不能清除，只允许用钢丝绳拉管子。于是，严苛的环保法规倒逼项目部进行工艺革新。通过实地勘查和对施工方案进行仔细研讨，项目部采用了一节钢管加一节橡胶短管的方式，改变原有铺设线路，尽量减轻对原始植被的影响。经过几个月的努力，管线最终在不破坏植被的前提下顺利过河，新工艺成功解决了吹泥管线铺设难题，确保了工程质量和保护环境"两不误"，业主赞其为"中国建设者智慧的结晶"。

2012年，亚苏工程项目完工，总吹填量为280万立方米。该工程的完成，对上航局进一步巩固拉美地区疏浚市场、拓展海外经营领域具有重要意义。

三、联营合作：协同建设桑托斯港

作为巴西最大的港口，桑托斯港位于巴西东南沿海的桑托斯湾内，濒临大西洋，是巴西最大城市圣保罗市的外港，港口每月接纳300余条船，全国有1/3的出口货物及40%的进口货物经该港中转。长期以来，港口拥堵，运力不足，效率低下等问题始终困扰着桑托斯港。同时，该港属于河性港口需常年维护。从2004年开始，上航局与巴西恩太巴公司合作承担桑托斯港的维护工作。

2009年，巴西桑托斯港增深拓宽工程（以下简称桑托斯港工程）正式对外招投标，该工程是巴西政府经济发展计划的一部分。为此，上航局与当地一家有实力并以工程设计为主的DTA公司组成联营体投标，于2009年3月赢得第一标。2009年9月30日，时任巴西港口部部长佩罗德·布里多与上航局巴西公司正式签署桑托斯港工程航道扩建项目合同，项目内容是将原有深12～14米、宽150米的单向航道，增深拓宽为深15米、宽220米的双向航道。

项目先期由"航浚5001"承担，2010年，上航局调遣"新海虎""航浚4011"会同"航浚5001"完成桑托斯港工程的后续标段。该工程进入二标段施工后总体进展顺利，大部分区域已进入扫浅阶段，但仍存在部分区段航道水深不足，船舶无法装舱施工的问题。对此，现场项目部根据船舶吃水深度和舱容特性，合理组织调度，既能施展"航浚5001"的浅吃水特性，又能发挥"新海虎"大舱容作用。经过实践，浅区水深增深明显，施工效果良好。根据测图显示，"新海虎"在27千米的超长运距的情况下，7天完成26万立方米的工程量，为第四标段施工顺利进行开了个好头。

桑托斯港工程完工后，港口拥堵的状况得到有效缓解，港口生产能力得到大大提高，巩固了其在南美地区龙头港的地位。此后，巴西

巴西桑托斯港基建维护疏浚工程,"新海虎"正在施工

国家电视台还特意对桑托斯港的通航情况进行深入报道,上航局在巴西的品牌形象得到进一步提升。

四、久久为功:属地深耕实现合作共赢

自1999年进入巴西市场,上航局疏浚船队航迹遍布里约、桑托斯、巴拉纳瓜、亚苏等重要港口,陆续参与巴西众多港口疏浚维护项目,成功提高其航道等级和通航能力,让一批港口焕发新生机。上航局等国内疏浚企业的加入,打破了欧洲疏浚公司在巴西长达几十年的高价垄断,大大降低巴西市场的疏浚成本。在运作方式上,上航局主要与当地知名承包商合作,以形成优势互补的联营体模式参与竞标,强强联合发挥出品牌协同效应。

海外市场的高质开拓需要长期投入积累并建设属地化的本土经营团队。因此,在开拓海外市场的同时,上航局也努力实行员工本土化,不断引进吸纳当地优秀人才,并提供外籍优秀员工到中国参观学习的机会,先后有两名巴西员工当选中交集团十佳外籍青年员工。除此之外,上航局也十分注重培养海外人才。巴西公司党委组织项目部和船舶积极开展培训工作,激起全体员工学习外语的热情,有效促进中方员工

与当地外籍员工的沟通交流。

巴西作为南美地区大国和全球治理中的积极参与方，是中国重要的战略合作伙伴，两国交往合作日益密切。多年来，以上航局为代表的中国疏浚企业在巴西乃至美洲市场积累了众多项目建设经验，形成良好的发展基础和品牌效应，在推动巴西经济社会发展的同时，增进了中巴两国人民友谊，为谱写中巴合作伙伴关系新篇章作出了贡献。

第三节 非洲港口 互利合作
——安哥拉罗安达吹填造地工程

一、挺进非洲：紧跟国家战略开辟新局

辽阔的非洲大陆版图仅次于亚洲，约3000万平方千米，也是全球国家数量最多的一个洲。根据统计，2000年以来，在世界上增长速度最快的前20个经济体中，每年都有3至12个非洲国家上榜。安哥拉是这一时期的典型代表。

安哥拉是非洲西南部具有重要战略地位的国家，西面濒临大西洋，海岸线长达1650千米。安哥拉自1975年独立后便陷入了一场旷日持久的内战，曾被联合国列为全球49个最不发达国家之一。内战结束后，安哥拉政府开始大力投入基础设施建设，积极开展同其他国家的经贸互利合作，尤其欢迎中国企业参与其经济恢复和战后重建工作。2003年11月，中国商务部与安哥拉财政部签署《关于两国经贸合作特殊安排的框架协议》，并与安哥拉财政部建立中安一揽子合作联合工作组机制。

这片百废待兴的土地，为上航局提供了莫大的机遇。在中国港湾工程有限责任公司总承包安哥拉罗安达港工程的背景下，2007年5月，上航局与其签署合同，承担安哥拉罗安达湾港口发展疏浚及回填工程。上航局成功实施一期和二期回填工程，分别在罗安达港东南侧形成50万平方米和55万平方米的陆域，并对一期陆域西侧GRN临时集装箱

码头前沿进行疏浚。另外在合同外还完成了 SONILS 主码头后方区域的回填施工，为该项目的圆满完成奠定了坚实基础。

罗安达港是安哥拉最大的深水海港，也是非洲西北部的主要港口。其所在的城市罗安达既是安哥拉的首都及全国政治、经济、文化的中心，也是主要的工业中心。当时，安哥拉尚没有成系统的内河运输网络，全国水路线路约1300千米均为海上货运。因此，该工程的实施将大大提高其货物吞吐能力，助力安哥拉国家经济建设。

二、出海精锐：安哥拉港口迎来东方浚师

船队组建是准备工作中的重点，选派专业技能好、素质高的船员是关键。针对安哥拉工程的外派人员，上航局采取"自愿报名，船上选优，公司把关"的方法选择。相较于其他海外工程的所在地，非洲条件落后，工作和生活条件艰苦，然而船员们没有退缩，纷纷踊跃报名，其中不乏快到退休年纪的老同志，他们舍弃在国内享受天伦之乐的时光，选择出征非洲，展现出老一辈上航人勇担重任的精神风貌。2007年9月，"航浚4007""航吸1006""航吸1007""航吸1004"等20多艘疏浚船舶浩浩荡荡奔赴遥远陌生的安哥拉，一个月后顺利抵达罗安达。

施工伊始，施工面临着一大难题：卢安达港作为安哥拉当时最大的港口，没有交管中心，各种船舶随意航行、到处抛锚，对施工造成极大的干扰。船舶在施工过程中必须高度警惕，所有船舶在施工过程中加强瞭望，掌握周围港内大船的进出动向，及时沟通协调船舶动态，首先服从港内船舶进出安全需要，以确保通航作业安全。

由于此前的疏浚业务都由欧洲疏浚公司垄断，中国疏浚船的驶入，引起英国监理方的不满。他们对中国的测量标准以及施工能力持怀疑态度。于是，英国监理提出在吹填区内划出一个100米×150米的试验区，用以测试该工程主力船"航浚4007"的综合施工能力。船员们得知这一挑战后，士气高昂，深知这个试验不仅事关企业品牌，更与中国疏浚的荣誉紧紧相连。全力以赴，拿出漂亮的成绩单是对他们最好的回答。大家反复踏勘地形地貌，精心设计施工方案，由于"航浚4007"轮泥舱内高压冲水系统并非为吹填工程设计，所以吹砂到最后

都会有一定的余留,若全部吹净,则需要花费大量时间。绝不能因小失大,经过细致测算和比对,切合实际的"多拉快跑"施工方案诞生了。多跑的量之"大"足以弥补舱内余留的"小"。从10月20日开始,"航浚4007"轮在英国监理划定的、平均水深65米的区域内开足马力,吹填作业。功夫不负有心人,11月13日成功完成区段试验,拿出了漂亮的成绩单,用行动证明了上航疏浚的能力和实力,令英国监理不得刮目相看。

罗安达工程实施中,项目部面临的最大问题当属砂源。砂作为吹填项目的关键性材料对工程的可行性、经济性影响巨大。从该工程投标阶段掌握的砂源情况便发现,工程实际用砂缺口很大,且在施工过程中发现原有砂源区砂层中的石块、贝壳等杂质多,大大增加了取砂难度。至2008年1月时,吹填产量已出现明显下滑趋势,形势日益严峻。考虑到上述情况,项目部在施工初期便非常重视砂源问题。一方面改进吸砂船的"大头",辅以"高压冲水",同时采取密集打孔的方式,提高取砂效率;另一方面到罗安达港以北的海域及河口区域寻找砂源。从2008年2月起,项目部先后对湾外河口区域、湾内外滩、ILHA岛两岸进行实地踏勘、测量、试吸,基本探明了罗安达工程附近的可用砂源。取砂过程中,所有吸砂船舶和现有码头至少保持200米以上安全距离,避免因取砂影响码头的安全。

当地砂源大多属于中粗砂,砂质粗重,造成吹泥船施工效率不高,船机磨损严重。为此,船员们通过扩大自修和加强日常维护保养加以解决。为了提高吹填效率,项目部还根据不同水深安排不同船型组织施工,如"航浚4007"适合深水抛砂和艏喷吹填施工,若是浅水区则采用自航开体驳抛砂结合吹泥船进行接管线吹填,效率和总体成本控制更佳。

除了工程技术难点,安哥拉当地恶劣的环境与落后的条件也给工程实施带来巨大挑战。为了避免船员在非洲感染疟疾,所有人员出国前接种了疫苗。但在等待半潜驳运输吹泥船和取砂船组抵达期间,第一批到达的船员还是先后有人感染疟疾。当地医疗条件差,疫情难以控制,项目部启动应急预案,上航局立即组织航道医院从国内采购药

2008年11月28日,时任交通运输部副部长翁孟勇到"航浚4007"轮视察

品并迅速空运到安哥拉,成功控制疟疾传播,稳定了船员情绪,确保施工团队能够集中精力完成紧张繁重的工程任务。

三、助造"广厦":非洲大陆立起华夏疏浚口碑

2009年9月,罗安达工程顺利竣工。上航局共计完成吹填工程量约903.6万立方米。其中,一期工程完成吹填工程量约439.3万立方米;二期工程共完成吹填工程量382万立方米,完成合同外吹填量82.3万立方米,疏浚工程量20.8万立方米。

经过多年建设,罗安达港港区焕然一新,码头长达4000米,水深10米以上,可停泊远洋货轮。罗安达港口的建设显著改变了安哥拉国家航运网络的空间格局,对于安哥拉乃至相邻非洲国家的航运及经贸发展起到显著的推动效果。作为罗安达港的拓荒者,上航局功不可没。

罗安达工程不仅是中非互利合作的良好体现,也为新世纪上航局海外战略的实施和推广提供了优良范例。依托罗安达工程打下的基础,

上航局得以继续深耕非洲，成为中国民族疏浚产业在非洲大地上的先行者，先后承接了喀麦隆杜阿拉港航道维护疏浚等工程，企业品牌在辽阔的非洲大地高高树起。

　　富有远见的国际化视野是铭刻于上航人发展基因之中的优良特质。作为中国疏浚业最早走出国门的大型央企，从"走出去"战略到"大海外"战略，上航局持续怀揣走向全球的雄心壮志，以国家战略为引领、以产业振兴为己任、以企业发展为动力，不辱使命、奋发有为，在海外疏浚市场树起上航丰碑，不断延伸打开更大市场版图。以海外工程中卓著的业绩，上航局为中国基建央企拥抱全球市场、树立中国基建品牌提供了良好的范例。

下篇　发展之思
——回望与感悟的交集

第七章　继往开来　筑梦新航

　　21世纪初的十年,是中国主动融入全球化和深入推进改革开放并获得高速发展的"黄金十年"。原全国人民代表大会财政经济委员会副主任委员黄奇帆先生认为,"从2000年到2010年的十年,是中国加入WTO后外向型经济发展最快的十年,那十年间,我国平均每年引进外资1200亿美元左右"。在世界政治经济体系空前广泛而深刻的变革中,中国和平崛起,成为国际体系中一个负责任的、建设性的、可预期的塑造者。这十年是中国改革开放的重要里程碑,也为中国此后的经济高速发展铺平道路。正是在这样波澜壮阔的时代机遇浪潮中,上航局砥砺改革、高歌猛进,以振兴民族疏浚产业为己任,于百年上航的深厚底蕴与时代发展脉络中汲取力量,向着建设国际一流疏浚公司的目标持续迈进。

　　惟改革者进、惟创新者强、惟改革创新者胜!回顾来路,上航局十年持续改革发展所取得的成就并非偶然,而是浸透着一个央企在中国和平崛起机遇期中的必然,也是上航人创新拼搏基因聚合的本色和展现。这是一条边探索边前行,边改革边发展的道路,这是一条没有现成理论指导和实践模式借鉴的道路。这条十年之路,是上航人难以忘怀的经历,是上航人弥足珍贵的财富。上航局将立足于企业改革创新发展新阶段,着眼于企业高质量发展新目标,构筑上航发展新格局,再造上航发展新优势。

第一节　不忘初心，产业报国

作为时代的弄潮者，上航局对党和国家的坚定跟随成为自身企业快速发展最重要的逻辑基础。十年来，上航局在国家"引进来"与"走出去"的深度改革开放发展战略全面铺陈中，从长江口出发，承担了大量国家重要的江、海、港、城战略性工程，以拼搏创新精神展现了对国家发展战略的深度支撑与责任担当，也在国家给予的重大机遇中锻炼出钢铁精锐之师，成就了自身企业的跨越式发展，成绩卓著：十年间，上航局年产值从2001年的10.5亿元跃升为2010年的120亿元，年利润总额从2001年的0.3亿元增加至2010年的13.1亿元；净资产值从2001年的6.4亿元发展到2010年的70.9亿元。

一、责任担当：深度服务国家战略

港口是我国改革开放中的重要战略抓手，也是我国加入国际竞争和深入推进全球化进程的重要载体。"十五""十一五"期间，中国一方面以港口建设作为改革开放的前沿窗口和扩大国际交流合作的关键节点，密集出台国家政策，加快港口设施的建设和经营市场的开放，

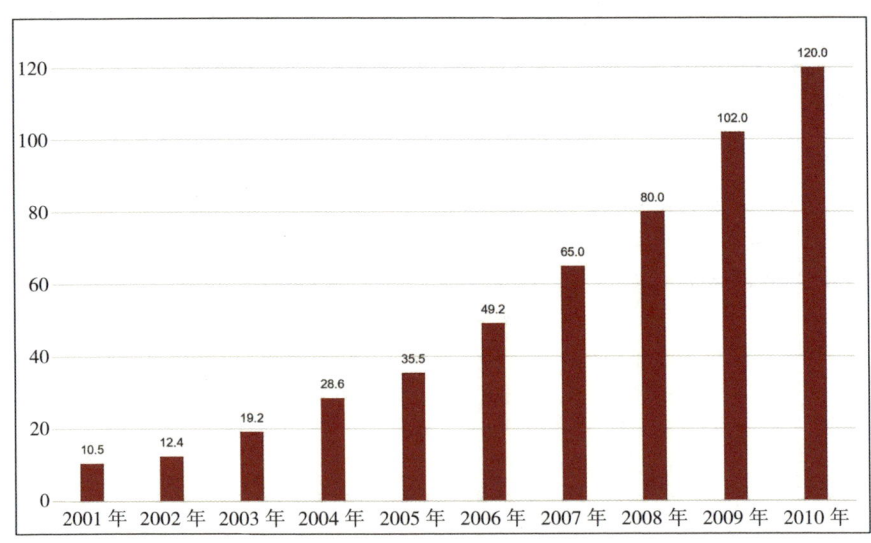

2001—2010年上航局产值情况（单位：亿元）

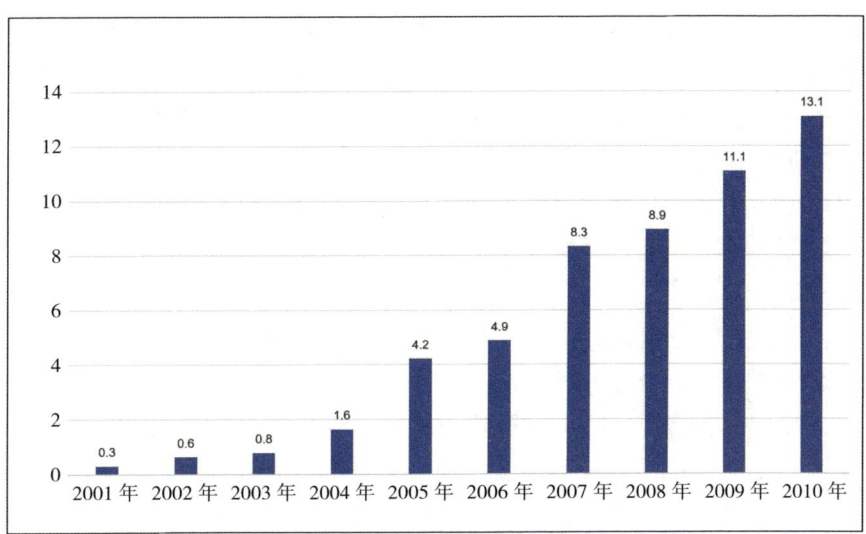

2001—2010年上航局利润总额情况（单位：亿元）

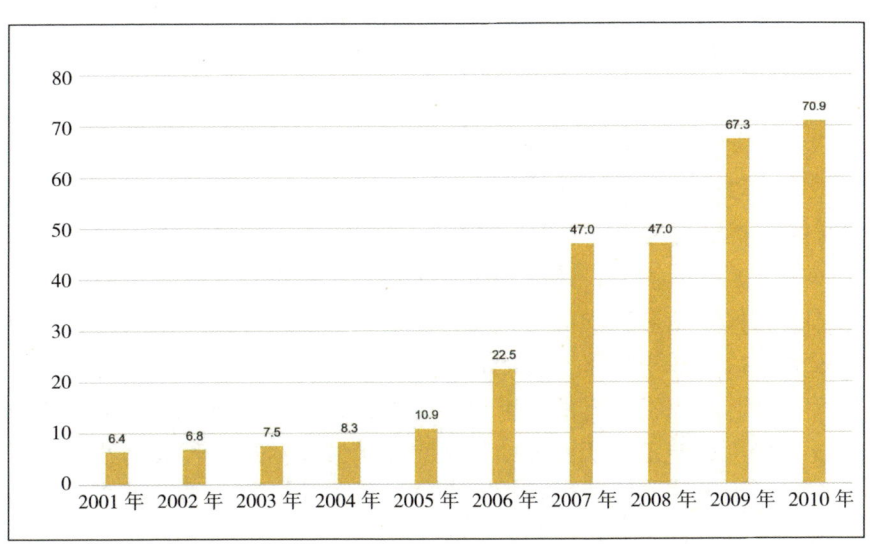

2001—2010年上航局净资产情况（单位：亿元）

努力打造世界一流强港，筑牢中国在全球港航发展大潮的优势地位；另一方面将港口作为扩大内需的重要政策与空间载体，着力加强长江口、珠江口和环渤海等沿海深水枢纽港升级建设和内河航道治理，打造上海国际航运中心，建设千吨级内河主骨架航道，构建东西互动、陆海相连、内外互通的多式联运体系。依托国家港口建设的重大机遇，十年间，上航人走南闯北，征战上海港、宁波港、天津港、黄骅港、连云港港等国内沿海各个重要港口，通过袋装砂技术、软基处理技术、国轮国造三大革命性的战略举措，为我国港口占据全球港口前十强过半奠定了扎实基础，也为推动中国港口现代化、国际化进程作出了重大贡献。

上航局建局伊始就从黄浦江启航，常年辛勤耕耘长江口。十年间，上航局更是举全局之力承担长江口深水航道治理工程这一国家重大战略工程，打造精锐之师、克服重重困难，将长江口航道水深从7米浚深到12.5米，成功攻克大型复杂河口治理的世界级难题，为上海国际航运中心建设起到了重要的基础支撑作用。长江口深水航道治理工程的成功实施，使得上海港没有在国际航运中心的激烈竞争中被边缘化，确保了国际大港地位。同时，极大推动了长江黄金水道建设，推进长三角地区和长江经济带发展，实现长江水运网络与国际海上运输网络的"深水"对接，对南京以下"河港变海港"、提升长江中下游"江海联运"能力均具有里程碑式意义，是影响中国扩大对外开放、推动中国经济融入全球经济的重要举措。长江口深水航道治理工程共完成建设各类整治建筑物坝总长约170千米，疏浚工程量超过3亿立方米。按每一方土纵向堆放，疏浚土总方量可以围绕地球8圈。在书写出世界水运工程罕见奇迹的同时，更为后续我国建设洋山深水港、黄骅港等重大港口工程积累了宝贵的技术与队伍管理经验。其间，上航局十年磨一剑，形成了特有的、世界领先的一整套大型河口航道治理的先进技术和机具装备。所开发的长江口深水航道治理工程成套技术达到国际领先水平，在国内外河口整治领域广泛应用，成为世界水运史和水利工程史上的经典范例。

上航局参建的洋山深水港区是世界上唯一建在外海岛屿上的离岸式集装箱码头。仅用三年多的时间，上航局就克服了多汊道、强潮流、高含沙量、地质极其复杂等诸多不利环境的制约，成功解决了外海深水软体排铺设、软土地基上深水筑堤等技术难点，从深海里"造"出8

平方千米、高 11 米的新陆域，创造了世界建港史上工程量大、工期短的奇迹，建成至今世界上最大规模、高效、节能、环保的集装箱深水港区。依托洋山深水港工程，我国离岸深水港建设的成套技术得以成型，上航局更是首次实现了在水深 20 米以上深海区铺设软体排的革命性创举，这标志着我国筑港技术已经处于世界领先水平。洋山深水港工程的成功建设，打破了上海港一个半世纪以来没有 15 米以上深水码头的历史，使其华丽转身为名副其实的世界第一集装箱港。它为上海浦东开发开放、将上海建成"一个龙头、两个中心"创造了有利条件，也拓展了我国的产业转移空间，极大提升了我国的国际竞争力。此外，上航局十余年深耕宁波舟山港建设，助力其建设成为"21 世纪海上丝绸之路"国际枢纽大港。对内依托上海国际航运中心，形成以上海港、宁波舟山港为干线港，连云港港、南京港等为支线港，扬州港、泰州港等为喂给港的发达集群体系，为长三角港口群对外与新亚欧大陆桥沿线区域实现无缝对接作出了贡献。

十年间，上航局挥师北上，承建我国乃至世界上在开敞海岸淤泥质浅滩建设的等级最高的人工深水航道——连云港港 30 万吨级航道工程，见证了连云港港成为联通欧亚大陆的"中国亿吨大港"蜕变之路，为贯通中国中西部出海口的"海上动脉"作出历史性的贡献。承担了中国第一煤炭下水港——黄骅港这一国家跨世纪重大工程建设，全力抢通黄骅港神华煤炭出海航道，为我国"西煤东运"能源战略打通第二条大通道，确保了我国海上能源运输大动脉的畅通。举全局之力逐鹿津门，参与天津临港、南港工业区系列工程建设，助力天津港登上世界级亿吨大港前 20 强的国际深水港行列；支撑天津市"双城双港"跨世纪空间发展战略，打造北方国际航运核心区。

从长江口到北方大港，进入 21 世纪后的十年里，上航局将自身发展与国家融入全球化、改革开放高速发展的历史机遇深度交融，成为时代弄潮儿。在深度服务国家战略的同时，上航局全身心投入我国沿海港口大发展建设事业，收获了优秀的工程业绩，树立起上航品牌，让"选择上航就是选择放心"的客户认同感倍增。天道酬勤，上航局以求真务实、果敢担当的精神，扬帆向海、不断释放澎湃动能，为自身企业发展书写了浓墨重彩的篇章,也将上航印记深深镌刻在国家"向海而兴"的征途上!

二、民族自信:振兴民族疏浚产业

上航局乘势而上的十年,是其以"振兴民族疏浚产业"为己任,以非凡的远见卓识集中资源快速提升自身装备水平、推进布局优化与战略性重组,逐步获得疏浚话语权与全球竞争力,深度支撑中国民族疏浚业崛起的十年。

在很长一段时间里,中国的疏浚装备虽然规模较大,但整体技术水平与世界顶尖水准差距明显。尤其是自主研发能力不足、设备管理理念落后、技术人员不足等多重制约,使得我国疏浚装备长期依赖整船进口,处于每隔二三十年就要重新引进一批的被动处境,严重阻碍了民族疏浚产业的发展。进入新世纪,面对我国疏浚技术研发起步晚、基础薄的状况,上航局对于企业发展的思考并未局限于自身,而是凭借着对国内外疏浚装备发展趋势的精准判断与振兴民族疏浚产业的信念,放眼长远,誓与国际一流疏浚企业比肩!

上航局在企业改革攻坚最吃力时期,敢于打破常规思维、抓住机遇、排除万难,大力提升疏浚装备水平。先后购进当时世界上最先进、自动化程度最高的自航耙吸挖泥船"新海龙"与亚洲最大的斗轮绞吸两用挖泥船"新海豹"等一批先进设备,将世界疏浚装备的先进技术引进中国,在实现民族疏浚装备跨越式发展的同时,也为民族疏浚技术的独立自主设计研发创新奠定了良好的基础。发扬敢为人先、攻坚克难的精神,坚持"国轮国造",以技术自主创新研发带动疏浚装备实现跨越式发展,攻克大型耙吸挖泥船的关键技术和薄弱环节,先易后难,从成功自主建造4200方"航浚4011"开局,后续批量建造了万方以上的"新海虎""新海凤""新海牛""新海马"等一系列大型耙吸挖泥船,3500立方米/时等级系列的"新海燕""新海鸥""新海狼""新海鹭""新海鲤""新海豚""新海鲲"等绞吸挖泥船,使得我国自主创新的大型耙吸挖泥船和绞吸挖泥船的研发能力整体接近世界先进水平,一举打破了少数发达国家在疏浚装备设计、建造上的垄断,改写了我国疏浚行业长期以来工程船舶依靠进口的历史。

十年中,上航局装备的前瞻性、战略性扩张取得重大成就,有力推动了我国特种工程船舶制造业的发展,促进了大型疏浚设备国产化的配套能力,为中国疏浚业做强做优、走向国际打下了坚实基础。在这条艰辛的自主创新道路上,上航局以舍我其谁的奋进精神,积极主动变革,勇于成为第一个吃螃蟹的人,推动了我国疏浚装备建造的发展,彰显了央企应有之强烈的民族自信与责任担当。宏大的民族责任之感召,使上航局跳离企业的有限视域,拥有了卓越的前瞻性战略眼光,发掘出来自企业深层基因之果敢拼搏的力量源泉,铸就了上航局的创新之魂。以上航局为代表的疏浚央企,不仅走对了疏浚装备技术从模仿到原创的技术之路,也走好了振兴民族疏浚企业发展的成功之路。

三、央企使命:树立良好海外形象

2000年10月,党的十五届五中全会明确提出"实施'走出去'战略"。"十五""十一五"期间,依托该战略,国有企业积极深度融入全球产业链供应链网络体系,进行跨国业务布局,成为我国对外经济合作的重要市场载体与企业海外投资的主导力量。

积极实施"大海外"战略,走国际化发展之路,培育具有全球竞争力的世界一流企业是新时代赋予央企的重要责任与崭新使命。十年里,上航局坚定跟随国家"走出去"战略步伐,坚持积极拓展海外疏浚市场,在南美、中东、东南亚、非洲等地区承建重要工程,助力世界一流港口建设,在海外市场竞争中打响了中国疏浚品牌:承担我国重要的援外工程项目巴基斯坦瓜达尔深水港工程,克服艰苦、恶劣的自然环境和工况条件,按时优质完成工程建设;承担了阿根廷布宜诺斯艾利斯港口疏浚工程,并派遣了由我国自行设计建造的自航耙吸挖泥船"航浚4011"扎根南美市场;以精良的装备、精湛的技术,一举打破了由欧洲各大疏浚公司长期垄断阿根廷疏浚市场的局面;在巴西适时成立中港上海疏浚公司巴西有限公司,凭借装备的领先优势,后续承揽了维多利亚港、伊列乌斯港、桑托斯港等工程,大大提高港口生产能力,助力巴西枢纽港继续保持其在南美地区龙头港的地位。

依托业内最早走出国门的基础优势,上航局克服海外市场开拓中的诸多难题,持续优化海外市场管理经营方式,在逐步建立和完善企业自身与国际化经营相匹配的组织管理体系和海外业务资源优先配置体系的同时,为打造自身企业核心竞争力、建设现代治理体系、提升品牌文化接受度、实行属地化合规经营等方面积累了宝贵经验,也为中国疏浚企业参与全球疏浚及其延伸产业领域的竞争奠定了良好基础,做到"有市场,有信息,有装备,有人才,有决心",在深度融入经济全球化进程中为企业获得了更加广阔的发展空间,展现了一流央企的良好形象。

第二节 团结协作,党建为魂

国有企业一直是我国经济体制改革的中心环节与经济体制改革的桥头堡,是中国特色社会主义的重要物质基础和政治基础。在"十五""十一五"这一中国改革开放关键时期,国企更加成为贯彻新发展理念、全面深化改革的重要力量。在现代企业制度下,把加强国有企业党的领导和完善公司治理结合起来,扎实推进党建工作,成为国企能否平稳克服改革道路上的诸多艰难、从容应对复杂多变形势的重要保障。十年间,依托自身独特的党建模式,上航局将"红色基因"蕴藏于企业发展过程之中,为企业改革强根铸魂,紧跟国家战略、秉承民族担当、肩负社会责任,实现了企业跨越发展,塑造出良好的疏浚央企形象。

十年来,上航局始终立足企业改革发展大局,以发展为主题,以结构调整为主线,以建立现代企业制度为主攻方向,把党的政治优势同运用市场机制相结合,提出围绕经济抓党建、抓好党建促经济的党建思路;充分发挥党组织的政治核心与先锋旗帜作用,加强党的领导,健全党组织有效参与决策的体制机制,坚持参与企业重大问题决策、参与重大经营战略与重大投资立项的研究,把党组织自身的智慧体现到重大问题决策之中,把党的路线方针政策贯彻到重大问题决策之中;在思想解放、改革推进、队伍建设、重大项目推进与技术创新等方面,充分发挥党组织的"稳定器"与"助推器"的作用。十年中,上航局在面对机构调整、业务精简、人员分流等方面的巨大压力时,在需正确平衡改革、发展与稳定的关键时刻,党组织都及时疏导和化解改革中的各种矛盾,把改革的力度、发展的速度和员工的承受度有效协调、统一起来,凝心聚力为改革发展保驾护航。积极开展党风廉政建设,加强制度建设,落实领导干部廉洁自律要求和党风廉政建设责任制,塑造企业清风正气、永葆央企本色。尤其是结合自身施工企业特质,创新性建立起"生产发展到哪里,党的组织就建到哪里"的基层党建制度机制,围绕重大工程,夯实国内外项目工地、船舶的党组织建设。这些积极的党建创新实践,为推进全局体制改革、尽快建立现代企业制度、确保生产经营稳定局面,不断增强企业核心竞争力发挥了重要作用。

上航局十年企业改革的过程并非一帆风顺,而是面临持续深度改革的压力与考验。特别是在"十五"初期,局内部对于改革的紧迫性认知不清、改革方向共识不足,一定程度上影响了企业改革的推行。上航局党委深刻认识到领导班子对于企业发展的重大责任,加大力气夯实班子队伍建设。坚持开展多形式的深度理论学习,切实加强领导班子思想作风建设。用先进思想武装党员和干部,在解放思想、转变观念中统一认识,在联系企业实际中形成改革发展新思路,成为上航局坚持多年的好传统。同时不断完善干部人才选拔机制,建立来自重大工程一线的人才培养选拔机制,从企业发展战略高度,坚持德才兼备、以德为先,加强后备干部队伍建设,积极探索既坚持党管干部原则又体现市场配置要求的管理新方式。以此培育出一支胸中有全局、眼中有大事,站位高远,不断引导和推动企业发展的干部队伍。正是拥有这样的雄心壮志、勇于开拓创新的干部队伍,上航局在自身企业发展最困难的时候,才没有丧失信心,而是极具战略性地勇敢扛起振兴民族疏浚产业大旗,大刀阔斧进行资源整合与专业重组,举全局之力走出改造与更新并举的装备扩张道路;勇抓机遇、拼搏攻克如长江口深水航道治理、洋山深水港、天津临港等诸多国家重要战略性工程；开展诸多前瞻性、关键性技术研发，形成核心技术与品牌优势。这些都为企业在激烈市场竞争中占领高地位置奠定了坚实基础。而这些重大决策背后无不考验着上航局决策者的眼界、格局与胆识，浸透着决策者对于市场的深刻洞察与敏锐判断。

十年间，上航局以政治核心为根，党建引领为魂，积极创新党建机制。党政同心、班子先行，依托扎实深入的党组织建设，在筑牢党的根魂优势上持续蓄力，始终保持了良好的央企本色、涵养出新风正气。也正因为众志成城、团结协作，上航局才得以在复杂的内外形势中保持正确的前进方向，经受住国际竞争与金融危机等诸多考验，扎实有效推进企业改革，并取得了了不起的改革发展成就。在跨越发展中践行了央企作为中流砥柱对民族、国家、社会的责任与使命，展现了建设世界一流疏浚企业应有的良好风范。

第三节　奋发有为，自我革新

上航局逐力奋斗的十年，正是国企砥砺奋进、弄潮于中国改革开放波澜壮阔图景中的十年。作为贯穿我国从计划经济体制向社会主义市场经济体制转轨过程的主线，十年中国企改革持续推进，经历了诸多标志性阶段：新世纪前后，在"抓大放小"改革方针的指引下，国有大中型企业基本摆脱困境，初步建立起现代企业制度。2003年，随着国资委的成立与《企业国有资产监督管理暂行条例》的颁布，国企管理中的"九龙治水"格局宣告结束，国有资产监督管理体制基本形成，国企改革进入新阶段。2009年5月，《中华人民共和国企业国有资产法》正式施行，加快推进股份制改革，积极开展整合重组、改制分离辅业，成为国企改革新重点。在此激荡复杂的过程中，上航局作为国企改革深入推进的亲历者，坚持战略引领，始终保持国家站位与世界眼光，解放思想、迎难而上、坚定改革，面向市场、自我革新。在逐步适应市场经济改革的过程中，以自身蜕变书写中国国企改革攻坚时期的个案样本，也以企业发展实践验证了坚定改革是不断激发国企活力的动力源泉。

一、与时俱进：坚定改革发展之路

十年中，上航局的改革是顺应潮流，更是潮流所逼。上航人始终坚信作为一个百年老牌疏浚企业，要想在跨世纪的新形势下求生存、谋发展，改革是必由之路。唯有痛下决心、壮士断腕，全面深化改革，逐步建立现代企业制度，才能有效破除原有计划经济体制性障碍，切实解决企业深层次矛盾和难题，走上良性发展轨道。也正是坚定改革的强大信念，在企业发展面临困顿的艰难时刻，赋予上航人"刀刃向内"、自我革新的勇气与魄力。

21世纪初，上航局坚持全局改革从实际出发，以市场为导向，坚持"有所为有所不为"的原则，以中港疏浚公司组建为切口，大刀阔斧进行全局资产结构战略性重组。组建疏浚股份上市公司，是上航局在深化改革过程中作出的一项重大战略决策，紧张筹备、酝酿多年，在风起云涌的世纪之初成功挂牌成立，并成长为上航局快速崛起的中坚力量。经过深入调研和周密策划，上航局果断决策，开启了东方公司这一最大基层单位的脱困历程，并最终改制为相对全能的分公司，在新的运转模式下重现发展曙光。上海交建公司抓住战略新机遇，铆足干劲，将上航局的业务朝着"疏浚、水工"并举的方向实施转型改革，优秀的人才储备和领先的市场拓展思路，为上航局"两条腿走路"打下了坚实的基础。上航二公司则自我加压、在变革中求突破，将改革向着市场化经营方向倾斜，持续创造经济效益，并在开拓经营、精细化管理等方面为上航局积累了宝贵经验。航道一处通过向内改革和内部消化，进行了职能和定位的精简、收缩，解决了上航局改革中"职工往哪里去、企业平稳过渡"的问题。设研院根据中交集团和上航局整体改制部署以及企业自身发展的需要，完成了一系列的改制工作成为法人独资的一人有限公司，原先院所有的资质、资格、所有权等证书以及下属企业的投资主体均做相应变更；凭借天生的"技术"基因，进一步担当起设计的龙头引领作用，成为重大工程技术攻关不可或缺的灵魂。同时，通过设研院与上航局工程施工的密切配合，助力经营工作向前端延伸，丰富了市场经营的策略与方法。

在实施困难企业脱困工程的同时，上航局从专业化管理的角度，实施了修船体制、船运和仓储体制等的专业化重组，整合局内资源，挖掘存量资产潜力，逐步建立起以科研设计为龙头的"大耙疏浚""小耙疏浚""陆域吹填""筑堤和地基处理"四大清晰专业板块。加大三产企业清理整顿力度，通过90%三产企业的关停并转、专业归并和资源整合，形成了结构合理、主辅清晰的管理架构，进一步发挥优质资产效应、提高了市场竞争力。此外，对本部机构、人员做了较大幅度的调整和精简，减幅均达到三分之一。在实施主辅分离、辅业改革的过程中，成立局再就业中心，妥善做好离岗职工安置和再就业工作，上航局成功化解了改革过程中的风险，保持了企业的稳健发展。由此上航局管理职能得以调整和理顺，按照"管理模式集团化"要求，逐步建立科学规范的现代企业制度。

"十一五"期，随着中交股份公司港股上市，企业治理结构发生根本性变化，进入从"量"到"质"的跨越发展新阶段。上航局敏锐意识到需要进一步转变观念和思路，加快体制改革步伐，将改革发展重心转移到加快经济增长方式转变，进一步提高质量效益、发挥优势与激发活力的核心问题上来。逐步建立起董事会、监事会、经营层各司其职的法人治理结构；局下属形成全资子公司、控股子公司、参股子公司、分公司和内部独立核算单位五种模式。改变企业运作理念、思路、方法和流程，探索建立科学领导体制和组织管理机制，深层次推进三项制度改革，并在整个改革过程中始终做到依法合规、实行民主管理。同时，以管理、技术、装备和人才为抓手，全面深入推进激励、责任、竞争、创新等基础性制度建设，持续优化提升企业管理水平。

值得一提的是，2001年至2010年，上航局先后购建新海龙、新海虎、新海凤等船，财务部门充分研究各项优惠政策，利用外国政府转贷款从荷兰进口整船及核心设备，共计低息贷款约3800万欧元，年化利率仅1.2%左右，为上海市首单企业利用外国政府转贷款项目共节省贷款利息约5265万元人民币，并且享受国家进口扶持政策，免除船舶购建相关增值税及进口关税，减免税额约1.4亿元人民币。到"十一五"末期，上航局基本完成公司制改造、实现体制机制转变，率先在中交集团疏浚板块实现"双百亿"目标，企业综合实力和竞争力均迈上新台阶。

上航局无疑是幸运的、成功的；是有战略，更是有胆略的。十年中，面对复杂多变的市场环境和各种风险挑战，上航局凭借坚定改革的信念，时不我待、乘势而上，为自身的发展抓住了每一个最好的"窗口期"。纲举目张、敢想敢试，勇于冲破思想观念的束缚与利益固化的藩篱，实现历史性变革、系统性重塑、整体性重构，于攻坚克难中勇闯企业发展的创新路径。以强烈的改革创新精神、直面难题的担当精神和敢闯敢试的攻坚精神，迎来了属于自己的新生。

二、居安思危：保持前瞻战略思维

机遇只给予有准备的人。十年来，在企业外部形势持续变化、经营环境愈加复杂的情况下，上航局能稳中快进、跨越发展，最重要的原因之一就是始终保持强烈的危机意识，以前瞻性战略思维谋篇布局，确保企业发展关键战略决策的精准有效。

"十五"期初，在最艰难的改革攻坚阶段和企业发展相对薄弱时期，上航局仍坚持将企业的当前问题放置于改革开放与全球化大进程中思考、谋划，并确立"振兴民族疏浚产业"的愿景目标，提出"疏浚主体股份化、主业经营一体化、管理模式集团化、增长方式集约化"的"四化"发展战略与一系列实施规划。瞄准新一轮疏浚市场机遇，将目标市场定位于国际和国内大型疏浚填筑项目。坚定认为若要赢得市场竞争，拉近与世界顶尖疏浚公司的差距和完成振兴民族疏浚产业的使命，就必须分秒必争，以超常规的发展思路和创新意识，大规模迅速提高装备能力。由此，上航局掀开极具前瞻性的更新、改造并举的装备扩张壮丽篇章，实现"人无我有，人有我先，人先我优"的装备跨越式提升。

同时，上航局与时俱进、持续保持发展战略的连贯性和持续性，并不断赋予新的内涵，为企业发展提供不竭动力。"十五"后期，在超前完成"十五"发展目标基础上，面对蓬勃的疏浚、填筑市场机遇，为保持企业良好发展势头,上航局及时颁布《上海航道局"十五"滚动发展规划》,全面推进企业规范改制,加快建立现代企业制度进程。深刻反思企业发展问题,适时提出"提高核心竞争力"的发展新战略,坚持做大做强主营业务,构建掌握核心装备、拥有核心技术、储备核心人才、建设一流管理于一体的核心竞争力发展体系,向世界疏浚业先进行列进发。"十一五"期间,随着公司改制的顺利完成,面对新一轮发展,上航局又提出"在集团疏浚板块内,力争总产值率先突破100亿元,其中海外产值率先突破30亿元"的"两个率先""建设国际一流疏浚公司"的崭新战略目标。更加注重把握发展规律、创新发展理念、转变发展方式、破解发展难题,实施滚动规划机制,坚持国内国外两个市场发展,坚持走外延扩张和内涵发展并举之路,提出"科技兴局""人才强局"等战略。

十年来,上航局立足自身企业发展实际,坚持以战略思维谋划全局,用发展的办法解决前进中的矛盾。这些战略设想和规划起点高、前瞻性强,是在紧密关注行业前沿、市场动态和理性判断自身发展实际基础上的精准决策,对持续推动企业发展、实现从量变到质变,起到了关键作用。也正是坚持战略的持续引领,上航局才能对重要发展战略期的"全局"和"长远"始终保持对形势准确、清醒的判断,与时代进程和谐共振,以非凡的胆略抓牢市场机遇,不断引领企业走上可持续发展之路。

三、市场导向:创新灵活经营路径

作为国家经济发展的"稳定器"和"压舱石",国有企业持续深化改革、实现高质量发展的核心任务,即除旧布新、逐步摒弃计划经济时代发展模式,着力推进与市场接轨的目标驱动机制建设,建立健全灵活高效的市场化经营机制体制,内涵式释放活力、增强竞争力。在应对激烈市场竞争过程中,上航局始终以适应市场倒逼企业改革,将经营作为龙头,紧紧牵住构建更为高效、灵活的市场化经营机制这一牛鼻子,面向市场、在经营理念、策略等方面不断摸索、大胆实践,走出一条适合自身的经营创新之路。

十年中，不论是在改革艰难期或是快速发展期，上航局始终保持清醒认知，立足涉水工程特质与自身企业发展基础，坚持"有所为有所不为"的原则，聚焦"主业经营一体化"，精准发力，持续推动企业主业优质资产整合提质，着力实现企业品牌优势形成规模效应。一方面积极提升主业内涵，转变传统疏浚填筑业是下游低端产业的观念，依托管理、人力、科技积聚优势，不断提升主业产品附加值与科技含量，增强核心业务的控制力、影响力和带动力。另一方面，在夯实既有主业市场优势同时拒绝墨守成规，多元拓展主业经营领域与市场，谋求新的经济增长点。坚持局与基层上下联动、境内境外四面出击，秉承"强海洋"和"强海外"的"两海战略"，形成疏浚、填筑和延伸业三大支柱的经营生产格局。适应市场竞争需求的敏锐度与坚守企业经营优势的定力，铸成上航局经营策略的逻辑基础，更是其围绕市场化不断调整经营布局、进行产业结构调整、管理制度优化与技术升级的重要基点，真正实现了向改革要动力、要活力。

同时，在宏观经营战略指引下，上航局积极培育灵活、宽松的经营文化，不断创新经营理念，建设精锐善战的经营队伍，真正将战略落实到瞬息万变的市场经营实践中。打破经营分工限制、创新推行"大经营"战略。以经营为龙头，整合公司、基层和项目部三方经营力量，协同公司科研、勘察、设计、采购、施工和融资能力等各种资源，最大能量地拓展市场生存空间。把宏观循环经济理念结合运用到企业，把"做一项工程、树一座丰碑、交一方朋友、拓一方市场、育一批人才"作为市场营销主战略，发扬"走遍千山万水、想尽千方百计、道尽千言万语、吃尽千辛万苦、造福千家万户"精神，确保重点和高端市场占有率，以重大工程创品牌、出效益、拓市场，坚持"抓大不放小"灵活有效的经营理念，在抓好重点工程投标的同时，鼓励基层公司在服从大局前提下，继续独立自主积极参与中小项目竞争，全面提升市场竞争力。坚定实施海外战略，加快海外经营网络布点。破格提拔青年优秀人才进入经营队伍，培育出一批拥有强劲市场预判和跟踪能力的经营人才。他们"干今年、想明年、看长远"，对项目提早投入、持续跟踪，不断加大有潜力新领域、新市场的拓展强度：在做好长江口深水航道治理工程二期导堤工程时，上航局的目光已经瞄向横沙东滩工程，在前期主动参与并向高层建言献策；在实施洋山深水港一期北围堤工程时，又着眼于整个陆域形成和后续更大的项目；在组织实施家门口重大工程时，追踪并落定曹妃甸通路路基工程、黄骅港二期工程航道疏浚及维护项目；横沙项目更是浸透着上航局多年在国家、上海市层面建言与前期参与；在巩固传统市场的同时，全力参与连云港港10万吨级氧化铝码头疏浚工程，为后续连云港工程打下基础。以此在激烈而残酷的市场竞争中抓住机遇、发展机遇、落实机遇。

正是由于把市场化改革旗帜更加鲜明地树立起来，真正按市场化机制运营，与时俱进地更新经营战略、推进纵深化经营改革，十年中，上航局的市场竞争力明显增强、版图快速拓展、经济效益屡创新高。至"十一五"末，上航局在中交疏浚板块率先实现年营业额100亿元，总资产达143亿元，年营业额与利润总额较"九五"期末增长约6倍。可以说，始终保持对市场密切、敏锐的关注，着力创新驱动，优化运营，采取灵活多样的经营策略开展经营工作，坚定信心，顺境时不骄傲、逆境时不气馁，是上航局布局市场、赢得市场的最宝贵的经验之一。

第四节　学习创新，增强要素

一、人才优先：队伍培育不拘一格

企业竞争说到底是人才竞争。探索如何创新建设符合国企自身发展需要的人才队伍培养模式与机制，打造一支素质过硬的人才队伍，对促进企业实现可持续发展和中国经济与社会发展意义重大。进入新世纪，在国内疏浚市场的勃兴与激烈的全球竞争趋势下，人才培养滞后已经成为制约疏浚企业发展的重要因素。但这十年中，上航局充分认识人才战略资源对于企业发展的重要性，立足自身实际、放眼长远，打破思维定式、探索上航局人才队伍培育新路径，为提升企业竞争力积蓄了宝贵的优秀人才核心优势。

在"十五"初期，上航局就提出"人才强局"方略，将培养、吸收和用好人才作为一项重大战略任务。2002年成立人力资源部，以加强全局人才资源开发和管理，不断适应企业快速发展对人才工作和现代化管理的要求。多年来坚持科学用人观念和正确用人导向，在人才队伍结构调整、人才选拔与培训机制建设、薪酬管理与人才激励机制建设等多渠道发力，在人才队伍建设和人力资源管理方面闯出一条新路，为上航局发展成为疏浚行业领军企业，提供坚实的智力支持和人才保障。

在人才队伍建设整体思路上，上航局着力抓好项目部、船舶、两级本部管理技术人员和高技能人才队伍建设，做好"强基础、抓骨干、推拔尖"的人才梯队建设，建立起四纵（四支队伍）三横（三个层次）人才结构体系，以更好适应企业治理结构转型、经营市场拓展、装备技术水平提升等发展新需求。为尽快改善既有人才队伍结构与市场需求不匹配的矛盾，上航局坚持"以人为本"和市场化导向，实施"外引内培"的人才建设策略，大力引进各类人才资源，规划统筹各专业之间的人才资源配置，注重员工素质提升，逐步使企业员工队伍学历、职称、资质等要素配置比例满足企业发展需求。积极健全人才培训制度，以造就高层次、高技术、高技能人才为重点，不断夯实教育中心培训职能，落实针对性强、实效性好的培训与培养措施，扎实开展涵盖各主要专业的技术带头人和境外商务人才的职后培训。人才队伍建设创新与培训工作的有力推进，保证了人才队伍规模维持稳定、结构调整卓有成效、梯队建设步伐加快，对上航局人才体系建设与质量提升起到了较大的促进作用。

上航局不断深化人事制度改革，打破常规，建立起"能上能下"的灵活用人机制，充分发挥出关键人才的带动作用。以"优选制""等级制"为抓手，在坚持科学性、公平性和规范性的同时，积极改进干部选拔、任用的管理，大胆引进竞争机制，使得大批青年优秀人才脱颖而出。创新出"太仓模式"、上海交建公司的"项目出人才"模式、设研院的学习型组织建设模式等诸多创新型人才建设机制，在全局上下形成充满活力的人力资源建设氛围。探索建立了专业"领军人物"与专业技术领域"首席制"制度，为高精尖专家与技术人才提供施才平台，提升技术专家在集团乃至行业的影响力。人才选拔制度的创新性改革，为上航局培育出一批国内领先的疏浚专业管理人才和业务专家，如周海被评为交通部"全国水运工程勘察设计大师"，楼启为被评为"全国劳动模范"，王惠民、徐承侃、戴自国、刘若元、周显田获"全国五一劳动奖章"，顾勇被评为交通部"新世纪十百千人才工程"第一层次人选。

坚持"以人为本"的人力资源管理开发理念，持续有效的人才队伍建设机制探索与实践，使上航局整体人才队伍结构优化明显，逐步建设起一支结构合理、精干高效、素质过硬的员工队伍，与装备、技术、管理相匹配并实现相互渗透与促进，极大保障了人才队伍的内生增长动力。至"十一五"末，上航局在国内行业的核心人才的建设、储备及发展方面处于领先地位，这也为上航局提升业务发展和企业核心竞争力、建设国际一流疏浚公司提供了重要支撑。

二、兴局方略：科技是第一生产力

回顾十年，上航局能深度服务国家战略与参与国际市场竞争，承担长江口、洋山深水港、黄骅港、天津临港等重大项目，在海外不断拓展市场，实现高速跨越式发展，除了品牌优势、装备优势，最重要的是拥有领先行业的技术水平与先进成套施工工艺。而这些先进技术的培育，与上航局坚持"科技是第一生产力"的理念、大力推进"科技兴局"战略紧密关联。在企业深度改革发展壮大过程中，上航局始终将技术自主创新能力的培育和提升作为培育企业竞争力的核心要素，注重技术的前瞻性研发，努力在关键技术领域进行创新突破，积极培育具有自主知识产权的核心技术，使自身具有高技术含量的疏浚设备和施工工艺的技术开发能力，拥有市场竞争的优越技术竞争力。

自"十五"初期始，上航局就明确要发挥科技强大引擎效力，全面实施"科技兴局"主战略，使之与"战略导向""专业经营""人才强局""系统管理"等方面发展战略形成合力，确保全局发展速度与结构、质量、效益相统一，使企业适应高速发展要求。在科技战略实施过程中，形成内涵发展与外延扩张并举的发展思路，逐步从传统的规模做大、舱容提升的外延扩张,转向技术、管理创新和装备效能提升的内涵发展。坚持制度与技术创新并重,围绕提高质量、降低成本,加大应用新技术、新材料、新工艺、新设备的力度。长期保持对于技术创新的高投入,2000年将科技开发基金由总产值的千分之二提高至千分之五,并且上不封顶。此后每年的经费和局内研发项目逐年增加,坚持每年从前瞻性、战略性的视野出发,挖掘行业内具有共性的重大、关键技术研究课题进行研发,使企业的技术研发始终与市场需求、行业走向紧密共振。

围绕重点工程实施相关技术的开发、应用和施工工艺研究,着手先进设备的技术消化、吸收和推广;加大对工程施工中新工艺、新技术的提炼总结,充分发挥前瞻性、关键性技术研发对重大工程实施的先导和支撑作用,以提升整体工程项目技术水平,这均是上航局在技术创新中摸索出的有效路径。上航局在攻克长江口深水航道治理工程这一跨世纪世界级工程过程中,通过实践、沉淀、发展,形成了我国独创的包括科研、设计、施工和管理在内的长江口深水航道治理工程成套技术,创新成果多达74项,其中原始创新49项,成为世界水运和水利工程史上的范例。在后续的天津、曹妃甸等地诸多重大工程中应用推广,为上航局重大工程的承揽与建设提供了坚实的技术基础。在洋山深水港北围堤施工中,上航局坚持技术、工艺创新,在国内首次成功实施了-20米以上深水软体排铺设。其"深水筑堤"技术被第八批中国企业新纪录记载、发布。"超长排距大型绞吸船与接力泵船串联施工技术研究"实现国内绞吸挖泥船吹填排距达到20.836千米的新纪录。2010年,洋山深水港工程中的"外海岛礁超大型集装箱深水港口"工程建设关键技术获国家科学技术进步奖二等奖,"离岸深水港建设关键技术与工程应用"获国家科学技术进步奖一等奖。这些在重大工程中淬炼而成的一批具有自主知识产权的核心技术,奠定了上航局的市场竞争优势,也为后续企业高速发展提供强有力的技术支撑。

同时,上航局在装备建造技术自主研发中取得持续突破,强力带动了民族疏浚装备技术水平的跃升。2001年,在我国从未建造过大型耙吸挖泥船,世界上也只有少数国家有能力建造的情况下,上航局历时 8 个月集中进行技术攻关,成功完成"航浚 6001""航浚 6002"两艘自航耙吸挖泥船的扩容改造,后续又成功将"新海象"与"新海鲸"创新改造为舱容量达 12000 方的自航耙吸挖泥船。"货改耙"技改工程的成功,为较大幅度提高工艺、技术水准和单船施工效率创造了条件,获交通部科技进步奖、上海市创造发明专利一等奖。这一成果实现了中国疏浚船队万方以上耙吸挖泥船的零的突破,在国际疏浚和造船业引起了极大反响。同年,上航局投入 300 万元,落实并完成国家"十五"国家重大装备攻关项目——"航浚 1003"技改项目。上航局批量生产出"新海虎""新海凤"等大型疏浚装备,实现了重大关键装备的国产化,一举改变了民族疏浚行业"装备引进易,技术进步难"的状态,开启"国轮国造"的中国疏浚装备高速发展的新篇章,助推我国进入疏浚船舶建造强国行列[①]。

此外,上航局集中产学研优势,建立覆盖四大专业板块的自主知识产权框架体系,形成一支以专业技术带头人为主体的创新研发团队。提炼专有技术并运用于行业标准修订,提升标准水平,实质性参与了国际疏浚技术标准的交流与制定,颁布了一批国际标准、国家标准和行业标准。在疏浚、填筑、测量、设备等专业技术水平上实现了新突破,如引进世界上先进的多波束水深测量系统,使上航局在水道测量技术装备上实现国内引领。HYPACKMAX 软件在生产施工一线船舶全面推广,引进、配置涌浪滤波器、双频接收机等设备和定位定深工况检测系统,缩小了与国际先进水平的差距。上航局拥有一批省(部)级科技成果和国家专利,切实保护自有知识产权。特别是在疏浚数字化、信息化方面成果卓著。通过科技资源的不断整合,上航局成立了以设研院为核心的局技术中心,并以中交疏浚技术重点实验室为专职研发机构,开展前瞻性技术及工程关键技术的研究。2009 年中交疏浚技术重点实验室成为交通运输部重点实验室,成为疏浚行业首个省部级研发机构,标志着我国疏浚科研体系初步形成规模。其研发成果在长江

---

① 田俊峰,吴兴元,侯晓明,等.我国疏浚技术与装备"十五"、"十一五"十年发展回顾[J].水运工程,2010,12:93-97.

口深水航道治理、洋山深水港、曹妃甸工业区、天津临港工业区等数十项国家重大工程中广泛应用。积极探索以企业为主体的"产学研"战略联盟,与河海大学、浙江大学等高校合作,建立疏浚专业研究生、博士生局内培训站,培育和增强企业自主创新能力。

十年中,依托"科技兴局"战略的超前引领,上航局以科学严谨、追求卓越的精神,持续创新、厚积薄发,在科技创新平台建设、体制机制创新、关键核心技术攻关、科研成果转化等方面均取得了丰硕的成果,为上航局拓展经营市场、攻克重大战略工程、加速重大装备升级、培育高素质人才等提供了有力支撑。未来,科技创新在上航局的高质量发展中势必会扮演更加重要的角色,成为带动企业创新发展的强力引擎。

百年传承,追求卓越。2001—2010年的这十年,是上航局发展史上不平凡的十年。在深度参与全球竞争与全面深化改革的澎湃岁月里,上航局始终秉承永远忠诚于党的红色血脉,以强烈的时代感召、民族使命与国家担当积极融入国家重大战略,因水而生、向海图强、奋发有为。在短暂的十年中,我们能清晰感知上航局历经百余年孕育形成的航道精神,成为其强根铸魂的深邃依托,也是上航局历久弥新的宝贵财富。上航人将在守正创新中赓续这笔宝贵的精神财富,以责任、创新、卓越、奉献为核心元素,持续注入奋楫争先、竞合共赢、安全发展的丰富内涵,推动航道精神焕发新的生机活力,为企业高质量发展不断提供强大的精神力量和丰厚的文化滋养。

历史尚未远去,其深处幽思仍留余温。上航局风雨兼程、砥砺奋进的十年,历经了从稳中求进、到稳中快进、再到平稳较快发展的战略发展脉络,是责任与使命交汇的一支火炬,更是质量与品牌交融的一面旗帜,是一届届领导班子与一代代上航人奋勇拼搏的结果,必定会给后人留下一笔宝贵的精神财富。当新时代的画卷徐徐展开,上航局将继续奋力谱写企业高质量发展新篇章,向着建成拥有全球竞争力的国际一流企业砥砺奋进。

附录一：上航局大事年表
（2001—2010）

2001 年

1月18日　耙吸挖泥船"航浚6002"改造完成，舱容由原来的6500方顺利扩容改建成9000方，并命名为"航浚9002"，标志着国内首个耙吸挖泥船扩容改建项目取得圆满成功。

2月20日　上航局在巴西里约热内卢注册成立属地化巴西子公司——上海航道局巴西海事服务有限责任公司。

2月28日　第十七届六次职工代表大会暨工会会员代表大会召开。

3月1日　2001年党政工作会议召开。党委书记胡永桢作题为《解放思想、开拓进取、同心同德、奋发工作》的党委工作报告；局长宗源远作题为《围绕改革发展稳定大局，全面推进党风廉政建设》的行政工作报告。

3月5日　中国港湾建设集团总公司在苏州召开上航局改制方案论证会。

4月22日　上航局参建的宁波常洪越江隧道工程竣工。隧道全长3267米，其中过江段长395米。该工程是国内首次采用桩基法施工技术的越江公路隧道。这是宁波市第一个采用BOT模式建设的重大基础设施项目。

5月10日　上航局承建的南汇东滩促淤二期工程（四标段）竣工。

6月27日　中港疏浚股份有限公司创立大会召开。陈永宽任董事长，柴重豪任执行董事、总经理，并兼任中港疏浚股份有限公司党委书记。

7月1日　上航局承建的连云港港7万吨级航道扩建工程正式开工。这是中港疏浚股份有限公司挂牌后首次承担的外埠大型疏浚工程。

8月1日　"新海象"货轮改耙吸挖泥船改建工程正式启动。

8月3日　上航局承建的宁波港工程镇海港区4号泊位陆域吹填砂工程竣工验收。该工程共吹填成陆总面积74.7万平方米，完成吹填总工程量124万立方米。

8月28日　上航局第十七届六次职代会代表团组长会议召开，审议并原则通过《上海航道局"十五"发展规划纲要》。

9月13日　仓储公司成立大会召开。该公司是上航局以原仓储公司为主体，整合上海航道仓储公司、上海九州码头管理服务部、上海申浚建材公司三家码头单位和五个经营性码头组建的新仓储公司。

11月1日　中港集团发文任命：李涛兼任上航局总经济师。

2002年

2月28日　12000方耙吸挖泥船"新海象"改建成功。这是上航局通过"货轮改耙吸挖泥船"工程改造的第一艘大型耙吸挖泥船。

3月8日　中港集团发文任命：顾为同任上航局党委书记，免去其党委副书记兼纪委书记职务；王伯华增补为上航局党委委员、纪委委员，任党委副书记兼纪委书记；免去胡永桢上航局党委书记、党委委员职务；免去郝思礼上航局党委委员职务；免去柴重豪上航局副局长职务。

3月14日—15日　第十八届一次职工代表大会暨工会会员代表大会召开。会议选举产生第十八届工会委员会、经费审查委员会。于卫良同志任第十八届工会委员会主席。

3月15日—16日　2002年党政工作会议暨党风廉政建设干部大会召开。党委书记顾为同作题为《抓住机遇、奋发有为、与时俱进，为振兴民族疏浚产业而努力》的党委工作报告；局长宗源远作题为《继往开来，再谱新篇》的行政工作报告。

3月22日　上航局参建的巴基斯坦瓜达尔深水港工程正式开工。中共中央政治局常委、国务院副总理吴邦国与巴基斯坦总统穆沙拉夫共同为开工典礼奠基碑揭幕。

4月26日　上航局承建的洋山深水港一期陆域形成工程正式开工。

4月28日　上航局承建的长江口深水航道治理二期工程正式开工，

航道目标水深为 10 米。局长宗源远、局工会主席于卫良在工程开工动员大会上作动员讲话。

5月24日—28日　党委书记顾为同出席中国共产党上海市第八次代表大会。

6月4日　局本部改革动员大会召开。党委书记顾为同作题为《统一认识、顾全大局，以积极的姿态投身企业改革》的报告；局长宗源远作题为《认清形势、转变观念，加快改革、促进发展》的报告。

7月7日　上航局从韩国三星公司购入一艘斗轮绞吸两用挖泥船，并命名为"新海豹"。该轮是当时亚洲最先进的大型绞吸挖泥船。

7月15日　上航局正式启动"新海鲸"货轮改耙吸挖泥船改造工程。

9月22日　上航局承建的长江口深水航道治理一期工程竣工，实现了航道水深由 7 米提升至 8.5 米的节点目标。

11月15日　上航局审议通过《关于对航道一处实施改革调整的意见》，从基层机关、船舶设备、三产清理和人员队伍方面对航道一处进行综合改革。

11月21日　上航局承建的宁波北仑港区四期集装箱码头陆域形成及吹填工程正式开工。这一工程将推动北仑港区配套设施的升级，助力北仑港成为国际深水中转大港。

11月28日　12 871 方耙吸挖泥船"新海鲸"改建成功。该轮是通过"货轮改耙吸挖泥船"工程改造的第二艘大型耙吸挖泥船。

11月28日　12 888 方耙吸船"新海龙"建成交接命名典礼在外高桥疏浚船舶基地码头举行。该轮是当时世界上疏浚技术最先进的大型多功能耙吸挖泥船，也是上航局从荷兰 IHC 公司引进的国内第一艘超万方舱容量的挖泥船。

12月16日　上航局承建的黄骅港二期航道疏浚工程签约仪式在沪举行。黄骅港是我国新开发的北方港口，对"西煤东运"起着重要作用。

12月30日　上航局承建的连云港港 7 万吨级航道扩建工程竣工。该工程建成后可满足 7 万吨级船舶单向全天候通航、7 万吨级以上至 15 万吨级船舶可乘潮进出港。

2003 年

1月2日—4日 2003年度党政工作会议召开。党委书记顾为同作题为《以"三个代表"重要思想为指导，不断推进企业持续健康发展》的党委工作报告；局长宗源远作题为《全面贯彻十六大精神，不断开创航道事业新局面》的行政工作报告。

2月16日—21日 局长宗源远出席上海市第十二届人民代表大会第一次会议。

2月27日—28日 第十八届二次职工代表大会暨工会会员代表大会召开。

3月23日 上航局承建的曹妃甸通路路基工程正式开工。该工程是开发曹妃甸深水港区的起步工程，工程内容是建设一条长18.4千米的袋装砂双棱体路基。

5月19日 全局GISS（FTP）网络系统开通，就此结束疏浚船舶水深图纸靠交通船传送的历史。

6月7日 上航局参建的连云港港庙岭三期工程正式开工。该项目位于连云港港庙岭港区内，共建专业化集装箱泊位2座。

6月25日 上航局参建的洋山深水港北围堤（试验段）工程主体结构完工。作为洋山港"第一道屏障"，该工程的建成使深海建港规划方案真正落地成为现实。

7月1日 第五次党员代表大会召开。党委书记顾为同代表党委作题为《站在新起点，创造新业绩——为实现上海航道局新一轮发展而奋斗》的工作报告。中港集团党委书记陈永宽与上海市纪委委员、上海市建设和交通委员会纪工委书记徐海峰应邀出席会议。大会选举产生了由顾为同、宗源远、王伯华、胥昌荣、周懋钰、于卫良、柴重豪等七位同志组成的新一届局党委班子，顾为同任党委书记，宗源远兼任党委副书记，王伯华任党委副书记；由王伯华、徐正鹏、刘北林、展进峰、朱晓怀等五位同志组成的纪委班子，王伯华兼任纪委书记，徐正鹏任纪委副书记。

7月9日 中港集团下达《关于上海航标厂并入上海航道局有关问题的决定》，明确上海航标厂全部国有资产无偿划转上航局，航标厂党委隶属上航局党委。

7月22日　中港集团发文任命：顾为同兼任上航局副局长。

7月28日　上航局承建的上海化工区西侧6平方千米围垦工程正式开工。

8月25日，作为洋山深水港陆域形成的配套项目，南汇东滩促淤圈围四期工程通过竣工验收。工程于2003年9月28日开工，新建顺堤4588千米，促淤坝4615米加高加固及3、4号库区吹填。

9月28日　上航局承建的南汇东滩促淤四期（二标段）工程正式开工。该工程是洋山深水港陆域形成的配套工程之一，圈围的土地将为海港新城建设提供必要的土地资源。

11月16日　中港集团发文：免去李涛的副局长兼总经济师职务。

11月25日　上航局承建的宁波北仑港区四期集装箱码头陆域形成及吹填工程竣工。该工程共计完成吹填量200万立方米，吹填面积约100万平方米。

11月26日—28日　世界疏浚协会、东部疏浚协会和中国疏浚协会联合主办、上航局承办的第一届国际疏浚技术发展会议和展览会在沪顺利召开。

12月25日　中港集团发文任命：柴重豪任上航局副局长。

12月29日—31日　2004年度党政工作会议召开。党委书记、副局长顾为同作题为《团结拼搏、务实创新，为加快实现全局新一轮发展目标而奋斗》的党委工作报告；局长、党委副书记宗源远作题为《贯彻落实党的十六大和三中全会精神，努力实现企业快速协调可持续发展》的行政工作报告。

2004年

1月8日　4200方耙吸挖泥船"航浚4011"开工建造，吹响"国轮国造"号角，该船由上航局下属上航二公司投资、中船七〇八研究所设计、广州文冲船厂建造。

1月12日—16日　局长、党委副书记宗源远出席上海市第十二届人民代表大会第二次会议。

2月18日　第十八届三次职工代表大会暨工会会员代表大会召开。

5月1日　上航局承建的连云港港15万吨级航道一期拓宽工程正式开工。该工程建成后将改善连云港港航道条件、提升港口吞吐量和泊位等级。

5月26日　13 000方大型多功能深水疏浚工程船"新海狮"开工改建，这是上航局吸取"货轮改耙吸挖泥船"工程经验、利用旧散货船改建大型多功能深水疏浚工程船。

10月20日　上航局承建的曹妃甸通路路基工程竣工，国内最长袋装砂结构性大堤建成。该工程为进一步开发曹妃甸工业区奠定了基础。

10月26日　上航局承建的洋山深水港一期工程陆域形成吹填工程竣工。该工程形成陆域总面积153万平方米。

11月1日　上航局参建的洋山深水港二期工程正式开工。上航局的施工内容包括陆域形成吹填砂、码头后沿的抛石棱体及"L"形挡土墙等。

12月25日　上航局参建的巴基斯坦瓜达尔深水港一期工程竣工。建成后的瓜达尔港成为中亚内陆国家和中国西部新的海上通道及能源运输的枢纽港。

12月29日—31日　2005年度党政工作会议召开。党委书记、副局长顾为同作题为《抓住新机遇、再攀新高峰，为企业实现全面、协调、可持续发展而奋斗》的党委工作报告；局长、党委副书记宗源远作题为《继往开来、务实创新，以科学发展观统筹全局，实现企业既快又好的可持续发展》的行政工作报告。

2005年

1月8日　13 000方大型多功能深水疏浚工程船"新海狮"改建完成并正式投入运营。"新海狮"是第一艘国内自主研发、由旧散货船改建成功的工程船，突破了常规耙吸挖泥船的挖深极限，被称为"国内挖深第一船"。

1月22日—27日　局长、党委副书记宗源远出席上海市第十二届人民代表大会第三次会议。

1月25日　4200方耙吸挖泥船"航浚4011"建成交付使用。这是上航局推动耙吸挖泥船"国轮国造"的第一个项目。

2月28日—3月1日　第十八届四次职工代表大会暨工会会员代表大会召开。

3月1日　上航局承建的曹妃甸钢铁围海造地一期工程（第三标段）正式开工。该工程是首钢搬迁的前期基础设施建设项目。上航局负责第三标段的围堤和吹填任务。

3月9日　原属上航局的黄浦江航道管理职能移交给上海市港口管理局。

3月31日　上航局承建的连云港港15万吨级航道一期拓宽工程通过竣工验收。至此，第五、第六代集装箱班轮及15万吨级散货船可满载进出港。

4月28日　上航局参建的洋山深水港三期工程正式开工。上航局的施工内容包括陆域形成和疏浚工程。

5月26日　上航局参建的连云港港庙岭三期工程竣工。至此，连云港港具备第五代集装箱靠泊能力。

5月30日　中港集团发文任命：侯晓明任上航局副局长兼总工程师。

8月1日　全国政协副主席徐匡迪、国务委员宋健等领导视察上航局承建的曹妃甸钢铁围海造地工程。

8月9日　中港集团发文决定：免去柴重豪上航局副局长、党委委员职务，调任天航局副局长。

8月12日　13 500方耙吸挖泥船"新海虎"开工建造。这是第一艘由国内自主设计建造的万方大型耙吸挖泥船。

8月25日　上航局承建的南汇东滩促淤圈围（四期）工程竣工，围海造地13.22平方千米，质量评定为优良。

10月21日　上航局参建的洋山深水港一期工程全面竣工。它是上海建设国际航运中心的重要里程碑，标志着上海港已经从一个内河港转变成一个拥有深水泊位的海港。

11月21日　上航局参建的长江口深水航道治理二期工程通过竣

工验收，航道水深由 8.5 米增加到 10 米。

12月10日　上航局承建的黄骅港一期航道维护疏浚工程通过竣工验收。航道水深达到 11.5 米。

12月14日　上海航道船舶运输公司、上海航道仓储公司、上海航道物资公司三家公司合并重组，成立为新的上海航道船舶运输公司。

12月18日　中国交通建设集团有限公司成立大会暨揭牌仪式在北京人民大会堂隆重举行。党委书记顾为同、局长宗源远出席。自此，上航局成为中国交通建设集团有限公司的全资子公司。

12月24日　上航局承建的洋山深水港区二期工程港内水域疏浚工程开工。

12月25日　上航局在上海国际会议中心举行"庆祝上航局建局100周年暨百年航道展揭幕典礼"。

12月26日　上航局在上海国际会议中心举行建局100周年大型庆典仪式。上海市委常委、市长韩正，交通部部长张春贤、交通部副部长翁孟勇发来贺信。中国交通建设集团有限公司董事长周纪昌、中共上海市建设和交通工作委员会书记甘忠泽、洋山深水港港口建设指挥部指挥长归墨、长江口航道管理局局长张华麟致贺辞。

12月29日—31日　2006年度党政工作会议召开。党委书记、副局长顾为同作题为《振奋精神，团结务实，再接再厉，共谋发展》的党委工作报告；局长、党委副书记宗源远作题为《站在高起点、谋求新发展，为顺利实施"十一五"规划开好局起好步》的行政工作报告。

2006 年

1月1日　上航局承建的黄骅港二期航道维护疏浚工程正式开工，工程施工内容包括一期港池、泊位维护。

1月14日—20日　局长、党委副书记宗源远出席上海市第十二届人民代表大会第四次会议。

1月20日　上航局承建的曹妃甸钢铁围海造地一期工程（第三标段）竣工。共计完成 3.45 平方千米的陆域吹填任务。

2月21日　交通部主持召开国家"十五"重大技术装备研制项目"挖

泥船自动监控设备及高效耐用机具研制"专题验收会,局长宗源远出席。

2月23日　第十八届五次职工代表大会暨工会会员代表大会召开。会议听取了与会代表对龙成项目的立项和启动的意见和建议,审议通过《上海航道局改制方案》《上海疏浚公司改制方案》的决议。

3月20日　全国人大常委会委员长吴邦国视察上航局参建的唐山曹妃甸钢铁围海造地工程。

5月18日　上航局与唐山市曹妃甸投资有限公司合资建立的唐山曹妃甸疏浚造地有限公司揭牌仪式在唐山市举行。

5月31日　上航局承建的洋山深水港二期工程陆域形成项目竣工。该工程的建成突破了上海港缺少深水岸线和深水泊位、集装箱吞吐能力不足的瓶颈制约,显著提升了港口参与国际航运的竞争力。

6月21日　上航局承建的冀东南堡油田一号人工岛工程正式开工。这是国内第一座海油陆采的人工岛。

6月23日　中交集团董事长周纪昌赴上航局调查研究并检查指导工作。党委书记顾为同、局长宗源远出席会议并作汇报。

6月26日　中交集团发文决定:上海航道局改制为中交上海航道局有限公司,委派宗源远、顾为同、胥昌荣、于卫良、侯晓明、张剑兴为公司董事会成员,宗源远为董事长(法定代表人);王伯华、周渡江、展进峰(职工代表)为公司监事会成员。中交上海航道局有限公司经工商注册成立后,上海航道局领导职务自然免除。

7月11日　中交上海航道局有限公司召开首届一次监事会,选举王伯华为上航局监事会主席。

7月12日　中交上海航道局有限公司召开首届一次董事会,聘任顾为同为公司总经理;胥昌荣、周懋钰、侯晓明为公司副总经理;周崇道为公司总会计师;侯晓明兼任公司总工程师。

7月13日　3500立方米/时绞吸挖泥船"新海鳄"建造完成顺利下水。该轮由上航局投资、中船七〇八所设计、南通港闸船舶公司建造,是当时国内最大的绞吸挖泥船,被誉为"神州第一绞"。

7月19日　上航局承建的黄骅港二期航道维护疏浚工程竣工,实现航道水深12.3米。

7月26日　中交集团党委发文决定：成立中共中交上海航道局有限公司委员会，由宗源远、顾为同、王伯华、胥昌荣、周懋钰、于卫良、侯晓明、张剑兴同志组成。宗源远任党委书记，顾为同、王伯华任党委副书记。成立中共中交上海航道局有限公司纪律检查委员会，王伯华任书记。成立中交上海航道局有限公司工会，于卫良任主席。该文同时明确：中交上海航道局有限公司经工商登记注册成立后，上海航道局党委、纪委、工会撤销，其领导职务自然免除。

7月29日　中共中央总书记、国家主席胡锦涛视察上航局参建的唐山曹妃甸钢铁围海造地工程。

9月20日　乌拉圭国家港务局局长费尔南多斯、彭奇亚诺一行到上航局参观访问，局长宗源远接待。

9月28日　上海航道装备工业有限公司正式挂牌成立。该公司由草镇船厂、上海浚通备件公司和上海航标厂改制重组成立。

9月30日　上航局承建的长江口深水航道治理三期工程正式开工，航道目标水深为12.5米。

10月13日　中交上海航道局有限公司正式挂牌成立，上航局从此跨入现代企业行列。

11月2日　上海航道船舶运输公司更名为"上海航道物流有限公司"。

11月28日　4200方耙吸挖泥船"航浚4012"交付使用。"航浚4012"是在"航浚4011"基础上的升级版。

12月13日　上航局承建的天津临港工业区围海造地二期工程正式开工。该工程凭借32.7平方千米的围海造陆总面积，成为百年上航局历史上最大规模单项工程和最高标的的围海造地综合性工程。

12月15日　中国交通建设股份有限公司在香港成功上市。上航局作为中交集团全资子公司整体上市。

12月29日　2007年党政工作会议召开。党委书记、董事长宗源远作题为《建设国际一流疏浚公司，推动企业又快又好发展》的党委工作报告；总经理、党委副书记顾为同作《以科学发展统领全局发展，为实现"两个率先"进入国际一流疏浚公司行列而努力》的行政工作报告。

2007 年

1月27日—2月3日　党委书记、董事长宗源远出席上海市第十二届人民代表大会第五次会议。

3月15日至16日　第十九届一次职工代表大会暨工会会员代表大会召开。大会选举产生上航局第十九届工会委员会和工会经费审查委员会。经两委第一次全体会议选举，于卫良担任工会主席，李忠庆、苗庆良担任工会副主席，李平担任工会经审委主任。

3月16日　《上航局"十一五"发展规划》经第十九届一次职工代表大会审议通过印发。

3月20日　中国疏浚协会召开第二届会员代表大会，党委书记、董事长宗源远当选副理事长。

4月22日　上航局承建的冀东南堡油田2号人工岛工程开工建设。

4月25日　上航局召开党员代表大会。总经理、党委副书记顾为同当选为中国共产党上海市第九次代表大会代表。

5月1日　中共中央政治局常委、国务院总理温家宝视察了河北省曹妃甸工业区和上航局承建的冀东南堡油田1号人工岛，与在生产一线坚守岗位的工人共度"五一"国际劳动节。

5月26日　13 500方耙吸挖泥船"新海虎"建造完成交付使用。"新海虎"轮由上航局投资、中船七〇八所设计、广州文冲船厂建造，被誉为"神州第一挖"。

6月18日　上航局承建的浙江舟山虾峙门口外30万吨级航道疏浚工程正式开工。虾峙门口航道是宁波、舟山对外开放的海上门户，工程的实施将进一步拓宽狭窄水道，充分提升宁波—舟山深水港口综合效益。

6月29日　中共中央政治局常委、全国政协主席贾庆林视察上航局承建的冀东南堡油田西线进海路及1号人工岛工程。

8月21日　上航局承建的黄骅港拓宽增深工程竣工。这标志着黄骅港告别5万吨级煤船进出"一船一批"制的历史，7万吨级及以下超限船舶可全天候进出黄骅港。

8月21日　中交集团发文任命：程玉来任副总经理；张剑兴任总会计师；吴兴元任总工程师；免去侯晓明总工程师职务；免去周崇道总会计师职务，退休。

8月28日　上航局承建的冀东南堡油田二号人工岛工程竣工。岛屿围堤长度为1776米，面积达0.23平方千米。

9月18日　16888方耙吸挖泥船"新海凤"正式开工建造。

10月20日　上航局承建的安哥拉罗安达吹填造地工程正式开工。这一工程将为上航局实施海外战略、深耕非洲疏浚产业奠定坚实基础。

10月30日　上航局承建的冀东南堡油田西线进海路及1号人工岛工程通过竣工验收，工程质量评定为优良。这是我国运用袋装砂技术建造的最大海油陆采人工岛。

12月26日　上航局承建的青草沙水库工程QSK-C1标段正式签订合同。这一工程对于保障上海供水安全和提升饮用水水质具有重要意义。

12月29日　2008年度党政工作会议召开。党委书记、董事长宗源远作题为《贯彻落实党的十七大精神，以改革创新为企业又快又好发展提供坚强政治保障》的党委工作报告；总经理、党委副书记顾为同作题为《坚持科学发展，为全面推进国际一流疏浚公司建设而奋斗》的行政工作报告。

2008年

1月1日　上航局承建的洋山深水港区三期工程港外航道拓宽项目正式开工。

1月12日　上航局承建的浙江舟山虾峙门口外30万吨级航道疏浚工程建成仪式在舟山举行，标志着我国首条一次性开挖成槽的30万吨级深水航道正式投入使用。

1月24日—31日　党委书记、董事长宗源远出席上海市十三届人大一次会议。

3月4日　第十九届二次职工代表大会暨工会会员代表大会召开。

3月10日　上航局承建的横沙东滩促淤圈围五期工程正式开工。该工程对于上海市增加土地储备、加快长江口相关功能区域的形成具有重要意义。

3月20日　27方抓斗挖泥船"新海蚌"开工建造。

3月28日　上航局承建的宁波梅山保税港区集装箱码头陆域基础工程正式开工。该工程是梅山保税港进一步开发开放的战略性工程。

4月4日　船载卫星电视接收机（Asiasat2-KU）在上航局所有疏浚船舶安装完成。

4月23日　上航局承建的尼日利亚拉各斯沙洲滩围堤吹填工程正式开工。该工程通过吹填砂形成陆域面积8.1平方千米。

5月5日　中交集团发文：免去周懋钰副总经理职务，退休。

6月5日　上航局承建的巴西亚苏港疏浚和吹填工程正式开工。这是上航局提出国际化战略后承接的以耙吸挖泥船疏浚吹填为主的综合性承包工程。

6月15日　上航局承建的曹妃甸工业区仓储区围海造地工程正式开工，这是在北方地区承接的首个长排距工程。

8月13日　3500立方米/时绞吸挖泥船"新海燕"建造完成交付使用。

9月10日　3500立方米/时绞吸挖泥船"新海鸥"建造完成交付使用。

9月11日　上航局承建的冀东南堡油田1号构造2号人工岛工程通过验收，工程评定为优良。2号人工岛是首次运用袋装砂技术的海上人工岛。吹填工程量228.74万立方米。

9月30日　上航局承建的安哥拉罗安达吹填造地工程竣工。该工程建成后，港区码头长达4000米以上，可停泊远洋货轮，对于安哥拉乃至相邻非洲国家的航运及经贸发展起到了显著作用。

10月13日　3500立方米/时绞吸挖泥船"新海鲲"建造完成交付使用。

10月24日　上海市总工会批复同意王伯华任上航局工会第十九届委员会委员、主席。

10月27日　上航局参建的洋山深水港区三期工程港外航道拓宽项目竣工。

11月28日　16 888方耙吸挖泥船"新海凤"交付使用。该轮由上航局投资、中船七○八所设计、广州文冲船厂建造，是国内舱容量最大的耙吸挖泥船，也是上航局继"新海虎"之后又一艘具有世界先进水平的国产大型耙吸挖泥船。

12月18日　3500立方米/时绞吸挖泥船"新海鲛"建造完成交付使用。

12月29日　2009年党政工作会议召开。党委书记、董事长宗源远作题为《坚定信心、迎难而上，以科学发展观推进企业平稳较快发展》的党委工作报告；总经理、党委副书记顾为同作题为《稳中求进、稳健发展，为实现2009年经济工作目标而奋斗》的行政工作报告。

2009年

1月3日　上航局承建的青草沙水库工程成功实现800米龙口一次性合龙，刷新中国围垦史的合龙纪录。

1月8日—13日　党委书记、董事长宗源远出席上海市第十三届人民代表大会第二次会议。

1月16日　10 508方耙吸挖泥船"新海牛"开工建造。

2月5日　上海市委副书记、市长韩正视察上航局承建的青草沙水库工程。

2月23—24日　第十九届三次职工代表大会暨工会会员代表大会召开。

3月4日　上航局承建的温州民营经济科技产业基地滨海园区丁山垦区吹填及软基处理2标工程开工，这是上航局首次承接大规模软土地基处理项目。

4月9日　10 508方耙吸挖泥船"新海马"开工建造。

5月25日　上航局承建的浙江舟山虾峙门口外30万吨级航道疏浚工程竣工，标志着我国首条一次性开挖成槽的30万吨级深水航道正式投入使用。

6月2日　27方抓斗挖泥船"新海蚌"建造完成交付使用。

6月24日　中交集团发文：经公司首届董事会第十五次会议研究聘任孙枫为上航局副总经理。

6月30日　上航局承建的冀东南堡油田1号构造3号人工岛工程竣工，该工程于2008年5月9日开工。该工程造地0.133平方千米，是南堡油田1号构造整体开发过程中的重要海洋工程建设项目之一。

8月28日　3500立方米/时绞吸挖泥船"新海豚"正式开工建造。

9月16日　上航局参建的洋山深水港三期工程竣工。由此，上海得以跻身国际航运枢纽港，为我国由航运大国向航运强国的转变创造了基础条件。

9月26日　上航局参与制定的《挖泥船疏浚监测系统技术标准》通过验收。

9月30日　3500立方米/时绞吸挖泥船"新海狼"建造完成交付使用。

10月15日　3500立方米/时绞吸挖泥船"新海鹭"建造完成交付使用。

11月8日　3500立方米/时绞吸挖泥船"新海鲤"建造完成交付使用。

11月23日　上海市委副书记、市长韩正视察上航局承建的横沙东滩促淤圈围五期工程。

11月26日　中交疏浚技术重点实验室被交通运输部认定为"航道疏浚技术交通行业重点实验室"。

11月30日　10 508方耙吸挖泥船"新海牛"交付使用。"新海牛"由上航局投资、中船七〇八所设计、广州文冲船厂建造，是为长江口工程量身定制的第一艘万方耙吸挖泥船。

12月18日　上航局承建的横沙东滩促淤三期工程围内吹填项目正式开工。这是国内首次大规模利用长江口深水航道疏浚土吹填造地的项目。

12月29日—30日　2010年党政工作会议召开。党委书记、董事长宗源远作题为《深入学习贯彻党的十七届四中全会精神，把党的政治优势转化为企业科学发展优势》的党委工作报告；总经理、党委副书记顾为同作题为《巩固业绩、再谋发展》的行政工作报告。

2010年

1月26日—31日　党委书记、董事长宗源远参加上海市第十三届人民代表大会第三次会议。

2月1日　上航局承建的连云港港30万吨级航道先导试挖H2.1标段疏浚工程正式开工。

2月6日　10508方耙吸挖泥船"新海马"交付使用。该轮由上航局投资、中船七〇八所设计、广州文冲船厂建造，是上航局为长江口工程量身定制的第二艘万方耙吸挖泥船。

3月10日—11日　第十九届四次职工代表大会暨工会会员代表大会召开。

3月12日　交通运输部副部长翁孟勇视察上航局承建的长江口深水航道治理三期工程。

6月6日　3500立方米/时绞吸挖泥船"新海豚"正式交付使用。该轮由上航局投资、中船七〇八所设计、广州文冲船厂建造，是上航局单船投资最大、功能最强、技术最先进的绞吸挖泥船。

6月24日　上航局承建的连云港港30万吨级航道建设工程正式开工。

8月20日　上海市委副书记、市长韩正视察上航局承建的青草沙水库工程施工现场。

8月27日　乌拉圭东岸共和国副总统达尼诺·阿斯托里先生到上航局进行考察，就进一步加强合作交流进行友好会谈。党委书记、董事长宗源远致欢迎词，总经理顾为同主持会谈。

8月29日　上航局承建的曹妃甸工业区仓储区围海造地工程竣工。在该工程中，上航局打破中国疏浚纪录，实现20.836千米超长排距吹泥。

10月10日　11888方耙吸挖泥船"新海虎"4号、"新海虎"5号姐妹船开工建造。

11月16日　国家发改委授予上航局"国家级企业技术中心"称号，

总经理、党委副书记顾为同在深圳出席授牌大会。

11月20日　上航局承建的温州民营经济科技产业基地滨海园区丁山垦区吹填及软基处理2标工程竣工,大面积无砂真空预压技术在温州工地成功运用。

12月14日　上航局承建的长江口12.5米深水航道向上延伸建设工程航道工程顺利完成交工验收。至此,长江口至浏河口段总长约126千米的航道全线实现12.5米通航水深。

12月29日　2011年党政工作会议召开。党委书记、董事长宗源远作题为《站在新起点,谋划新发展,在创先争优活动中不断开创党建工作新局面》的党委工作报告;总经理、党委副书记顾为同作题为《站在新起点,争创新业绩》的行政工作报告。

附录二：上航局改制企业名称表

原企业名称	新企业名称	企业级次
上海航道局	中交上海航道局有限公司	一级
上海疏浚公司	中交上海疏浚有限公司	二级
上海航道局第二工程公司	中交上航局航道建设有限公司	二级
宁波市浚港物资储运经营公司	宁波市浚港物资储运经营有限公司	三级
宁波市江北四海船舶修造公司	宁波市江北四海船舶修造有限公司	三级
宁波市江北东港工贸公司	宁波市江北东港工贸有限公司	四级
上海交通建设总承包公司	上海交通建设总承包有限公司	二级
上海航道房地产开发经营公司	上海航道房地产开发经营有限公司	三级
上海航道勘察设计研究院	中交上海航道勘察设计研究院有限公司	二级
上海航道局草镇船厂	中交上海航道装备工业有限公司	二级
上海航道局浚通船舶备件公司	上海航道工业备件制造有限公司	三级
上海航标厂	上海航标厂有限公司	三级
上海司安航标压力容器厂	上海司安航标压力容器有限公司	四级
上海航道船舶运输公司	上海航道物流有限公司	二级
上海航道仓储公司	上海航道仓储有限公司	三级
上海航道局第一航道工程处	上海航道局第一工程有限公司	二级
上浚海员对外服务公司	上浚海员对外服务有限公司	二级

附录三：上航局领导任职情况一览表（2001—2010）

党委、纪委领导任职表

上海航道局（2001—2006）

任职年月	姓名	职务
2001.01—2002.03	胡永桢	党委书记
2002.03—2006.07	顾为同	党委书记
2001.01—2002.03	顾为同	党委副书记
2002.03—2006.07	王伯华	党委副书记
2003.07—2006.07	宗源远	党委副书记
2001.01—2006.07	宗源远	党委委员
2001.01—2006.07	周懋钰	党委委员
2001.01—2003.07	李涛	党委委员
2001.01—2005.08	柴重豪	党委委员
2001.01—2006.07	胥昌荣	党委委员
2005.06—2006.07	侯晓明	党委委员
2001.01—2006.07	于卫良	党委委员
2001.01—2002.03	顾为同	纪委书记（兼）
2002.03—2006.07	王伯华	纪委书记（兼）

中交上海航道局有限公司（2006—2010）		
任职年月	姓名	职务
2006.07—2010.12	宗源远	党委书记
2006.07—2010.12	顾为同	党委副书记
2006.07—2010.12	王伯华	党委副书记
2006.07—2010.12	胥昌荣	党委委员
2006.07—2008.05	周懋钰	党委委员
2006.07—2008.06	于卫良	党委委员
2006.07—2010.12	侯晓明	党委委员
2006.07—2010.12	张剑兴	党委委员
2007.08—2010.12	吴兴元	党委委员
2009.06—2010.12	孙枫	党委委员
2006.07—2010.12	王伯华	纪委书记（兼）

行政领导任职表

上海航道局（2001—2006）		
任职年月	姓名	职务
2001.01—2006.07	宗源远	局长
2001.01—2006.07	周懋钰	副局长
2001.01—2003.11	李涛	副局长
2001.01—2006.07	胥昌荣	副局长
2002.03—2005.08	柴重豪	副局长
2003.07—2006.07	顾为同	副局长
2005.06—2006.07	侯晓明	副局长
2001.01—2005.06	林风	总工程师

任职年月	姓名	职务
2005.06—2006.07	侯晓明	总工程师（兼）
2001.11—2003.11	李涛	总经济师（兼）
2001.01—2006.07	周崇道	总会计师

中交上海航道局有限公司（2006—2010）

任职年月	姓名	职务
2006.07—2010.12	宗源远	董事长
2006.07—2010.12	顾为同	董事
2006.07—2010.12	胥昌荣	董事
2006.07—2008.06	于卫良	董事
2006.07—2010.12	侯晓明	董事
2006.07—2010.12	张剑兴	董事
2006.07—2010.12	王伯华	监事会主席
2006.07—2010.12	顾为同	总经理
2006.07—2010.12	胥昌荣	副总经理
2006.07—2008.05	周懋钰	副总经理
2006.07—2010.12	侯晓明	副总经理
2007.08—2010.12	程玉来	副总经理
2009.06—2010.12	孙枫	副总经理
2006.07—2007.08	侯晓明	总工程师（兼）
2007.08—2010.12	吴兴元	总工程师
2006.07—2007.08	周崇道	总会计师
2007.08—2010.12	张剑兴	总会计师

工会领导任职表

上海航道局（2001—2006）

任职年月	姓名	职务
工会主席	于卫良	2001.01—2006.07

中交上海航道局有限公司（2006—2010）

任职年月	姓名	职务
工会主席	于卫良	2006.07—2008.06
工会主席（兼）	王伯华	2008.11—2010.12

附录四：上航局主要新建/购船舶列表（2001—2010）

（按出厂年月排序）

序号	船名	类别	出厂年月	建造厂	设计单位	舱容量/生产率	备注
1	新海豹	绞吸挖泥船	2002年7月	IHC HOLLAND N.V. DREDGER	IHC HOLLAND N.V. DREDGER	3500立方米/时	
2	新海象	耙吸挖泥船	2002年1月	草镇船厂	中国船舶工业集团第七〇八研究所	12 000立方米	"货改耙"
3	新海龙	耙吸挖泥船	2002年10月	IHC HOLLAND N.V. DREDGER	IHC HOLLAND N.V. DREDGER	12 888立方米	
4	新海鲸	耙吸挖泥船	2002年11月	巴西NAVEGACAO	中国船舶工业集团第七〇八研究所	12 871立方米	"货改耙"
5	新海狮	耙吸挖泥船	2004年10月	草镇船厂	中国船舶工业集团第七〇八研究所	13 000立方米	"货改耙"
6	航浚4011	耙吸挖泥船	2005年1月	广州文冲船厂有限责任公司	中国船舶工业集团第七〇八研究所	4200立方米	

序号	船名	类别	出厂年月	建造厂	设计单位	舱容量/生产率	备注
7	航绞2001	绞吸挖泥船	2005年4月	南京永汉船务有限公司	上海交通大学船舶与海洋工程设计研究所	2500立方米/时	
8	新海鳄	绞吸挖泥船	2006年10月	南通港闸船舶制造有限公司	中国船舶工业集团第七〇八研究所	3500立方米/时	"神州第一绞"
9	航浚4012	耙吸挖泥船	2006年11月	广州文冲船厂有限责任公司	中国船舶工业集团第七〇八研究所	4500立方米	
10	交通建设四号	铺排船	2007年3月	南通港闸船舶制造有限公司	上海交通大学船舶与海洋工程设计研究所	40立方米/时	
11	新海虎	耙吸挖泥船	2007年5月	广州文冲船厂有限责任公司	中国船舶工业集团第七〇八研究所	13500立方米	"神州第一挖"
12	交通建设八号	铺排船	2008年3月	上海益新船舶修造厂	上海交通大学船舶与海洋工程设计研究所	40立方米/时	
13	交通建设一号	铺排船	2008年5月	上海益新船舶修造厂	上海交通大学船舶与海洋工程设计研究所	40立方米/时	
14	交通建设七号	铺排船	2008年6月	长江轮船总公司南通驳船厂	上海交通大学船舶与海洋工程设计研究所	40立方米/时	
15	新海燕	绞吸挖泥船	2008年8月	南通港闸船舶制造有限公司	上海交通大学船舶与海洋工程设计研究所	3500立方米/时	

序号	船名	类别	出厂年月	建造厂	设计单位	舱容量/生产率	备注
16	新海鸥	绞吸挖泥船	2008年9月	南通港闸船舶制造有限公司	上海交通大学船舶与海洋工程设计研究所	3500立方米/时	
17	新海鲲	绞吸挖泥船	2008年10月	南通港闸船舶制造有限公司	中国船舶工业集团第七〇八研究所	3500立方米/时	
18	航拖4001	拖轮	2008年10月	上海华利船舶工程有限公司	上海佳豪船舶设计股份有限公司		
19	新海凤	耙吸挖泥船	2008年11月	广州文冲船厂有限责任公司	中国船舶工业集团第七〇八研究所	16888立方米	"疏浚航母"
20	新海鲛	绞吸挖泥船	2008年12月	南通港闸船舶制造有限公司	中国船舶工业集团第七〇八研究所	3500立方米/时	
21	航绞接一号	接力泵船	2008年12月	上海益新船舶修造厂	中国船舶工业集团第七〇八研究所	3500立方米/时	
22	航绞接二号	接力泵船	2009年3月	上海益新船舶修造厂	中国船舶工业集团第七〇八研究所	3500立方米/时	
23	航拖4002	拖轮	2009年5月	上海华利船舶工程有限公司	上海佳豪船舶设计股份有限公司		
24	新海蚌	抓斗挖泥船	2009年5月	上海振华重工(集团)股份有限公司	长江船舶设计院	抓斗27立方米	

序号	船名	类别	出厂年月	建造厂	设计单位	舱容量/生产率	备注
25	新海鹤	绞吸挖泥船	2009年8月	上海振华重工（集团）股份有限公司	上海交通大学船舶与海洋工程设计研究所	3500立方米/时	
26	新海狼	绞吸挖泥船	2009年9月	上海振华重工（集团）股份有限公司	上海交通大学船舶与海洋工程设计研究所	3500立方米/时	
27	新海鹭	绞吸挖泥船	2009年9月	上海振华重工（集团）股份有限公司	上海交通大学船舶与海洋工程设计研究所	3500立方米/时	
28	新海鲤	绞吸挖泥船	2009年10月	上海振华重工（集团）股份有限公司	上海交通大学船舶与海洋工程设计研究所	3500立方米/时	
29	新海牛	耙吸挖泥船	2009年11月	广州文冲船厂有限责任公司	中国船舶工业集团第七○八研究所	10 508立方米	
30	新海马	耙吸挖泥船	2010年2月	广州文冲船厂有限责任公司	中国船舶工业集团第七○八研究所	10 508立方米	
31	新海豚	绞吸挖泥船	2010年5月	广州文冲船厂有限责任公司	中国船舶工业集团第七○八研究所	3500立方米/时	

附录五：上航局参建/承建工程主要荣誉列表（2001—2010）

获国家级奖项工程		
获中国建设工程鲁班奖工程		
年度	工程名称	备注
2009	上海国际航运中心洋山深水港区二期工程	
获国家优质工程奖工程		
年度	工程名称	备注
2001	上海外高桥（高桥嘴）港区二期工程	银质奖
2005	长江口深水航道治理工程一期工程	金质奖
2008	长江口深水航道治理工程二期工程	金质奖
2008	上海国际航运中心洋山深水港区一期工程	银质奖
获中国土木工程詹天佑奖工程		
年度	工程名称	备注
2004	长江口深水航道治理一期工程	第四届
2009	长江口深水航道治理二期工程	第八届
2009	上海国际航运中心洋山深水港区二期工程	第八届
获部级奖项工程		
年度	工程名称	备注
2003	天津港十万吨级航道工程	水运工程质量奖
2003	长江口深水航道治理一期工程	水运工程质量奖

年度	工程名称	备注
2004	上海港浦东集装箱物流有限公司浦东物流园区工程	水运工程质量奖
2004	连云港港7万吨级航道扩建工程	水运工程质量奖
2006	洋山深水港区一期工程陆域形成抛(吹)填工程	全国水运工程建设行业满意工程
2006	长江口深水航道治理二期疏浚工程	全国水运工程建设行业满意工程
2006	洋山深水港区一期工程航道疏浚工程	全国水运工程建设行业满意工程
2007	上海国际航运中心洋山深水港区一期工程	水运工程质量奖
2007	长江口深水航道治理二期工程	水运工程质量奖
2008	上海国际航运中心洋山深水港区二期工程	水运工程质量奖
2009	上海国际航运中心洋山深水港区三期工程	水运工程质量奖
2009	上海港罗泾港区二期工程	水运工程质量奖
2009	长江口深水航道治理工程	新中国成立60周年百项经典暨精品工程
2009	上海国际航运中心洋山深水港区工程	新中国成立60周年百项经典暨精品工程
2010	湖嘉申线湖州段航道建设工程	水运交通优质工程

获省级奖项工程		
年度	工程名称	备注
2001	太仓中远国际城港区起步工程	江苏省"扬子杯"优质工程奖
2003年上半年	上海化工区内河配套航道整治工程2.2标	上海市水运工程优质结构《申港杯》
2003年上半年	上海化工区内河配套航道整治工程2.5标	上海市水运工程优质结构《申港杯》
2006	洋山深水港区一期工程东侧北围堤工程	上海市水运工程优质结构《申港杯》

2006	洋山深水港区一期工程围堤工程	上海市水运工程优质结构《申港杯》
2007年上半年	浦东新区五号沟—赵家沟滩涂圈围后续（码头）工程	上海市水运工程优质结构《申港杯》
2008	杭湖锡线浙境段航道改造工程	浙江省建设工程钱江杯奖（优质工程）
2007—2009	上海市市区生活垃圾内河集装化转运系统工程老港码头改建工程	上海市水运优质工程
2007—2009	长江口深水航道治理工程南北港分汊口河段新浏河沙护滩及南沙头通道潜堤工程 A、D 标段	上海市水运优质工程
2010	杭申线（上海）段航道整治工程 1 标段	上海市水运优质工程
2010	杭申线（上海）段航道整治工程 2 标段	上海市水运优质工程
2010	长江口深水航道治理三期工程减淤工程 N1~N4、S3 丁坝加长工程	上海市水运优质工程

获中交集团优质工程奖工程			
年度	申报单位	工程名称	获奖名称
2005	上海交通建设有限公司	曹妃甸通路路基工程	优质工程
2005	上海交通建设有限公司	长江口 SIIA 标导堤工程	优质工程
2005	洋山项目总部	洋山陆域形成一期工程	优质工程
2005	局管项目部	江苏大唐吕四电厂围堤吹填工程	优质工程
2006	中港疏浚股份有限公司	洋山深水港区一期工程航道疏浚工程	优质工程
2006	局管项目部	营口港鲅鱼圈港区航道改造拓宽工程	优质工程
2006	洋山项目总部	洋山深水港区一期工程东侧北围堤（导流堤）工程	优质工程
2006	中港疏浚股份有限公司	长江口二期疏浚工程	优质工程
2007	中港疏浚股份有限公司	洋山深水港区二期工程港内水域疏浚工程	优质工程
2007	中交上航局航道建设有限公司	青岛液体化工码头续建二期疏浚工程	优质工程

2007	洋山项目总部	洋山深水港区二期陆域形成工程	优质工程
2008	洋山项目总部	洋山深水港区三期陆域形成工程	优质工程
2008	中交上航局航道建设有限公司	虾峙门口外航道整治工程S1施工合同段	优质工程
2008	中交上航局航道建设有限公司	鞍钢营口鲅鱼圈港池、航道及部分码头基槽挖泥工程	优质工程
2008	上海交通建设总承包有限公司	浦东新区五号沟–赵家沟圈围后续工程（码头）	优质工程
2009	中港疏浚股份有限公司	洋山深水港区三期工程疏浚工程	优质工程
2009	曹妃甸地区工程项目总部	曹妃甸综合服务区围海造地四期吹填砂工程	优质工程
2009	曹妃甸地区工程项目总部	冀东南堡油田1号构造2号人工岛工程	优质工程
2010	曹妃甸地区工程项目总部	冀东油田南堡1号构造3号人工岛工程	优质工程

附录六：上航局所获荣誉一览表（2001—2010）

奖项名称	获奖单位	年度
全国优秀施工企业	上航局	2003、2009、2010
	中港疏浚公司	2007、2008、2009、2010
	上海交建公司	2007、2008、2009、2010
	上航建设公司	2009、2010
全国水运建设行业优秀施工企业	上航局	2008、2010
	中港疏浚公司	2009
全国水运工程建设优秀施工企业	中港疏浚公司	2006、2009
	上航建设公司	2009、2010
全国水运建设行业科学技术奖先进单位	上航局	2010
全国水运建设行业获得国家专利先进单位	上航局	2010
全国交通运输企业文化建设卓越单位	上航局	2010
全国交通企业文化建设优秀单位	上航局	2009
	东方公司	2009
	中港疏浚公司	2007
	上航建设公司	2009
全国交通行业企业文化"实践创新"奖	中港疏浚公司	2006
全国交通运输行业文明单位	上航建设公司	2005、2006
全国"五一"劳动奖状	上航建设公司	2010

附 录

奖项名称	获奖单位	年度
全国模范职工之家	中港疏浚公司	2002
	东方公司	2007
全国和谐劳动关系优秀企业	上航局	2006
全国模范劳动关系和谐企业	上航局	2010
中国建筑业竞争力百强企业	上航局	2010
全国交通企业法治先进单位	上航局	2009
全国设备管理优秀单位	上航局	2006、2009
	航道物流公司	2009
上海市文明单位	东方公司	2001—2010
	中港疏浚公司	2001—2010
	上海交建公司	2003—2010
	设研院	2003—2010
	达华测绘公司	2001—2002
	局教育中心	2001—2010
	航道物流公司	2007—2010
上海市五一劳动奖状	东方公司	2010
上海市安全单位	中港疏浚公司	2004、2005
上海市重大工程实事立功竞赛金杯公司	东方公司	2004、2005、2006
	中港疏浚公司	2005、2010
	设研院	2005
上海市学习型企事业优秀单位	中港疏浚公司	2009
	设研院	2009
上海市学习型企业创建奖	设研院	2002
上海市高新技术企业	设研院	2007、2009

奖项名称	获奖单位	年度
上海市模范职工之家	东方公司	2005
	设研院	2003、2005
上海市先进女职工集体	航道医院	2001
浙江省文明单位	上航建设公司	2001—2010
浙江省创建学习型组织十家示范单位	上航建设公司	2008
浙江省竞赛活动示范企业	上航建设公司	2007
浙江优秀交通企业	上航建设公司	2010
浙江省信用管理示范单位	上航建设公司	2010
中港集团先进单位	上航局	2003
中交集团优秀企业	上航局	2006、2007、2008、2009、2010

后 记

鉴往知来，向史而新。《上海航道局局史（第三部 2001—2010）》的编纂，意在描摹上航人薪火相传、不懈奋进的辉煌征途，进而透过"历史的望远镜"，凝聚上航精神、弘扬上航文化，勉励新一代上航人追求卓越、再创佳绩。

历史的编纂并非易事，需要从浩繁卷帙之中抽丝剥茧，将千头万绪的历史记录梳理出鲜明的叙事脉络，更需要在时代的背景之下准确把握历史事件的定位和意涵，避免出现偏颇武断的主观臆测。因此，局史编写组深感责任重大，未敢有丝毫懈怠，时时以求真务实、客观严谨为自我要求，全力推进局史的尽快成稿与日臻完善。从篇章结构、章节主题，到行文逻辑、措辞文法，均是再三打磨、精益求精，以求不负全体上航人的期待。

本部局史能够顺利面世，首先得益于上航局党委领导班子的高度重视，在各方面对局史编纂工作给予的鼎力支持。同时，本部局史的编写也得到了上航局上下的积极帮助：2022 年 7 月局史编纂工作启动以来，编写组赴各部门、事业部及各基层单位展开广泛调研，同局史内容对应时期担任党、政、技领导工作的相关同志进行深入访谈。除此以外，党委工作部、档案资料室等部门提供的局史所需机构档案、工程/设备/技术资料、历年《航道报》等各类史料，为局史的撰写提供了翔实的史料支撑。史稿成型后，公司老领导也花费了大量时间和精力，对局史的写作给与指导和帮助，提出宝贵的意见和建议。值此局史付梓之际，编写组一并致以谢忱。

书写历史的深度与厚度是一项无止境的工作。受限于人力、史料等诸多客观因素，本部局史行文之中难免出现不周之处、难以尽善尽美，敬请读者理解包容。

《上海航道局局史（第三部 2001—2010）》编写组